BASTEI
LÜBBE

Deborah Laake

Geheime Riten

Aus dem Amerikanischen von
Heike Buerschaper

BASTEI
LÜBBE

BASTEI-LÜBBE-TASCHENBUCH
Band 61317

Deutsche Erstveröffentlichung

Originaltitel: SECRET CEREMONIES
Originalverlag: William Morrow & Company, Inc., New York

Printed in Germany, Dezember 1994
Einbandgestaltung: Manfred Peters
Satz: Lucky Letters, Niederkrüchten
Druck und Bindung: Ebner Ulm
ISBN 3-404-61317-1

Der Preis dieses Bandes versteht sich einschließlich
der gesetzlichen Mehrwertsteuer.

Dieses Buch erzählt eine wahre Geschichte. Um die Privatsphäre einiger Betroffener zu wahren, habe ich jedoch Namen und charakteristische Merkmale verändert. Nur historische Gestalten, Familienangehörige und einige Personen, die mir als Quelle dienten, sind noch erkennbar: ich selbst, meine Verwandten, schließlich Ernest Wilkinson, Ross Peterson, Joe Walker und Karen Case. Die in der Einleitung dieses Buches erwähnten Personen sowie die Generalautoritäten der mormonischen Kirche, die zitiert werden oder auf die im Buch Bezug genommen wird, sind ebenfalls reale Gestalten. Ich habe jedoch die Anonymität von Gemeindebischöfen und anderen, die mich direkt berieten, gewahrt.

Danksagungen

Bemerkenswert im Zusammenhang mit diesem Buch ist die Reaktion meiner Eltern auf seine Entstehung. Obwohl die mormonische Kirche Mittelpunkt ihres Lebens ist und obwohl sie immer wußten, daß die Geschichte, die ich über ihre Kirche zu erzählen hatte, ihnen nicht gefallen konnte, haben sie mich von Anfang an darin unterstützt, sie zu erzählen. Ich bin ihnen dankbar, daß sie unsere Beziehung über ihren Glauben gestellt haben.

Außerdem möchte ich Michael Lacey, meinen Freund und Chefredakteur der New Times, dafür danken, daß er nie in mich gedrungen ist, um zu erfahren, ob mir mein Buch oder mein Job wichtiger war. (Dies war in der Tat ein Konflikt.) Er hat dieses Projekt unterstützt, wie Verleger es zu tun pflegten, als das Schreiben in Amerika noch etwas zählte.

Meinen Agenten Gail Hochman und Marianne Merola sowie deren Assistentin Heather Cristol lag dieses Buch so sehr am Herzen, daß sie sich dafür einsetzten, als wären sie selbst die Autoren. Sie haben dafür gesorgt, daß ich bei der Stange blieb, und mich aufgerichtet, wenn ich glaubte, nicht mehr weiter zu können.

Meinem Manuskript *Geheime Riten* den letzten Schliff zu geben, war für fast alle Beteiligten eine schwierige Angelegenheit; sobald ein gewisses Vertrauen aufgebaut worden war, verließ der entsprechende Lektor garantiert seinen Posten. Trotz der Unwägbarkeiten der New Yorker Verlagslandschaft hatte in den kritischen Phasen glücklicherweise stets der Richtige das Ruder in der Hand. Jim Landis glaubte an dieses Buch und kaufte es. Jane Meara lieferte wertvolle Anregungen für die erste Hälfte des Manuskripts, was natürlich auch dem zweiten Teil zugute kam. Bob Shuman übernahm das Projekt in einer schwierigen Phase und widmete sich ihm während der Zeit der Produktion mit liebevollem Engagement. Elisa Petrinis Einfluß ist auf jeder Seite spürbar. Sie sah immer noch das Ziel, wenn ich schon nicht mehr wußte, wo es lang ging. In solchen Momenten half sie mir mit klarsichtigen Bemerkungen weiter, und ihre Arbeit als Lektorin hat mein schriftstellerisches Können verbessert. Sie ist meine Partnerin in diesem Projekt.

Glücklicherweise gehöre ich einer Gruppe von Autoren an, die mich mit Hilfe und Ermunterung überschüttete, wann immer ich sie brauchte. Besonders Ron Carlson hat mir zu einem Zeitpunkt, als ich feststeckte, durch seine Kritik an dem Manuskript so geholfen, daß ich danach wieder weiterkam. Dewey Webb, der weltbeste Titelerfinder, hat diesem Buch den Titel *»Secret Ceremonies«* gegeben. Meine beiden Mitverschwörer und Kollegen Terry Greene und Kathleen Stanton zeigten Mitleid, wenn ich entmutigt war, und feierten mit mir, wenn mir wieder ein Durchbruch gelungen war.

Auch erfuhr ich unschätzbare Hilfe von einigen Mormonen, die mir freiwillig ihre Geschichte erzählten, obwohl sie mich oft gar nicht kannten. Ohne ihre Großzügigkeit und Aufrichtigkeit, ihre Bereitschaft, in oftmals schmerzhaften Erinnerungen zu stochern, hätte ich meiner eigener Geschichte nicht den Rahmen geben können, den ich gewählt habe. Nur wenige zögerten nicht, als es um die Erwähnung ihres Namens in diesem Buch ging. Herzlichen Dank an Phyllis Barber, Karen Case, Ellen Fagg, Carl Hunsaker, Gayle Kapaloski, Marian Merrill, Ross Peterson, Linda Sillitoe und Paul Swenson. Sollten einige Personen, mit denen ich ein langes Gespräch geführt habe, nicht aufgeführt sein, so liegt das daran, daß ich den Eindruck gewann, sie würden lieber unerwähnt bleiben.

Auch Clare Goldsberry schulde ich besonderen Dank. Nicht nur, daß ihre Erinnerungen an die Tempelzeremonie viel genauer waren als meine, sie war auch bereit, darüber zu sprechen. (Im allgemeinen schweigen sich selbst zweifelnde oder abtrünnige Mormonen über die als strengstes Geheimnis gehüteten, ausgeklügelten Rituale aus.) Die in diesem Buch erfolgten Beschreibungen sind so präzise, wie ihre und meine Erinnerungen sowie die spärlichen Veröffentlichungen zu dem Thema es erlaubten.

Lavina Fielding Anderson danke ich dafür, daß sie mir ihren hervorragenden Artikel über die Geschichte der Dissidenten und der Kirche zur Verfügung gestellt hat.

Damit komme ich zu meinen Freunden, die mich unermüdlich ermutigt haben und die meinem Leben insgesamt einen Sinn geben. Jane Aiken hat die ersten Fassungen dieses Textes gelesen. Elaine Carlson war stets darauf erpicht, mehr zu hören. John Clark hat mit mir über seine Erinnerungen gesprochen. Heidi Ewart hat mir den Rücken freigehalten, so daß ich mich ganz dem Schreiben widmen konnte. Thomas Hagerty hat sich das ganze letzte Kapitel von mir laut vorlesen lassen. Scott Jacobson diskutierte meine Ideen mit mir. Nancy Kitchell kam ständig mit Vorschlägen für mein *nächstes* Buch. Helen Sandalls und John Leshy boten mir ihr Wochenendhäuschen an, als ich Ruhe zum Schreiben brauchte. Michael Schroeder erkundigte sich jeden Tag nach dem Stand der Dinge und führte meinen Hund aus. Lisa Smith hat sich mein Gestotter und Murren angehört. Kevin Sullivan hat das Haus gehütet, wenn ich weg war. John Tandy packte mir das Auto an einem Tag, als ich in den Wald fahren wollte, um weiterzuschreiben, obwohl keiner von uns beiden daran glaubte, daß ich dort auch nur eine

Zeile weiterkäme. Die andere Elaine, die mich aus meinen beiden Lebensphasen kennt, hat für mich recherchiert und mir Unterkunft gewährt. Aber im Grunde danke ich meinen Freunden nicht in erster Linie für ihre Hilfe, sondern für die durch sie gewonnene Einsicht, wie sehr man sich für eine Sache einsetzen und wie viel man daraus schöpfen kann. Ich bin ihnen dankbar für ihre Zuneigung, durch die mein Leben jetzt auf festeren Beinen steht als in jenen Jahren, von denen dieses Buch berichtet.

Einleitung

Ich habe lange Zeit gebraucht, um dieses Buch zu schreiben. Hauptsächlich wohl deshalb, weil ich immer wieder den Mut verloren habe. Mehr als einmal habe ich wie gelähmt die Feder sinken lassen, unfähig, unbekannten Lesern weiterhin intimste Erlebnisse zu enthüllen.

Aber diese Anwandlungen gingen vorüber. Nachdem ich die Begebenheiten jener Jahre als junge Mormonin engsten Freunden erzählt hatte und diese darauf mit Ungläubigkeit reagiert hatten, wußte ich, daß es sich lohnte, dieses Projekt zu Ende zu führen. Während sie von den Verwicklungen meines früheren Lebens, den Ehen und Scheidungen, geheimen Zeremonien, Kleidungsvorschriften und übernatürlichen Zeichen überrascht waren, so war ich verblüfft über ihre Unkenntnis des in meinen Berichten beschriebenen Mormonentums. Wie war es möglich, daß so gut unterrichtete Menschen die Kirche meiner Kindheit immer noch als freundliche, familienorientierte Glaubensrichtung wahrnahmen, die Amerikas hehre Werte pflegt? Zwar stellt sich das Mormonentum beim ersten Hinsehen als gütige, richtungweisende Religion dar, es hat aber auch seit längerem immer wieder Einblicke in die dunklen Tiefen unter dieser Oberfläche gewähren müssen.

Wie konnte sich dieses Bild einer sanften und mildtätigen Kirche trotz der im Jahr 1985 von Mark Hofmann begangenen Morde halten; jenem Meisterfälscher, der dabei erwischt wurde, wie er historische Dokumente fälschte, mit denen er die Frühgeschichte der mormonischen Kirche umschreiben wollte. Diejenigen, die gegen ihn hätten aussagen können, brachte er mit selbstgebastelten Bomben um. Oder erinnern wir uns an Evan Mecham, den Politiker aus Arizona, der behauptete, Gott habe ihn auf seinen Posten berufen. Dieser haßerfüllte Mann war nach siebzig Jahren der erste amerikanische Gouverneur, der 1988 mit einer Amtsenthebungsklage konfrontiert wurde, weil er die bundesstaatlichen Wahlkampfgesetze mißachtet hatte.

Oder an die Morde innerhalb polygamer Sekten, Abkömmlingen des frühen Mormonentums, zum Beispiel 1977, als der polygame Führer Rulon Allred von seinem Rivalen Ervil LeBaron erschlagen wurde.

Oder an die Exkommunikation der mormonischen Hausfrau Sonia Johnson, die 1979 einen Einblick in die patriarchischen Strukturen gewährte, von denen keiner geglaubt hatte, daß so etwas in Amerika überhaupt noch existierte.

Oder an den Extremisten Bruce Longo, einen ehemaligen mormonischen Missionar und dann Kultführer, der glaubte, er sei Gott, und der sich 1978 umbrachte, woraufhin seine Ehefrau den sieben Kindern befahl, ihrem Vater durch einen Sprung aus dem elften Stock eines Hotels in Salt Lake City ins Jenseits zu folgen.

Oder an John Singer, einen halsstarrigen Polygamisten aus Marion in Utah, der von Justizbeamten erschossen wurde, die darauf bestanden, daß seine Kinder die staatliche Schule besuchten. Seine Witwe und einer seiner Schwiegersöhne gedachten 1988 seines zehnten Todestages mit der Ankündigung, Singer würde aus dem Grab auferstehen und die Menschheit in das nächste Jahrtausend führen. Danach ließen sie eine mormonische Kapelle in die Luft gehen und verwandelten anschließend ihre Farm dreizehn Tage lang in eine waffenstarrende Festung. Die Belagerung endete mit dem Tod eines Polizisten.

Natürlich sind diese spektakulären Vertreter der Mormonen nicht typisch für das Mormonentum. Auf der anderen Seite fallen solch schockierende Geschichten aber auch nicht aus heiterem Himmel. Derartiger Irrsinn wird durch manche mormonische Lehre genährt, besonders durch den Grundsatz, daß alle mormonischen Männer Priester sind und über eine ureigene übernatürliche, beinahe unbeschränkte Befugnis verfügen, in Vertretung Gottes auf Erden zu handeln, und daß sie nach dem Leben auf dieser Erde in das ewige Leben eintreten werden, in dem sie als Gott über ihre eigene Welt herrschen. Diese theologische Auffassung wirkt in einem egoistischen oder gestörten Hirn wie ein Streichholz an der Lunte.

Das ist aber weitgehend unbekannt. Ebenso wie auch die anderen Grunddogmen dieser metaphysischen Sekte wenig bekannt sind. Da meine Freunde mit ungläubigem Staunen auf meine Erzählungen über jene unvorstellbaren Riten reagierten, die mich als junge Frau in eine Situation brachten, an der ich beinahe zerbrach – wobei diese Geschichte tausendfach unter Mormoninnen vorkommt und keine Schlagzeilen in den Zeitungen macht –, erkannte ich, wie sehr die zermürbende, mystische Grundlage der Kultur, in der ich aufwuchs, immer noch im Verborgenen liegt. Diese Facette der amerikanischen Gesellschaft wollte ich unbedingt ans Licht bringen.

Das mormonische Wirken liegt größtenteils im Verborgenen, obwohl die Kirche an sich über eine erstaunliche Prominenz verfügt. Keine andere Religion ist so sehr auf dem Vormarsch wie das Mormonentum: Jedes Jahr treten 300.000 Menschen der 8,2 Millionen Anhänger umfassenden Religionsgemeinschaft bei, was auf ein perfekt organisiertes, weltweites Missionarsprogramm mit 48.000 Missionaren in über hundert Ländern zurückzuführen ist. Deren geistige Führer sind über einhundert Männer mittleren und hohen Alters, zumeist Weiße, die oftmals aus einer leitenden Funktion in der Wirtschaft heraus in dieses ehrenvolle Amt »berufen« werden. Auf diese Art und Weise ist die Kirche zu einer der mächtigsten Wirtschaftsinstitutionen Amerikas mit enormen Beteiligungen im Einzelhandel, an Sendeanstalten, Versicherungsgesellschaften und anderen Bereichen geworden. Allein der Wert der Liegenschaften beläuft sich auf über 1 Milliarde Dollar. (Die Kirchenführer veröffentlichen zwar keinen Geschäftsbericht, doch führte The Arizona Republic 1991 eine umfassende Untersuchung durch, worin geschätzt wird, daß sich das von ihren Mitgliedern bezogene Jahreseinkommen der Kirche auf 4,3 Milliarden Dollar beläuft, wobei weitere 4 Milliarden Dollar aus dem Umsatz der verschiedenen Geschäftsbereiche stammen. Damit stünde die Kirche unter den 500 größten Unternehmen Amerikas auf dem Rang einer Union Carbide oder Borden Products.)

Die Kirche ist auch eine mächtige politische Kraft in Amerika, wenn ihre Mitglieder zu einem bestimmten Thema mobilisiert werden. Dies geschah in den späten siebziger Jahren, als die Priester sich zusammenrotteten, um eine Verfassungsänderung zur Gleichstellung von Frauen und Männern zu Fall zu bringen. Im Westen Amerikas ist ihr Einfluß besonders groß, weil sich das Mormonentum dort konzentriert.

Die Mormonen üben ihren Einfluß auf jede US-Regierung aus, besonders aber auf die konservativen Regierungen. Beim Mormonentum handelt es sich um eine außergewöhnliche Religion, die ihren Ursprung in Amerika fand und dort an Bedeutung gewinnt, da unsere Gesellschaft sich immer mehr in zwei Lager spaltet: die religiöse Rechte und all die anderen.

Und doch ist alles sehr geheimnisumwittert.

Dies sind politische Fakten, aber mein Buch beruht auf meinen persönlichen Erfahrungen. Es erzählt von einem jungen Mädchen auf der Suche nach Liebe. Ich habe versucht, die Tiefen meines Erbes zu beleuchten, indem ich meine Geschichte sehr detailgetreu niedergeschrieben habe. Um schwer zugänglicher Wahrheiten willen habe ich viel von meinem Innersten preisgegeben.

D. L.

Eins

Schon als ich von zu Hause wegging, um das College zu besuchen, träumte ich von der großen Liebe. Ich war gerne verliebt, und mit meinen schlanken Beinen und hübschen Kleidern würde ich wohl auch immer Aufmerksamkeit erregen. Es gab für mich überhaupt keinen Zweifel, daß eine wunderbare Zukunft vor mir lag – was nur eins bedeuten konnte. Von Anfang an wachte ich in meinem Zimmer im Studentenwohnheim mit dem Gefühl auf, daß der vor mir liegende Tag nur dazu diente, daß ich der Liebe meines Lebens auf der Straße zu begegnete. Und ich schlief mit der Frage ein, wie viele Tage wohl noch vergehen würden, bis ich ihn gefunden hatte. Mir war klar, daß solche schwärmerischen Gefühle allmählich überhand nahmen.

In dieser Verfassung erspähte ich an meinem ersten Sonntag auf dem Campus Robert Peck, meine erste große Liebe, die man nie so ganz vergißt.

Als mein Lehrer in der Sonntagsschule übte er eine ungeheure Anziehungskraft auf mich aus. Seinem Amt maß ich große Bedeutung bei, fand aber auch die Würde, mit der er es bekleidete, unwiderstehlich. Bereits im Alter von einundzwanzig Jahren war er ein sehr förmlicher Mensch, der stets mit Vor- und Zunamen angesprochen wurde, als ob die beiden Namen mit einem Bindestrich verbunden wären. Robert-Peck. Ein Spitzname war einfach undenkbar.

Für eine in meinen Augen sehr lange Zeit bestand unsere Beziehung einzig darin, daß ich ihn jeden Sonntagmorgen bei der Ausübung seines Amtes beobachtete. Dabei hielt er sich an ein festes Schema, was mich aber nicht störte, da ich in den Jahren, ehe ich die Männer wirklich kennenlernte, noch glauben konnte, daß Robert-Peck, so wie er war, einfach vollkommen war. Woche für Woche schritt er durch das Klassenzimmer nach vorne, makellos in seinem Anzug mit Weste, und blickte seine Schüler gebieterisch an. Dann ließ er einen Sturzbach theologischer Theorien auf sie niederprasseln, wie man es von heimgekehrten Missionaren kannte, jenen Vollblutmitgliedern der Brigham Young University, auf deren Campus Robert-Peck und ich lebten. Er kam stets zum Ende seiner Vorlesung, ohne auch nur einmal auf seine Taschenuhr blicken zu müssen. Wie überzeugt er doch von seiner Überlegenheit war. Ich war ihm völlig verfallen.

Wenn man jung ist, läßt man sich von dem Gefühl des Verliebtseins völlig aus der Bahn werfen. An dem Sonntag morgen, als Robert-Peck mich endlich ansprach, war ich noch so unerfahren zu glauben, daß andere mich genau so sahen, wie ich mich selbst sah. Deshalb fragte ich mich auch, was Robert-Peck an einer kichernden, quirligen Erstsemestlerin finden könnte. Ich hätte den Ausdruck der Ungläubigkeit auf meinem Gesicht beherrschen müssen, um ihm nicht völlig ausgeliefert zu sein. Aber mir stand buchstäblich der Mund offen, als er im Flur des nüchternen Schulgebäudes, das am Wochenende zu einer mormonischen Kapelle umfunktioniert wurde, federnden Schrittes auf mich zukam.

»Sollen wir nach der Kirche etwas gemeinsam unternehmen?« fragte er unvermittelt.

»In Ordnung«, antwortete ich.

»Ich ruf dich an«, und federnden Schrittes, wie er gekommen war, ging er fort, mit ihm meine Gefaßtheit.

Ich stürmte allen voran nach Hause, stürmte in Richtung Wohnheim, über den schneebedeckten Rasen in mein Haus und schließlich die Treppen hoch in mein enges Zimmer. Bäuchlings warf ich mich auf mein Bett und biß in das Kopfkissen, damit der Freudenschrei nicht aus mir herausbrach. Heute weiß ich, daß meine Aufregung nicht einfach die eines jungen Mädchens war, das von dem Objekt seiner ungezügelten Phantasien endlich zur Kenntnis genommen wird; es war der Schrei einer Seele am Rande göttlicher Erfüllung. Es war ein Gefühl, als hätte der Herr mich angerufen.

Es gehörte nicht viel dazu, die Stimme des Herrn mit der Roberts zu verwechseln, so sehr bewunderte ich diesen außergewöhnlichen Mann. Bereits mit achtzehn wollte ich unbedingt heiraten, wußte ich doch, daß der Erfolg dieses Lebens und des kommenden davon abhing. Als erste Lektion meiner mormonischen Mädchenjahre war mir wiederholt eingeschärft worden, wie wichtig eine solche Ehe sei, da ich nicht in die höchste Stufe des mormonischen Himmels kommen könne, wenn ich nicht einen gläubigen Mormonen mit der entsprechenden Zeremonie in einem mormonischen Tempel heiratete. Der mormonische Himmel ist sehr kompliziert: Er besteht aus drei abgestuften »Königreichen«, aber nur die oberste Stufe, das Himmlische Königreich, ist wirklich erstrebenswert. Natürlich war es mein Ziel, in dieses Himmlische Königreich zu gelangen.

Nie hätte ich es mir jedoch träumen lassen, dies einmal zusammen mit einem Mann wie Robert-Peck zu erreichen, der aufgrund seiner Redekunst in der Sonntagsschule so etwas wie eine religiöse Autorität war. Bis dahin hatte schließlich kein einziger Mann religiösen Ansehens ein Quentchen Interesse an mir gezeigt.

Ehe sich die anderen Mädchen nach der Kirche schnatternd im Erdgeschoß einfanden, versuchte ich zu ergründen, warum ich stets von jungen Männern ignoriert worden war, die nach meinem Dafürhalten Gott sehr nahe standen. Das konnte ich mir nur so erklären, daß ich im religiösen Sinne wohl wenig Ausstrahlung hatte. Während andere Schüler im Unterricht über das Buch Mormon ergriffen die Arme emporreckten und Textstellen rezitierten, hob ich die Arme und machte Witze. Während einige Mädchen sich danach drängten, die karitativen Aktivitäten der Gemeinde zu leiten, hatte ich keinerlei Bestreben, mich durch kirchliche Verpflichtungen von dem zeitaufwendigen Vergnügen abhalten zu lassen, das Partyleben am College voll und ganz auszukosten. Mir genügte es, während des Abendgottesdienstes für den Gesang verantwortlich zu sein.

Und doch wußte ich, daß ich nicht unfromm war. Jeden Tag, wenn ich von den Helaman Halls den Hang zu den modernen Gebäuden des weitläufigen Universitätsgeländes hinaufstieg, empfand ich eine glühende Bindung zum Mormonentum. Oft beobachtete ich den Strom mormonischer Studenten, wie sie gleich Teilen ein und desselben Fahrzeugs aufeinander abgestimmt den Unterrichtsräumen zustrebten; nur selten betrat jemand den Rasen, denn das war gegen die Regeln, und ich glaubte, eine Vision des Königreichs Gottes zu sehen. Als ich für meine Abschlußprüfungen über das Buch Mormon büffelte, in jenen ewig langen Nächten vor dem Examen, saß ich noch am Morgen über die Texte gebeugt, den Tränen nahe, immer erfüllter von der Überzeugung, daß ich die Offenbarung las.

Und fast immer fühlte ich die Gegenwart Gottes in mir wie einen warmen Druck auf dem Herzen. So war das immer gewesen, dieses Gefühl verstärkte sich jedoch noch, nachdem ich nach Utah gekommen war, dem Zentrum des mormonischen Universums und dem heiligen Land, dem ich bis ans Ende meiner Tage verschrieben sein wollte.

Wie sehr wollte ich mit einem Mann von tief verwurzelter Religiosität zusammenkommen, der meine Inbrunst im Gebet, selbst wenn sie vielleicht etwas im Verborgenen lag, erkennen würde. Als die anderen Studentinnen, die auf derselben Etage wohnten, in Zweier- und Dreiergrüppchen hochkamen, schleuderte ich gerade Blusen und Röcke und Hosen auf das Bett. Was sollte ich bloß anziehen, um Robert-Peck zu beeindrucken?

Noch ehe ich angezogen war, klingelte das Telefon. Seine Stimme bellte durch die Leitung, und er teilte mir im Befehlston seinen Plan mit, an den ich mich auch nach zwanzig Jahren noch erinnere: »Ich habe Milch und ein paar Plätzchen eingepackt, und ich komme dich abholen.«

Es war ein sehr klarer Wintertag, die Sonne besänftigte den Sturm der kalten Jahreszeit, und wir stapften durch den Schneematsch zum alten Teil des oberen Campus. Nicht, daß wir uns im Einklang miteinander bewegten. Ich hatte das Gefühl, daß Robert, den Beutel mit dem Proviant umklammernd, immer noch auf den Volldampf-voraus-Kurs eingestellt war, den er angenommen hatte, als er während seiner zweijährigen Mission in England von Haustür zu Haustür gezogen war, um Menschen zu bekehren. Er war vor gar nicht so langer Zeit in die Staaten zurückgekehrt, und wie viele heimgekehrte mormonische Missionare war er immer noch mehr daran gewöhnt, von einem schweigenden, männlichen Missionar begleitet zu werden, als von einem unterhaltungsfreudigen Mädchen. Während er also vorauseilte, hetzte ich hinterher und überschüttete ihn rücklings mit fröhlichen Konversationssplittern – gleich einem Diener, der seinem Herrn Rosenblätter hinterherwirft.

Endlich erreichten wir eine Baumgruppe, die ein paar Bänken in einer kleinen Senke Schutz gewährte. Dort aßen wir die Plätzchen, nahmen abwechselnd einen Schluck aus der Milchtüte und fingen an, uns auch mit den Augen zu verzehren. Ungeachtet meiner eventuellen religiösen Unzulänglichkeiten war ich ein Mädchen, das Vergnügen am Leben fand, das über alles und nichts herzlich lachen konnte, und Robert starrte mich an wie ein verdorrter Busch, der eine Gießkanne erspäht hat. Während ich immer weiter flirtete, zuckten seine ernsthaften Gesichtszüge ein paarmal amüsiert und glätteten sich dann wieder. Es dauerte gar nicht lange, bis er meine Hand nahm und mich den Hügel hinab zurückführte.

Wohl unbewußt schlenderten wir zum Smith Fieldhouse mit der riesigen, hallenden Mehrzweckhalle, die fast die ganze Studentenschaft aufnehmen konnte und doch nie so ganz zum Leben erwachte, nicht einmal während der Auftritte von Bread und John Denver und anderen salonfähigen Rockstars, die das Plazet der langweiligen Generalautoritäten genossen. An diesem Sonntag nachmittag war die Halle nicht verschlossen, sie war leer und dunkel.

Robert-Peck fing an, aus seinem Herzen heraus zu sprechen, als wir uns der Halle näherten. Auch das letzte Quentchen Förmlichkeit verlor sich jetzt, er war einfach nur noch ein junger Mann, der mit einem Mädchen spazierenging. »Ich möchte Gott unbedingt schon in diesem Leben sehen«, sagte er mit großer Ernsthaftigkeit. »Ihn sehen, so wie ich dich jetzt sehe. Irgendwann wird Er sich zeigen, wenn ich Ihm nur jeden Tag nahe genug bin. Deshalb ist es sehr wichtig, daß ich ein rechtschaffenes Leben führe.«

Diese Aussage hielt ich zwar für extrem, aber nicht für seltsam, denn an der Brigham Young University war alles, besonders das Werben um ein Mädchen, vom Gedanken an Gott durchdrungen. Es war durchaus nichts Ungewöhnliches, daß die Studenten ein schnelles Gebet wisperten, ehe sie sich zu einer Verabredung aufmachten, oder daß die Männer, die eine erste Verabredung vorgeschlagen hatten, im Auto sitzend gemeinsam um Gottes Hilfe beteten, sie davor zu bewahren, im Verlaufe des Abends etwas Unkeusches zu tun. (»Bitte, bitte, *bitte*, mach, daß er mich mag!« lautete mein Gebet, wenn ich wußte, unten wartete jemand auf mich. Dabei habe ich jedesmal mit aller Inbrunst gebetet.)

Für mich war es überhaupt nicht merkwürdig, daß Robert-Peck so leidenschaftlich nach dem vollkommenen Glauben strebte, weil ich religiöse Hingabe von einem Mitglied der mormonischen Priesterschaft einfach erwartete. Alle mormonischen Männer sind zur Priesterwürde geweiht – eine Bestimmung, die ihnen ihrer Auffassung nach unmittelbar von den Aposteln Christi verliehen wurde; eine Priesterwürde, die ihnen mystische und übernatürliche Kräfte verleiht, wie beispielsweise die Fähigkeit zur Wunderheilung und zum Exorzismus. Auch glauben sie, daß ihre priesterlichen Befugnisse ihnen würdevolle Verantwortung für einen rechtschaffenen Lebenswandel auferlegt.

Die letzten Sonnenstrahlen umrahmten Robert-Peck, so daß er stark und unantastbar wie Jesus wirkte. Und da ich nicht zwischen jugendlicher Schwärmerei und den eindringlichen Emotionen der uns verschlingenden, göttlich inspirierten Aura unterscheiden konnte, glaubte ich, daß ich diesem Mann, mit dem ich gerade die ersten Stunden verbracht hatte, vom Schicksal bestimmt war.

Keiner von uns beiden hatte es darauf abgesehen, die lichtlosen Tribünenplätze emporzusteigen, um uns oben in die Arme zu fallen. In unserer Kultur wägte man in diesem Alter noch ab, ob man sich während der ersten Verabredung überhaupt küssen sollte. (Einmal, am Ende.) Im Laufe der Jahre ist mir der Verdacht gekommen, daß es ihm unwirklich erschien, wie er mich an sich zog und sich über mich beugte, um meine Lippen und mein Gesicht mit Küssen zu bedecken, daß ein Teil seiner selbst daneben stand und über diesen Ausbruch unbedachter Leidenschaft, die er noch nie zuvor in seinem Leben zugelassen hatte, staunte.

Gleichgültig welcher Gestalt seine Gefühle waren, sie können sein Leben auch nicht mehr durcheinandergerüttelt haben als das meine. In dieser sanft schwingenden Stunde, ehe wir zum Studentenwohnheim zurückschlenderten, empfand ich vollkommene Erfüllung. Zum ersten und zum letzten Mal befand sich mein Leben auf genau der Bahn, die meine Eltern und die Geistlichen mir seit meiner Geburt prophezeit hatten. Endlich war ich in Utah. Ich hatte einen Mann gefunden, gegen dessen Brust und Wangen ich mich jetzt so heftig drängte, wie es der religiöse Anstand eben noch zuließ. Ein Mann, dessen Haut die meine erbeben ließ, und der, Wunder über Wunder, das war, was man gar nicht fassen kann, er war göttlich inspiriert.

Und er nahm mich ernst.

Endlich gehörte ich zu jemandem.

Während ich heranwuchs, schien es so, als würde ich aufgrund meiner Religiosität im Leben immer abseits stehen. Ende der sechziger Jahre waren meine Klassenkameraden an dem Gymnasium in Florida eine jüngere Ausgabe jener skandierenden, Protestlieder singenden, verzweifelt ringenden Hochschulaufständigen, deren Aktivismus das Land veränderte, und ich, die ich alles daran setzte, dem Pfad der endlosen Verhaltensmaßregeln der Kirche so genau wie möglich zu folgen, konnte sie weder verstehen noch ihr Tun befürworten.

In den letzten Wochen vor unserem Schulabschluß, als sich meine Klassenkameraden im Gedenken an die während der Demonstrationen gegen den Vietnamkrieg getöteten Studenten von Kent State in Ohio schwarze Armbinden wie Druckverbände um den Bizeps schlangen und bei Sitzstreiks in den Korridoren Lieder sangen, daß beinahe die Schule auseinanderflog, ging ich seelenruhig zum Unterricht. Als sich meine Altersgenossen darin ergingen, ihre gerahmte Anerkennung anläßlich des jährlichen Abschlußbanketts für die Jahrgangsbesten zu zerschmettern, kräuselte ich nur verächtlich die Lippen ob dieses Bestrebens, ein schönes Fest zu ruinieren.

Diese stürmischen Jahre verbrachte ich mit dem Warten auf Zeiten in passenderer Umgebung und suchte die Gesellschaft anderer mormonischer Teenager, die ich kannte; bei uns im Süden war die Auswahl aber nicht groß. Dieser zermürbende Zustand des Wartens fand erst im Herbst 1970, wenige Monate, bevor ich mit Robert-Peck zu der Halle ging, ein Ende, als ich nämlich im Auto meines Vaters triumphierend auf dem Universitätsgelände ankam.

Meine ehemaligen Klassenkameraden waren zu diesem Zeitpunkt an die jeweiligen Universitäten und Hochschulen ihrer Wahl abgezogen, unterm Arm ihre Jeans mit weitem Schlag und vielleicht ein Paar Mokassins, wohingegen ich auf Daddys Rücksitz von Einkaufskartons und Kleidersäcken aus verschiedenen Kaufhäusern regelrecht eingekeilt war. Mit Ausnahme eines kleinen Platzes für mich selbst war der gesamte Innenraum einschließlich der Heckablage voller Winterkleidung, die meine Mutter und ich eine ganze Woche lang in den elegantesten Kaufhäusern Salt Lake Citys erstanden hatten. Nicht eine Jeans war dabei.

Denn an der im Besitz der Kirche befindlichen und erzkonservativen Brigham Young University fanden Jeans keine Bewunderung und schon gar keine Erlaubnis. In einem Jahr, in dem im ganzen Land kurze Röcke so normal waren, daß sie schon wie eine Uniform wirkten, verbot die strikte Kleiderordnung der BYU Miniröcke auf dem ganzen Campus; den jungen Frauen war es untersagt, im Unterricht jedwede Art von Hosen zu tragen. Derartige Beschränkungen der persönlichen Entfaltungsmöglichkeiten hätten unter meinen radikalen Klassenkameraden möglicherweise eine Revolution ausgelöst, aber mich ließen solche Regungen von Individualismus oder sozialem Bewußtsein völlig unberührt, als ich mit meinen Eltern auf das Studentenwohnheim zusteuerte. Die Traditionen meiner Religion hatten mich vornehmlich darauf getrimmt, dafür Sorge zu tragen, daß ich mich als Ehefrau eignete. Somit hatten sich die emotionalen Höhepunkte meines Lebens bis dahin darauf beschränkt, träumerisch die *Vogue*-Hefte mit Brautkleidern durchzublättern.

Was nicht heißen soll, daß ich ein introvertiertes Mädchen gewesen wäre. Ich war voller Unternehmungslust, als mein Vater all die Kartons die Treppe hoch in mein Zimmer im William-Budge-Haus schleppte. Mein Gefühl sagte mir, daß ich mit dieser am Hang errichteten, konservativen Universität in der Stadt mit dem Spitznamen Happy Valley ins Schwarze getroffen hatte. Und in meinen Träumen sah ich mich schon schwatzend und tanzend auf einer Vielzahl unterschiedlicher College-Veranstaltungen und Parties.

Am nächsten Morgen, als ich für die Willkommensveranstaltung auf den gepflegten Wegen zur Aula schlenderte, war ich so bar jeglicher sinnvoller Ambition, daß ich nicht einmal die Schulbücher, die ich an diesem langen Unterrichtstag brauchen würde, mitnahm. An dem Tag traute ich meinen Augen kaum. Nach Jahren des Zusammenseins mit angehenden Hippies, zwischen denen ich geschniegelt und gestriegelt wie eine Stewardeß herumgelaufen war, hatte ich jetzt 25.000 Gesinnungsgenossen gefunden. Ich konnte mich gar nicht satt sehen an den Scharen junger, schicklich gekleideter Studenten in hellen Pullovern, gebügelten Röcken und Hosen und hochglanzpolierten Schuhen. Ich war fast schon verliebt in all die ordentlich rasierten jungen Männer mit einwandfreiem Haarschnitt, wie es die Schulordnung vorschrieb. Die Studentinnen standen beieinander; ihr langes Haar war so unerbittlich schamponiert worden, daß der Glanz in der Herbstsonne geradezu blendete. In einer Zeit, in der sich fast alle im studierfähigen

Alter den zweifelhaften Vorteilen einer naturbelassenen Schönheit verschrieben, hatten meine neuen Schwestern und ich so viel Make-up aufgelegt, daß damit selbst Brandverletzungen hätten abgedeckt werden können.

Im Vorjahr hatte mich mein Beratungslehrer in sein Büro gerufen und mir die Ergebnisse der Eingangstests verschiedener Hochschulen vorgelegt. Wenn ich diese Leistungen auch erbrächte, würde er mir Zugang zu den besten Universitäten Amerikas garantieren. Ich jedoch schob ihm die Papiere nonchalant und geringschätzig zurück. »Ich bin Mormonin«, erklärte ich mit einer inneren Sicherheit, die jede weitere Diskussion im Keim erstickte. »Ich werde auf die Brigham Young University gehen.« An diesem ersten Tag an der BYU suchte ich die Tribünen nach einem freien Platz ab; an der Richtigkeit meiner Entscheidung hegte ich nicht den geringsten Zweifel.

An jenem Morgen wurden wir von Ernest Wilkinson, dem langjährigen, beinahe sagenumwobenen Rektor der BYU, willkommen geheißen. Er war ein Mann in den Siebzigern, untersetzt und als Rechtsanwalt von hohem Ansehen ein Workaholic, der auf dem Höhepunkt seiner Karriere viele Indianerstämme bei ihren Prozessen gegen den Bund vertreten hatte und der die größte Summe für die Utes herausgeschlagen hatte, die der amerikanischen Regierung in einem solchen Verfahren jemals abgepreßt worden war: 25 Millionen Dollar. An der Universität, der er nun schon seit zwanzig Jahren vorstand, war er berühmt-berüchtigt für seine Autorität, ein stimmgewaltiger Despot mit dem unglückseligen Habitus eines Kampfhundes, der bei Unregelmäßigkeiten auf dem Campus alle angeiferte. 1966 legte er den Grund für Willfährigkeit, als er Eltern und Studenten ermahnte, die Immatrikulation an der BYU sei ein »Privileg, kein Recht«, und 1968, als an allen anderen Universitäten der Teufel los war, schleuderte er den Erstsemestlern folgendes entgegen: »Meiner Meinung nach sollten den Studenten, die mit ihren Vätern und Müttern die vom amerikanischen Volk zur Verfügung gestellten Bildungseinrichtungen zerstören, die Staatsbürgerrechte aberkannt werden, auf daß sie danach wie Philip Nolan staatenlos seien.«

Die Tatsache, daß ich diese Bemerkungen nicht übertrieben fand, sagt schon einiges über meine Haltung zum Gehorsam aus. Ganz im Gegenteil, ich war beeindruckt und höchst erregt, als Wilkinsons Geisteshaltung mit dröhnendem Applaus von seiner jungen Zuhörerschaft begrüßt wurde. In dieser Atmosphäre blühte ich regelrecht auf.

Und Wilkinson enttäuschte nicht: Nun zog er über den Krieg vom Leder, der Amerika zerriß. »An dieser Universität wird Ihnen nicht beigebracht, wie Sie sich um den Wehrdienst drücken können, hier bringen wir Ihnen bei, wie Sie Ihrem Land dienen. Eher opfern wir uns auf dem Schlachtfeld für die Freiheit, als daß wir als jämmerliche Sklaven im Frieden leben. Deshalb haben wir auch überhaupt kein Verständnis für diejenigen, die da behaupten, der Krieg in Vietnam sei unmoralisch und ungerecht. Tatsache ist, daß dieser Krieg ebenso moralisch und gerecht ist wie alle anderen Kriege, an denen Amerika teilgenommen hat. Sie wurden alle auf dem Altar der Freiheit gekämpft.«

Während seine von den Lautsprechern verstärkte Stimme bis in die hintersten Ränge der Aula drang, gefolgt von dem tosenden Applaus der Studenten, war ich mir nicht im geringsten der Tatsache bewußt, daß in dem, was Wilkinson und seine Anhänger vertraten, ein ziemlicher Widerspruch lag. Wenn ich nämlich nachgedacht hätte, wäre mir aufgefallen, daß ich nie einem jungen Mormonen begegnet war, der in den Krieg ziehen mußte. Und ich sollte auch keinem begegnen.

Ich weiß, daß in Vietnam auch mormonische Soldaten kämpften, weil Wilkinson von Studenten der BYU sprach, die dort dienten. Aber die Jungen, die ich an der BYU kannte, waren vor dem Einberufungsbefehl sicherer als andere Studenten. Nie hing der Schatten des Todes über ihren Diskussionen, während sie durch Korridore schlenderten oder Hamburger aßen. Sie konnten nicht nur eine Rückstellung vom Wehrdienst erreichen, weil sie noch studierten, sie konnten sich auch über die Regelstudienzeit hinaus in Sicherheit bringen. Sie arbeiteten als Missionare, eine zweijährige Beschäftigung nach der ersten Hälfte des Studiums, während derer sie den Status als Priester genossen und somit vom Kriegsdienst freigestellt wurden. (Auch Nichtstudenten konnten in den Missionsdienst gehen.) Wenn sie nach ihrer Missionszeit an die Schule zurückkehrten, wurde die Rückstellung üblicherweise verlängert, und nach dem Abschlußexamen konnten sie auch nicht mehr eingezogen werden, weil sie jung heirateten und entsprechend der mormonischen Tradition sofort Kinder bekamen.

Während Wilkinsons Kriegsgeschrei über mich hinwegschwappte, befand sich mein Bruder Len auf Bekehrungsmission in Deutschland, dem zweiten Bestandteil seines Studiums. Er hatte diese Mission nicht absichtlich gewählt, um den Wehrdienst zu umgehen, und doch waren meine Eltern und ich dankbar und erleichtert gewesen, daß er nicht dienen mußte. Ich wette, daß an jenem Morgen die Wilkinson applaudierenden Studenten von ganz ähnlichen Gefühlen durchdrungen waren.

Dennoch waren diese jubelnden Kinder keine Heuchler; Patriotismus, oftmals in glühender und unreflektierter Form, ist für Mormonen wichtig. Wenn ihre legitimen Ausreden zur Umgehung des Militärdienstes erschöpft waren, war die Zahl derjenigen, die sich – wenn auch widerwillig – in die Transportflugzeuge setzen ließen, immer noch größer als derer, die nach Kanada flohen oder sich endlos mit Eiweiß vollstopften, um den Proteingehalt im Urin in die Höhe zu treiben. Auch vermute ich, daß viele dieser jungen Zuhörer weniger von Wilkinsons Gefühlsausbruch gebannt waren, als von dem Gefühl der Behaglichkeit, zu seinem Machtbereich zu gehören.

Dieses Gefühl durchflutete mich nämlich, als sich die Worte dieses alten Mannes in mir festbissen. Nachdem er das Thema Vietnam abgehandelt hatte, wandte er sich dem Verhaltenscodex für die Studenten zu, wobei er zwischen schwerwiegenden Fragen der moralischen Verworfenheit und wahrlich exzentrischer Verbohrtheit hin und her sprang. Während er sprach, füllte sich mein Herz mit Hingabe an den neuen Führer ebenso kritiklos, wie ich seit eh und je viele Gemeindeälteste verehrt hatte.

»Es wird von Euch erwartet, daß Ihr ... Euch grüßt, wenn Ihr Euch auf dem Campus trefft«, sagte er.

»An dieser Universität ist es eine Gepflogenheit ..., sonntags zur Kirche zu gehen. ... Ich hoffe, dieser Hinweis genügt, denn wir haben hier Entlassungs- und Zulassungsvorschriften.«

Die Litanei ging weiter und weiter, jedweden Keim schlechten Benehmens niedermähend, der wie Unkraut auf dem Rasen von Ernest Wilkinsons Welt sprießen könnte. Und da es zu den Hauptdogmen der Kirche gehörte, die Obrigkeit anzuerkennen und ihr zu folgen, zitterte ich in Erwartung der angenehmen Aussicht, den Rektor und seine kleinlichen Vorschriften mit aller Hingabe zu unterstützen.

»Wir sollen nicht rasen. ... Wir sollen stets den Sicherheitsgurt angelegt haben.«

»... Wir dürfen keine Versammlung vorzeitig verlassen.«

Zu dieser Versammlung war ich mit einer gerade neu gefundenen Freundin gekommen, die auf derselben Etage wie ich ihr Zimmer hatte. Ich ertappte mich dabei, wie ich nach ihrer Hand griff und sie festhielt. Ich wollte mit ihr und allen anderen, denen ich zugetan war, verschmelzen. Mir gefiel die Vorstellung, daß wir alle zusammen paßten wie die Rädchen einer Maschine, so daß unsere wunderbare Schule funktionieren konnte.

»... Jedwede Missetaten auf diesem Campus sind zu melden. Sonst sind wir nicht unseres Bruders Hüter.«

Ich blickte meine Freundin an und schwor schweigend, sie zu beschützen.

»Deshalb möchte ich jetzt sehen, wie viele von Ihnen gewillt sind, die Normen dieser Einrichtung zu wahren, indem sie über sich selber wachen, aber auch über das Tun anderer. Diejenigen mögen aufstehen«, sprach Wilkinson.

Ich versuchte, eine der ersten zu sein, die aufsprangen.

Seit Robert-Peck mich verehrte, ging ich davon aus, daß wir auch heiraten würden. Schon bald war ich von seiner Liebe zu mir überzeugt und mehr noch davon, daß meine Lebensweise auch die Erfüllung meines Lebenszieles garantierte: Schließlich entsprachen meine Vorstellungen von Ehemännern und Ehefrauen und Gott exakt denen, die man mir als Kind in der Sonntagsschule beigebracht hatte.

Ich befolgte eine enorme Anzahl von »Geboten«, welche die Generalautoritäten nicht müde wurden zu wiederholen.

Im besonderen blieb ich keusch wie eine Blume, trotz meiner Leidenschaft für Robert.

Es gab für mich überhaupt keinen Zweifel daran, daß ich damit auf das richtige Pferd gesetzt hatte, war mir doch beigebracht worden, daß sich Gehorsam in Heller und Pfennig auszahlen würde. Sonntag für Sonntag waren Mitglieder meiner Gemeinde daheim aufgesprungen und hatten tränenüberströmt berichtet, sie seien unerwartet zu Geld gekommen, weil sie der Kirche den vollen Zehnten entrichtet hatten. Oder daß sie nach einem chaotischen Flug aus Atlanta ihr Gepäck unbeschädigt wiederbekommen hatten, nachdem sie regelmäßig im Familienkreis gebetet hatten. Ich wußte, was zu tun war, damit das Leben sich nach meinen Vorstellungen entfaltete.

Außerdem glaubte ich, Robert und ich seien einfach füreinander bestimmt. Als der wärmende Frühling den Winter vertrieb, gab es für uns beide nichts Wichtigeres, als am Ende des Tages zusammenzusein, um erst im letzten Augenblick, bevor die Wohnheime geschlossen wurden, wieder auseinanderzugehen. Ich fing an, ihn für seine Jungenhaftigkeit zu lieben, wenn er sich zuweilen ein wenig gehenließ. Eines Nachmittags stand ich am Fenster und beobachtete ihn, wie er mit einem von Verliebtheit und Ausgelassensein völlig entspannten Körper über den Rasen zwischen unseren Wohnheimen schritt, innehielt und sich bückte, um mit den Händen einen Schneeball zu formen und diesen übermütig in den Himmel zu werfen. Oder an einem Samstag abend, an dem er mich erst spät abholte und wir irgendwie auf einem Baseballplatz in der Nähe landeten. Um elf Uhr nachts, im Stockdunkeln, taten wir so, als spielten wir ein ganzes Match, ohne Schläger oder Ball. »Das ist ein Volltreffer«, schrie ich, wenn ich an der Wurfmarkierung stand, und er rannte mit ausgestreckten Armen los, als wollte er meinen Schuß noch kurz über dem Boden abfangen. Manchmal kriegte er den Ball, manchmal nicht.

Aber seine Ausgelassenheit hielt nicht an. Vielleicht hatte ich einfach zuviel erwartet, denn im Grunde war er nicht der Typ, der verliebten Verrücktheiten frönen konnte. Bald konnte ich nicht umhin zu erkennen, wie unangenehm ihm seine neue Überschwenglichkeit war.

Dieses Problem schnitt er zum erstenmal auf dem Weg zur Andacht an. Ich freute mich unbändig auf diese Andachten, die wöchentlich stattfanden und während deren die Bowlingbahn, die Bücherei und andere Vorposten des Müßiggangs geschlossen waren, so daß die Studenten gar nicht erst in Versuchung gerieten, der Andacht fernzubleiben. Waren wir erst einmal in der Aula, fing uns der Bann der höchsten Kirchenführer ein. Diese Generalautoritäten, wie sie genannt wurden, kamen aus dem hundert Kilometer nördlich gelegenen Salt Lake City und überfluteten uns mit ihren Mahnungen, zu beten, dankbar zu sein und jungfräulich zu bleiben. Wir vernahmen das Auf und Ab der Stimmen dieser eloquenten Männer mittleren Alters, die uns mit dem Singsang alles simplifizierender Geisteshaltungen überschwemmten. »Ihr *wunderbaren* jungen Leute, wie sehr wir Euch von ganzem *Herzen lieben*«, dergleichen psalmonierten sie. »Laßt Euch *ermutigen*, daß Ihr Euren *hohen Anforderungen genügt.*«

Ich mochte diese Andachten, weil ich nicht wirklich aufpassen mußte. Für mich bestand die Anziehungskraft ebenso in den hypnotischen, über mich hinwegspülenden Klangwellen, die mich beruhigten und herausforderten, wie in dem eigentlich Gesagten. So konnte ich besitzergreifend neben Robert sitzen, der oft von der Rhetorik mitgerissen wurde. Ich unterbrach seine Konzentration gelegentlich, indem ich meine Hand in die seine schob. Andachten waren für mich die Gelegenheit, mein Anrecht auf ihn publik zu machen.

An jenem wunderbaren Morgen, als mein hehrer Freier erstmals seine Sorgen vor mir ausbreitete, war ich völlig bei der Sache und ahnte nichts Böses. Zunächst begriff ich auch gar nicht, was er sagte, weil meine Aufmerksamkeit seinem schönen welligen dunklen Haar galt. Immer noch genoß ich es, ihn einfach anzuschauen.

Er sagte: »Ich verbringe viel zuviel Zeit mit dir.«

»Wie ist das möglich?« wollte ich wissen, nachdem mir die Bedeutung dieser Feststellung aufgegangen war. Von meiner Seite aus konnte ich mir so etwas überhaupt nicht vorstellen.

»Es ist möglich, weil du nicht alles bist, wofür mein Leben da ist. Mein Leben ist einem Leben in der Nähe Gottes gewidmet«, erklärte er mir. Ich konnte beobachten, wie die alte Schwülstigkeit die Oberhand gewann, er sich straffte und ein wenig steifer ging. Er ließ meine Hand los, und sie begann zu pochen.

Er fuhr fort: »Mein Ziel ist es, so nahe bei Gott zu leben, daß Er mir *alles* über mein Leben enthüllt. Wenn ich im völligen Einklang mit Ihm lebe, sehe ich keinen Grund, warum Er mir nicht sagen wird, wann ich morgens am besten aufstehe und was ich frühstücken soll. Und eine solche Hingabe bedarf großer Aufmerksamkeit.«

»Warum sollte es Gott kümmern, was du frühstückst?« fragte ich gereizt, überrascht über meinen eigenen Ausbruch. Ich hatte Roberts Priesterschaft stets viel zu sehr geachtet, als daß ich auch nur insgeheim das, an was er glaubte, in Frage gestellt hätte.

Aber ich hatte ihm offensichtlich nie den Eindruck vermittelt, daß ich ein überaus ehrfürchtiger Mensch war. »Ich wußte, daß du das so empfindest«, sagte er mit einer Stimme, die von weit her zu kommen schien. »Du willst Ihm einfach nicht so nahe sein wie ich. Deborah, manchmal glaube ich, du bist für mich nicht religiös genug.«

Vielleicht ist das nicht der genaue Wortlaut, aber was er sagte, traf mich tief. Während der Andacht in der Aula fand ich nicht mehr den Mut, nach seiner Hand zu greifen, und als wir uns danach auf dem Bürgersteig trennten, schämte ich mich zu sehr, um ihm mein Gesicht für einen Kuß entgegenzustrecken. Ich war noch zu jung, um mich dem Typ Mann zu widersetzen, der eine Frau wegen seiner Arbeit aufs Abstellgleis schiebt. Meine Unwürdigkeit trennte mich von Robert-Peck. Wahrscheinlich hatte er mich aufgrund seiner »Priesterschaft« und seiner Direktleitung zu Gott durchschaut.

Die nächsten Tage drückte ich mich auf dem Campus herum und versuchte, Robert halbwegs aus dem Weg zu gehen. Ich vermißte ihn, aber ich haßte mich so sehr, daß ich glaubte, es nicht anders verdient zu haben. Das war der Stand der Dinge zum Ende der Woche, als ich, mein Exemplar des Buches Mormon aufgeschlagen vor mir, mit Hilfe der die Verse des Buches hämmernden Stimme des Lehrers wieder zu mir selbst fand.

Das Buch Mormon ist eine Darstellung der Geschichte der amerikanischen Indianer, und wir befaßten uns mit dem Dritten Buch Nephi, das beschreibt, wie die Urindianer von Christus besucht werden. Ich war nicht gerade ein Freund der archaischen Sprache dieses Textes und hatte die Beschäftigung damit auf die lange Bank geschoben, aber als ich eine Woche zuvor mit Robert-Peck in der Bibliothek gewesen war, schaffte ich es zum erstenmal, das Dritte Buch Nephi zu lesen. Gefallen hatte mir der Text nicht: Riesenscharen von Indianern, die vor Christus auf die Knie fallen, laut weinen und beten, das war mir dumm und übertrieben vorgekommen. Trotz des mißbilligenden Blicks meines Freundes mußte ich doch gelegentlich kichern oder einen Vers vor mich hin zischeln, um seine Wirkung zu ergründen.

An diesem Tag intonierte jedoch mein Religionslehrer Bruder Morton eine Passage, in der Christus ganz bewegt ist von der ihm aus den Massen entgegenschlagenden Liebe. Er ruft ihnen zu: »Mein Inneres ist mit Erbarmen für Euch erfüllt! Mein Inneres ist mit Gnade erfüllt!« Bruder Morton war ein spindeldürrer Mann mit riesiger Brille, dessen winzige Augen nicht einmal von den dicken Gläsern vergrößert wurden. Wenn er laut vorlas, war seine Stimme hoch und dünn. In diesem Augenblick war ich jedoch überwältigt, meine Phantasie ließ das Schauspiel von Christus mit den Indianern aufflammen, das Wunder der Liebe Christi, wie sie aus seinem Inneren hervorbricht. Plötzlich öffnete sich meine Brust, und ich wurde gewahr, daß ich weinte.

Ich war ganz sicher, daß nicht *ich* Quell solch eines Gefühlsausbruches sein konnte; nur Gott hatte diese Macht. Zweifelsohne war ich gerade direkt mit Gott verbunden gewesen! In diesem Moment war es schwierig zu beurteilen, was aufwühlender war, die Botschaft vom Himmel oder meine Erleichterung. Gleichgültig, was Robert-Peck von sich gegeben hatte, jetzt tauchten Erinnerungen auf, die bewiesen, daß ich in punkto Religiosität und göttliche Inspiration keineswegs ein hoffnungsloser Fall war, denn Gott hatte es stets wert befunden, mich anzurühren. Mein ganzes Leben lang hatte ich in Momenten wie diesem Botschaften von Ihm empfangen.

Ich war gesegnet, dem Mormonentum mit seinem freundlichen Gott anzugehören, der einen so großen Platz in meinem Herzen einnahm, mir Trost und Einsicht und ein Verständnis für Schmerz eingegeben hatte. Ich hatte stets versucht, Ihm nahe zu sein, wußte ich doch, wer Er war. Gemäß der mormonischen Lehre war Er ein gepriesener Wiederauferstandener, der als Mensch Besonderes geleistet und sich das Recht verdient hatte, über eine Vielzahl von Planeten zu herrschen. Er war kein ausschließlicher Gott; es gab unendlich viele Planeten sowie unendlich viele Götter, die über diese herrschten, aber Er war mein Gott, und Er kümmerte sich um jeden Aspekt meines Lebens, besonders, solange ich mich bemühte, Ihm zu Gefallen zu sein. Er neigte auch dazu, persönlich zu erscheinen: Bereits im Alter von vierzehn Jahren sah Joseph Smith, Begründer und Prophet des Mormonentums, Gott mit seinem Sohn Jesus an der Seite vom Himmel herabsteigen.

Jener Morgen im Jahre 1823 markiert den Beginn des Mormonentums, als Gott ein wenig länger blieb, um mit den Menschen zu kommunizieren. Er konnte nicht immer hautnahe Aufmerksamkeit schenken, nach Smiths Aussagen wurde Er jedoch bei Seiner Arbeit maßgeblich von einer Schar Geister, die beständig in das Leben der Sterblichen eingriffen, dabei unterstützt, Rat zu erteilen, sich einzumischen oder gut zuzureden.

Der Engel Moroni beispielsweise, einst ein früher Bewohner des amerikanischen Kontinents, erschien Smith ebenfalls, um eine Reihe alter Goldtafeln, die Urgeschichte der amerikanischen Indianer, zu überreichen, welche der junge Prophet dann übersetzte und als Buch Mormon bezeichnete. (Das Buch Mormon wird von den Mormonen als die logische Schlußfolgerung der Bibel angesehen, welche sie auch als heilige Schrift achten, wobei ihnen das Buch Mormon jedoch mehr am Herzen liegt. Sie sind der Auffassung, daß Smiths Übersetzung sehr rein ist.)

Smith ist der Welt außerhalb des Mormonentums wohl am ehesten durch seine Übersetzung des Buches Mormon und die kompromißlose Befürwortung der Vielehe bekannt, aber dies sind nur Ausschnitte seines Einflusses innerhalb der Kirche. In den vierzehn Jahren, in denen er der Kirche vorstand, beschäftigte er sich mit verschiedenen Aspekten religiöser Zauberei, betrieb Wunderheilung und empfing von Gott zahllose »Offenbarungen«, die der Menschheit helfen sollen, durch die stürmischen Wasser des Lebens zu navigieren. Diese Offenbarungen bilden das Fundament der mormonischen Schriften.

Eine außergewöhnlich große Zahl der Offenbarungen Smiths betreffen den Spiritismus. Später wurde er dann aus dem oberen Fenster eines Hauses heraus in Illinois auf der Straße von einem Angehörigen des Mobs erschossen. Er hinterließ die Lehre, daß jedes Mitglied seiner Kirche von unsichtbaren Geistern umgeben sei – den glorreichen Toten, den sehnsüchtigen Ungeborenen, den Suchenden und den Monströsen. Außerdem gab er in seinem Vermächtnis zu verstehen, daß jeder Mann und jede Frau ein Anrecht darauf hätten, so regelmäßig mit den Geistern und mit Gott in Verbindung zu stehen, wie der moderne Mormone in späteren Jahren zum Telefon greifen würde.

Von Kindesbeinen an vermittelten mir meine Eltern die Weisheiten Smiths und lehrten mich, wann immer mir ein Geist erschien, zwischen einem Botschafter Gottes und einem Botschafter des Teufels zu unterscheiden. Bei anderer Gelegenheit wurde mir feierlich erklärt, als ob dies so wichtig gewesen wäre, daß Engel keine Flügel hätten. Mir wurde erläutert, warum böse Geister unter uns wandeln (sie wollen unseren Körper besetzen) und wie weit ihre Macht reicht (sie müssen das Feld räumen, sobald die göttlichen Geister erscheinen).

Diese Belehrungen waren durchaus wichtig für mich, denn in der Tat erschienen im Alltagsleben unserer Familie gelegentlich Geister. Eines Morgens betrat meine Mutter ihr Schlafzimmer und traf Onkel Howard auf ihrem Bett sitzend an, obwohl Onkel Howard bereits seit zwanzig Jahren tot war. Er hatte uns aus Sorge darüber, daß sein Sohn nicht eifrig genug zur Kirche ging, einen Besuch abgestattet. Er bat meine Mutter, mit dem Jungen zu reden. Mutter sagte, Howard hätte genauso ausgesehen wie kurz vor seinem Tode, als er Ende des Krieges mit einem Flugzeug abstürzte.

Als meine Großmutter starb, ich war gerade elf Jahre alt, erklärte mir meine Mutter, Großmutter sei immer noch im Raum und habe ihr die Hände auf den Kopf gelegt. Gott hatte Großmutter gestattet, innezuhalten und sich zu verabschieden.

Solche Geschichten und die von Smith waren erst der Beginn meines Glaubens an spirituelle Phantasiegespinste. In der Atmosphäre unverwässerten Glaubens an der BYU übten die Mitglieder der Fakultät und ihre Erlebnisberichte den größten Einfluß auf mich aus. Viele mystische Geschichten hörte ich persönlich von meinen Lehrern, aber am deutlichsten erinnere ich mich an eine Geschichte meines Bruders Len, der auf die BYU kam, nachdem er seine Mission beendet hatte und ich dort im zweiten Jahr studierte. Len erzählte, wie sein Religionsprofessor, einer der meistgeachteten Männer Gottes an der Universität, einen Studenten in einem theologischen Streitgespräch mit dem unwiderlegbaren Argument verstummen ließ: »Ich begreife nicht, wie das, was du äußerst, wahr sein kann. Wenn es wahr wäre, hätte ich niemals durch den Schleier treten und das Leben im Jenseits sehen können. Und ich habe es gesehen.«

Wir Studenten standen unseren Lehrern keineswegs in dem Drang nach, unsere geistige Eignung darzubieten. Wir erzählten einander ständig Geschichten, die »den Glauben förderten«, um unsere Freunde zu beeindrucken und um andere über korrektes Verhalten zu belehren. Die Geschichte, die auf mich als Erstsemestlerin den größten Eindruck gemacht hatte, handelte von einer Studentin, die von einem jungen Mann, mit dem sie sich verabredet hatte, im Auto angegriffen wurde. Inmitten des Kampfes besaß meine Kommilitonin die erstaunliche Geistesgegenwart, die Worte zu sprechen, die ihre Eltern ihr beigebracht hatten, um dem Bösen Einhalt zu gebieten. Verzweifelt drückte sie ihre Hand gegen die Stirn des Beinahe-Vergewaltigers und sprach: »Im Namen Jesu Christi befehle ich dir, mich in Ruhe zu lassen.« Eine unsichtbare Macht hob den Schurken von ihr und drückte ihn, der nun wie gelähmt war, gegen die Fahrertür.

Diese Geschichte ließ mich erschauern und machte mir auch ein wenig Angst. Ich hörte sie wieder und wieder; sie machte auf dem Campus die Runde und wurde auch bei Frauenversammlungen stets aufs Neue erwähnt. Zum erstenmal hörte ich diese Geschichte jedoch, als ich mit ein paar Studenten aus meinem Haus beim Essen saß. Für ein paar Augenblicke schien alles in der Mensa zu erstarren; die Schlange der zum Essen anstehenden Studenten nahm ich wie zu einem Schnappschuß gefroren wahr. Ich war völlig erfüllt von dem klaren Eindruck des vollkommenen Glaubens dieses Mädchens und sehnte mich danach, den Rest meines Lebens tief im Einklang mit Gott zu verbringen.

Es gab für mich an der BYU neben diesen phantastischen Geschichten noch andere Formen geistigen Lebens. Oft versammelten wir Mädchen uns auf meinem Stockwerk zu einem förmlichen Gebet, oder ich führte vor dem Haus auf dem Rasen sitzend Gespräche mit meinen Mitstudenten, wobei wir uns über die Bibel austauschten.

Aber die Erlebnisberichte standen für mich immer im Mittelpunkt, weil sie so aufwühlend waren. Die in meiner Phantasie herumgeisternden Wunder überzeugten mich davon, daß die Mormonen von Gott auserwählt waren, und erweckten den Wunsch in mir, noch näher an Ihn heranzurücken.

Diese vielen innigen Momente kamen mir ins Gedächtnis, als ich vor Bruder Morton saß. Ich konnte diese Erinnerungen dann nicht halten, aber für ein paar Augenblicke war ich von meinem Ich überzeugter als von Robert-Pecks Beschuldigungen.

Robert-Peck und ich trafen uns zwar noch regelmäßig, es war aber nie mehr so wie früher. Zum Beispiel rief er nicht mehr so oft an; zunächst klingelte das Telefon einen Tag nicht, dann zwei und so weiter, als unterzöge er sich einer Entwöhnungskur. An den Tagen, an denen ich nichts von ihm hörte, war ich zeitvergessen und wie in Trance und war mir kaum bewußt, daß ich Vorlesungen besuchte oder zum Essen runter in die Mensa ging. Warten ist das einzige, woran ich mich erinnere. An den Wochenenden verließ mich diese gräßliche Spannung für wenige Stunden, wenn wir in einem der engen Universitätskinos händchenhaltend irgendeinen zweitklassigen Film für einen Dollar sahen.

Danach gingen wir nicht mehr zu dem verlassenen Smith Fieldhouse. Robert brachte mich früh nach Hause und pflanzte mir mit wenig Zärtlichkeit einen Kuß auf die Lippen. Von meinem Fenster aus beobachtete ich ihn, wie er sich von mir entfernte und in der Dunkelheit verschwand. Er hielt sich immer stocksteif. Selbst von der Ferne ließ mich seine Würde frösteln.

Er fing an, die Eigenschaften, die er an mir am meisten geliebt hatte, zu verachten. Er hatte mein lautes Lachen geliebt, dessen Klang sein Gesicht jetzt mit Unmut erfüllte und mit einem Ausdruck, als bekäme er gerade Kopfschmerzen.

Früher hatte er meine langen Beine und meine Art, mich anzuziehen, gemocht; jetzt konnte er sich gar nicht genug entrüsten, als ich vor den BYU-Normenausschuß zitiert wurde, um Rechenschaft darüber abzulegen, warum ich immer mehr Miniröcke besaß. Sein Schock war so groß, als hätte er mich nie zuvor in derartiger Kleidung gesehen, als wären die Röcke über Nacht kurz geworden.

Während er einmal die Tatsache gemocht hatte, daß ich mich gelegentlich aus den Frauenversammlungen herausschlich, um ein wenig für mich allein draußen zu sein, verlieh er jetzt seinem Wunsch Ausdruck, ich möge meine Pflichten der Kirche gegenüber ernster nehmen.

Und als er an einem Sonntag, dem einzigen Tag im Monat, an dem Männer in unser Haus durften, überraschend vor meiner Tür stand, gab es an seinem Mißfallen, als er sah, daß er mich aufgeweckt hatte, überhaupt keinen Zweifel. Einmal erging er sich sogar darüber, daß ich häufig mitten am Tag in tiefsten Schlaf fiel; er behauptete, ich lebte mein Leben dermaßen mit Volldampf, daß meine Batterien so plötzlich leer seien wie bei einem Kleinkind, das mitten im Spiel umfalle, um ein Nickerchen zu machen. Jetzt registrierte er, wie ich mit meinen müden Augen gegen die Helligkeit anblinzelte, und daß ich von einem so knappen Nachthemd kaum verhüllt war, daß es Chers Aufmachung anläßlich einer Preisverleihung alle Ehre gemacht hätte. Er war empört. »Ich komme wieder, wenn du zu dir gekommen und angezogen bist«, sagte er. Seine prachtvollen Augen weigerten sich, auch nur einen Augenblick länger zu verweilen.

In diesem schmerzlichen Frühling stellte ich fest, daß ich ein lebensfroher Mensch war und daß Lebensfreude einer Frau nicht anstand. Ich erkannte, daß es schwierig war, lebhaft zu sein, ohne gegen Vorschriften zu verstoßen.

Schließlich machte ich dann, nachdem das Semester schon fast vorbei war, einen schwachen Versuch, mich zu rechtfertigen.

»Ich habe durchaus das Zeug zu religiösen Führungsaufgaben in der Gemeinde«, erinnere ich mich, ihm eines Sonntags berichtet zu haben, als wir im Halbdunkeln zum Abendgottesdienst gingen. »Ich habe mich bislang damit nur noch nicht so sehr beschäftigt.«

Er antwortete nicht sofort, ließ aber meine Hand los und setzte den Weg mit hinter dem Rücken verschränkten Händen fort. Nach einem Augenblick des Schweigens sagte er ermutigend: »Ich bin sicher, du hast das Zeug dazu.« Und dann, später, als könnte er meine Gedanken lesen, »aber du bist immer so *anhänglich*«.

Mit dem Abstand vieler Jahre scheint es mir, daß Robert-Peck nicht extremer war als andere heimgekehrte Missionare. Wie so viele der jungen Männer, die zwei Jahre ihres Lebens der Bekehrung anderer gewidmet haben, hatte seine religiöse Verantwortung ihm ein so großes Päckchen aufgebürdet, daß er seine Jugend verpaßte. Diese Entwicklung hatte ich schon immer an den Jungen meines Bekanntenkreises beobachtet, aber erst an der BYU erkannte ich ihre Schattenseiten.

Eine Freundin, ebenfalls aus dem ersten Semester, ein hübsches, temperamentvolles Mädchen, wollte einmal einen heimgekehrten Missionar küssen, der sie aber empört von sich schob. »Glaubst du, die lassen dich noch in den Tempel?« fragte er sie. Um den Tempel der Mormonen zu betreten, muß man eine Reihe von Fragen beantworten, um die Unwürdigen aussortieren zu können, und einige Fragen betreffen auch das Sexualleben. Aber nach dem Küssen fragt keiner. Der heimgekehrte Missionar hatte einfach die Bodenhaftung verloren.

Doch nicht alle Jungen waren so. Manche waren das genaue Gegenteil. Nach zwei Jahren ohne Frauen konnten sie nicht genug von dem kriegen, was die BYU-Kommilitoninnen bereit waren zu geben – wobei ich vermute, daß das allerdings nicht viel war. Auf alle Fälle konnten die heimgekehrten Missionare extrem sein, nicht nur was den Sex anbelangte.

Das war aber nicht ihr Fehler, dazu war ihre Erziehung zu extrem: Ihr ganzes Leben hörten sie von der Größe ihrer eigenen Macht. Sie wußten, daß sie im Alter von zwölf Jahren in das Priestertum aufgenommen würden, und daß das mormonische Priestertum mehr bedeutete als ein gestärkter Hemdskragen – das Priestertum bedeutete die Macht, stellvertretend für Gott zu handeln. Es verwandelte die Jungen, die ich kannte, in übernatürliche Wesen, für immer und ewig in der Lage, das Fieber ihrer Kinder mitten in der Nacht zu senken oder der Ehefrau den Teufel auszutreiben, und außerdem war ihnen dadurch die Position des Haushaltsvorstandes garantiert. Ein Handbuch für Vierzehnjährige formuliert dieses Anrecht wie folgt: »Die patriarchalische Ordnung ist göttlichen Ursprungs und wird bis in alle Ewigkeit währen. Darum sollen Männer, Frauen und Kinder diese Ordnung und diese Autorität in den Häusern der Menschen Gottes achten. ... Es geht hier nicht einfach um die Frage, wer besser qualifiziert ist, und auch nicht um die Frage, wessen Leben das würdigere ist. Es ist vorrangig eine Frage von Recht und Ordnung.«

Es war ausgeschlossen, die Möglichkeiten nicht zu erkennen. An jedem Sonntag ihres Lebens defilierten die jungen Männer in den Unterricht nur für Männer, die sogenannten priesterschaftlichen Versammlungen, wo ihnen beigebracht wurde, im nächsten Leben Götter zu werden mit der Fähigkeit, ihre eigene Welt zu schaffen und über sie zu herrschen. Dieses Hauptdogma des Mormonentums stammt aus den Schriften Joseph Smiths. Fairerweise sei gesagt, daß nach der Lehre junge Mormoninnen ebenfalls Göttinnen werden können. Oberste Pflicht der Göttin war jedoch nicht das Herrschen. Uns wurde beigebracht, daß wir unseren Ehemännern bis in alle Ewigkeit göttlich inspirierte Kinder gebären würden.

Im Alter von neunzehn Jahren lassen die mormonischen Männer ihre priesterschaftlichen Versammlungen hinter sich und gehen in die Mission, eine Art Dienst ohne irgendeinen Bezug zur modernen Welt. Sie werden aufgefordert, als Missionare ihren durch Ahnungen oder Einflüsterungen eingegebenen mystischen Kräften freien Lauf zu lassen, um die einer Bekehrung Empfänglichsten aufzuspüren oder um Formulierungen zu finden, die einen Widerstrebenden überzeugen können. Einem höflichen, besonnenen Freund von mir aus Florida, dessen Mission ihn nach Mexiko führte, trieb auf einer Straße in Guadalajara einer Frau den Teufel aus. Die Jungen fingen an zu glauben, daß Gott über sie wache und sie sogar bei ihrem alltäglichen Tun beflügele.

In Gebieten mit wenigen Kirchenmitgliedern wurden die Missionare zu Führern ihrer Gemeinde, und im Alter von neunzehn oder zwanzig begannen sie, andere Gemeindemitglieder zu beraten und Autorität über ihr Leben auszuüben.

Wenn die beiden Jahre in der Mission den Glauben eines Mannes an Mystisches entzündet und genährt hatten, so konnte hieraus, wenn er danach zur BYU ging, ein Flächenbrand werden. Denn dort wurde er außerordentlich bewundert und geriet in eine Wolke von Vorlesungen und göttlich inspirierten Geschichten, die auch mich sofort verschlungen hatten. Man hörte von den erstaunlichsten Dingen, die den Männern passieren, so zum Beispiel, wie mein Freund Jacob Gottes Stimme vernahm.

Ihm war aufgetragen worden, zwei Dutzend Erstsemestlern dienlich zu sein, die er lehrte, beriet und zu lieben begann. Eines Morgens kniete er mit ihnen nieder und führte sie ins Gebet, und als sich die ordentlich frisierten Köpfe erwartungsvoll neigten, überkam ihn, wie er es empfand, der Geist Gottes mit seinen Eingebungen. Die Worte waren nicht mehr die seinen.

»Ich, der Herr, liebe Euch und vergebe Euch Eure Sünden«, hörte er sich sagen. »Ihr dürft keine Angst haben, zu mir zu kommen. Wenn Ihr Eure Herzen öffnet, wird Euch Meine Stimme stets begleiten.«

So ging es weiter, in der ersten Person, die Worte flossen in einen Raum, der vor wachsender Überwältigung und Überraschung erzitterte. So ging es weiter, bis alle Worte aus ihm herausgeflossen waren. Als Jacob fertig war, sah er, daß seine Jungen von derselben Macht ergriffen waren, die er empfand.

Später ging er zu seinen Studenten, die sich alle in einem Raum versammelt hatten. Sie hatten die Köpfe zusammengesteckt und murmelten erregt. Als er sich ihnen näherte, erhoben sie sich in einer instinktiven Bewegung, als begrüßten sie Christus. Er war vierundzwanzig. Für einen jungen Menschen ist das ganz schön starker Tobak.

Nachdem sich Robert-Peck ein für alle Male missionarischer Gebührlichkeit verschrieben hatte, erhaschte ich nur noch einen einzigen Augenblick, in dem der Junge vom Baseballplatz noch einmal hervorkam.

Den Sommer, einen endlosen Sommer, verbrachten wir getrennt voneinander, ich blieb in Provo, er kehrte nach Kalifornien zurück.

Eigentlich hätte ich die Zeit ohne ihn in vollen Zügen genießen sollen: Ich war Redakteurin der Schulzeitung und von lustigen Freundinnen und manch einem Möchtegern-Beau umringt.

Zum erstenmal war ich auch mobil, denn mein Vater hatte mir einen eleganten apfelgrünen Sportwagen geschenkt. Einmal fuhr ich damit auf den Highway zwischen Provo und Salt Lake City und jagte ihn auf 110 Meilen hoch; der Wind riß mir fast das Haar aus.

Aber das war ein seltener Moment der Ausgelassenheit. Die meiste Zeit brütete ich und wartete auf Briefe von Robert-Peck, die nur schmerzlich selten eintrafen. Obwohl ich noch nicht einmal im zweiten Jahr meines Studiums war, drängte er mich schon, an meinen Abschluß zu denken. Auch sandte er mir Artikel aus der *Atlantic Monthly*. Ich fand seine Briefe äußerst entmutigend, denn sie sprachen nur von meinem Geist. Wahrscheinlich hatte Robert-Peck die Gedanken an meinen Körper völlig verbannt.

Gleichgültig, wie sehr ich an seinen Gefühlen für mich zweifelte, ich konnte es gar nicht erwarten, ihn im September wiederzusehen. Schlafwandlerisch ging ich umher, eine Wolke der Erregung bremste mein Tun und engte meinen Atem ein. Schließlich fuhr ich ziellos mit dem Camaro durch die Gegend, denn irgendwie mußte ich ja die Stunden bis zum Nachmittag herumbekommen.

Erklären zu müssen, daß ich im Alter von achtzehn Jahren, nachdem ich ein Jahr lang in Provo gelebt hatte, diese Stadt noch nie erforscht hatte, sagt eine Menge über mich aus, worüber ich gar nicht länger nachdenken möchte. Mich trieb nie die Neugier, mich interessierte höchstens das Viertel, in dem ich selbst lebte. Als ich an jenem Morgen dann erstmals Provo Straße für Straße durchkämmte, fiel mir auf, wie häßlich die Stadt im Grunde war. Im Gegensatz zu anderen Universitätsstädten, die mehr im Trend lagen, gab es in der Innenstadt keine Boutiquen, sondern nur schäbige Läden zur Deckung des Grundbedarfs – einen Optiker, einen Schuster, eine Klitsche, die Munition verkaufte. Als ich immer und immer wieder die Hauptstraße kreuzte, um die Reihen alter, dunkler Backsteinhäuser abzufahren, war ich überrascht, wie düster Provo in der sonnigsten Jahreszeit wirkte, wie schmuddelig die Viertel waren. Die Häuser mit nur jeweils einer Etage und einer Souterrainwohnung waren winzig und schienen unfertig und halb versunken. Einige Vorgärten waren von Unkraut überwuchert.

Die Stadt vermittelte einen Eindruck von Vernachlässigung und einer gewissen Hoffnungslosigkeit, was ich erst gar nicht begreifen konnte, sollten hier doch überzeugte religiöse Herzen den richtigen Weg suchen und finden. Als dann eine junge, offensichtlich in einer Souterrainwohnung lebende Mormonin auf die Straße trat, ging mir auf, daß in diesem Viertel verheiratete Studenten lebten, die ohnehin kaum über die Runden kamen.

Allmorgendlich machten sich Frauen wie diese, Ehefrauen, ihre Kinder auf der Hüfte tragend, zur Universität auf. Sie strömten zu den Aufenthaltsräumen, setzten ihre Kinder in Hochstühlchen ab und aßen mit ihren jungen Ehemännern zwischen den Vorlesungen einen Hamburger. Sie waren

Teil der von jungen Frauen mit rot angemalten Lippen, langen Augenwimpern und gebügelten Kleidern wimmelnden Universitätslandschaft.

Wenn ich auf dem Bürgersteig an ihnen vorbeiging, wo sie mit ihrem Ehemann Händchen hielten, bevor die Männer zurück in die Vorlesung eilten, glaubte ich, daß sie ein vollkommenes Leben führten. Und doch strahlte diese Frau, die da die Stufen vor ihrer Wohnung hochstieg, alles andere als die wahre Liebe aus.

Sie war ein paar Jahre jünger als ich, blond, mit einem herausgewachsenen Haarschnitt und dünn, nur der Bauch wölbte sich ein wenig, entweder von der letzten Schwangerschaft oder weil sie wieder schwanger war. Sie trug abgetragene Baumwollhosen und ein sackiges Hemd in einem künstlichen Grün, wie es eigentlich nur zu einer Krankenschwester passen würde. Ihr auffallend hübsches Gesicht war nicht nur blaß vor Erschöpfung, sondern auch völlig ungeschminkt, als hätte sie es gerade unter der Dusche gründlich geschrubbt. Während ich sie beobachtete, huschte nicht die leiseste Regung über ihr Gesicht.

Das Baby auf ihrem Arm war kaum ein Jahr alt und experimentierte eintönig mit seiner Stimme in einer Lautstärke, die jegliche Lärmschutzwerte überschritten hätte. Die Mutter ignorierte das Kind wie betäubt. Als bedürfte es ihrer ganzen Kraft, konzentrierte sie sich darauf, mit dem Baby und einer Tüte Windeln die Treppe hochzukommen. Ich fuhr im Schrittempo neben ihr her, als sie die Straße entlangging und dann die Treppen zu der Souterrainwohnung eines anderen Minihauses hinabstieg, wo offensichtlich noch eine junge Mutter lebte. Als sich die beiden Frauen begrüßten, lächelte die blonde immer noch nicht.

War das das Paradies der Ehe, die Erfüllung des leidenschaftlichsten Wunsches eines jeden mormonischen Mädchens? Ich hatte mir bereitwillig die verherrlichende Sicht der Kirche im Hinblick auf die Opfer, die es mit sich bringt, früh zu heiraten und sofort Kinder zu haben, zu eigen gemacht; eine Ansicht, die diesen Lebensverlauf als ehrenvoll und als Voraussetzung zu einem göttlichen Leben erklärt. Aber in dem regungslosen Gesicht der jungen Frau sah ich weder Erfüllung noch Göttlichkeit; ich erkannte, daß die Ehe abtöten kann.

Das war mir nie zuvor in den Sinn gekommen, und augenblicklich stellte sich bei mir das Gefühl ein, daß ich davon sicher verschont bleiben würde. Ich wußte, daß meine übersprudelnde Art und mein Optimismus mich – und Robert-Peck – vor dem strengen Schulmeister in seiner Seele bewahren könnten, der sonst unsere Ehe vielleicht ihrer Freude berauben würde. Ich war mir wieder sicher, daß es irgendwie doch zu einer Heirat kommen würde.

Zurück in meinem Zimmer wartete ich auf meinen Robert, als hätte es die Monate der Abkühlung zwischen uns gar nicht gegeben. Aufgeregt und selbstsicher hüpfte ich buchstäblich vor Ungeduld von einem Bein aufs andere und erwartete, daß wir jetzt Nägel mit Köpfen machen würden; schließlich hatte ich sehr wohl eine Menge zu bieten.

Ich dachte, er wäre sich meiner Vorteile auch bewußt geworden. Als er ankam, langte er mit Augen und Armen nach mir, zog mich heftig in eine rückhaltlose Umarmung, die alle seine seelenlosen Briefe Lügen strafte. Sein Kuß war so forschend und süß wie der erste Kuß von einem neuen Freund.

Vielleicht war dieser Kuß die letzte Schlacht des von Robert-Peck uneingestandenen Krieges, in der der gottähnliche Missionar den sorglosen Jungen bezwang. Auf jeden Fall spiegelte sich auf seinem Gesicht, als er von mir abließ, Verlegenheit und Widerwillen, wie bei einer Katze, die man gegen ihren Willen festzuhalten versucht. Er schien die Schuld für diese in ihm hervorgebrochene Erregung mir zu-

zuweisen, und es gelang ihm dann, sich völlig von mir abzuwenden und Seite an Seite mit Gott zu stehen.

Ich wußte irgendwo tief drinnen, daß dies der letzte Kuß gewesen war. Der Glaube an mich selbst, der manchmal sogar trotz Robert-Pecks Mißbilligung aufgeflackert war, erlosch und kehrte jahrelang nicht zurück. Ich hatte ihm schon oft vorgeworfen, er wisse sehr wohl, daß ich nicht unwürdig sei. An jenem Tag gab es dem nichts hinzuzufügen; es galt, ein für alle Mal sein Urteil hinzunehmen.

Zwei

Ich mußte heiraten, wenn auch nicht aus den üblichen Gründen, was eigentlich schade ist. Denn dann hätte ich wenigstens ein paar schöne Erinnerungen an die Zeit des Werbens und des Verliebtseins. Statt dessen mußte ich heiraten, weil jemand im Namen Gottes darauf bestand. Zur Ehrenrettung jenes beharrlichen Mannes sei gesagt, daß ich unbedingt heiraten wollte, ehe es für mich zu spät war, aber nicht unbedingt ihn.

Mir erschien es überhaupt nicht absurd, daß ich in meinem zweiten Jahr an der Universität dachte, alt zu werden, denn in der Welt der BYU schien die Zeit, in der ein Mädchen reif war, nur ein paar süße Sommer anzuhalten. Eine meiner Kommilitoninnen wurde in jenem Jahr einundzwanzig, und als sie in der Küche herumwerkelte, starrte ich ihr düster nach und dachte, ich wollte keinesfalls so eine alte Jungfer werden wie sie.

Marvella war ein sehr hübsches, bodenständiges Mädchen mit einem enormen Hinterteil. Selbst die große Zahl der Männer, die ihr den Hof machten, vermochte mich nicht davon zu überzeugen, daß sie keineswegs zu alt war, um noch jemanden an Land zu ziehen. Ende des Jahres verlobte sie sich, und ich war entgeistert. Als sie mir von der Verlobung erzählte, überströmte mich eine Welle der Wärme und der Freude für sie, wie wenn man in der Zeitung liest, jemand hat die Liebe seines Lebens gefunden, obwohl er keine Beine hat. Damit stieg die Wahrscheinlichkeit, daß auch ich noch jemanden abkriegen würde.

Ich war sehr verzweifelt. Die Ehe ist das Rückgrat der mormonischen Gesellschaft und Lehre – die Mormonen glauben, daß nur die Verheirateten das Göttliche Königreich des Himmels betreten dürfen. Im Grunde dient die BYU in erster Linie als Eheanbahnungsinstitut. Ernest Wilkinson selbst hatte uns gedrängt, so bald wie möglich einen Partner zu finden. »An die siebentausendfünfhundert Missionare kehren alljährlich an unsere Universität zurück. Das Glück einer so großen Auswahl an einem Ort findet man mit Sicherheit kein zweites Mal. Und der Erfolg der Partnersuche wird durch die Tatsache bestätigt, daß jedes Jahr etwa zweitausend unserer Studenten heiraten«, tönte er in seiner emotionalen Ansprache bei der Eröffnungsveranstaltung.

Die anläßlich der Andachten sprechenden Generalautoritäten versäumten es auch niemals, uns am Ende ihrer Ansprache zur Heirat aufzufordern. (In regelmäßigen Abständen wurden sogar außerordentliche Priesterversammlungen über Satellitenfernsehen ausgestrahlt, in denen die jungen Männer der Kirche ermahnt wurden, daß sich Junggesellen bloß vor ihrer Verantwortung vor Gott drücken.)

Während der Missionszeit dröhnte es ebenfalls aus allen Ecken: Du sollst bald heiraten. In der Uni kursierten immer wieder Geschichten von Missionspräsidenten, die ihre einundzwanzigjährigen, an die Universität und somit ins normale Leben zurückgeschickten Missionsschützlinge drängten, innerhalb eines halben Jahres zu heiraten.

Selbst meine eigenen Eltern hatten die Kosten für die BYU nur auf sich genommen, um mir die Gelegenheit zu geben, »meinesgleichen« kennenzulernen.

Dieser Bekehrungseifer fiel auf fruchtbaren Boden. Seit Beginn meiner Studienzeit überraschte mich auf dem Campus immer wieder ein plötzliches Kreischen. Wenn ich dann herumfuhr, spielte sich vor mir stets dieselbe Szene ab: eine Mitstudentin stand auf dem Bürgersteig und fuchtelte mit ihrer beringten linken Hand vor dem Gesicht einer Freundin herum, die vor Aufregung auf und ab hüpfte und das glitzernde Ding beäugte. Im Winter waren die Mädchen derartig vermummt, daß man nur ihre Augen, die Stirn und eben die Hand, von der die frisch Verlobte den Handschuh gezogen hatte, sah. Diese Szenen im Schnee waren beliebig wiederholbar und austauschbar, und in meiner Vorstellung reiften sie zum Synonym für die Ehe heran, so wie Bilder von der Madonna mit Kind für Katholiken Mutterschaft symbolisieren.

Mein Drang zu heiraten verstärkte sich erheblich, nachdem Robert-Peck mich aus religiösen Gründen abgewiesen hatte. Ich war verzweifelt und fürchtete, daß kein würdiger, junger, das Priestertum innehabender Mann mich würde heiraten wollen. Folglich mußte ich bei jeder passenden und unpassenden Gelegenheit meinen Willen zur Ehe zur Schau stellen, wobei mir jedes Mittel und jedes Objekt recht war.

In jenem Herbst war für mich wohl der größte Glücksfall, daß mein Bruder nach seiner Missionszeit nach Provo kam. Ich hatte meinen melancholischen Bruder sehr gern, aber der eigentliche Grund für meinen Überschwang war, daß er mit erfreulich vielen männlichen Wesen in einer Wohngemeinschaft lebte. Einen jeden von ihnen durchbohrte ich ohne große Scheu mit meinen Blicken. Ich hatte mich noch nicht so weit von den Nachwehen meiner zerbrochenen Liebe erholt, daß ich aktiv eine Wahl getroffen hätte, aber ich wurde erwählt. In der Vorweihnachtszeit machte mir Monty Brown, der Kleinste aus dem ganzen Haufen, den Hof.

Er war also kleiner als ich. Immerhin bin ich einen Meter fünfundsiebzig groß, so daß ich viele Männer überrage. Monty war insofern bemerkenswert, als er noch weniger tiefsinnig war als ich. Sein Vater war ein international tätiger Geschäftsmann; Monty hatte überall auf der Welt gelebt, und doch hätten seine Beobachtungen über die Menschheit auf einer Handfläche Platz gehabt. Seine Zukunftspläne waren gleichermaßen beschränkt: Im Alter von siebenundzwanzig Jahren nahm er sich vor, im Frühjahr endlich Examen zu machen, um sich danach für einen Aufbaustudiengang in Rechnungswesen einzuschreiben, nicht, weil ihn Zahlen interessiert hätten, sondern weil ihn eben nichts anderes interessierte.

Ich kann auch nicht behaupten, daß mich sein Äußeres angezogen hätte, das zwar untadelig, aber alles andere als flott war. Er war von untersetzter Statur, allerdings recht gutaussehend, mit einem eckigen Gesicht und auffallend ausgeprägter Kinnpartie. Er trug adrette, nette Hemden und Slipper aus superweichem Leder, die er während seiner Missionszeit in Frankreich gekauft hatte, aber allzu oft kombinierte er sie mit irgendwelchen Hosen, die nicht einmal zerknittert ausgesehen hätten, wenn er sie ins Handschuhfach seines Autos gestopft hätte. Viele dieser Hosen waren kariert.

Seine Frisur war genauso unmöglich wie seine zusammengewürfelte Garderobe. Er hatte einen ziemlich voluminösen schwarzen Haarschopf, und obwohl Fönfrisuren zu jener Zeit nicht üblich waren, hatte er diese Mähne irgendwie zu einem luftigen Gespinst aufgeplustert, was ihn aber nicht unbedingt größer wirken ließ. Monty war ein peppiger Tänzer. Wenn er auf der geräumigen Tanzfläche der BYU mit mir herumhüpfte, hob und senkte sich sein mächtiger Haarschopf, als bliese der Wind in kräftigen Böen hinein.

Ich nahm ihn im Laufe der Zeit deshalb ernster, weil er sich selber nie lächerlich fand. Er stolzierte herum, nicht so frömmelnd wie Robert-Peck, sondern mit einer durch und durch unerschütterlichen Anspruchshaltung, die mich insofern beeindruckte, als ich nicht den geringsten Anlaß dafür ausmachen konnte. Ich erinnere mich, daß ich ihn einmal beobachtete, wie er während einer Veranstaltung in kirchlichem Rahmen zu mir herüberkam; er drängte sich auf dem gefliesten Boden an Mädchen in mattfarbenen Kleidern und jungen Männern im Blazer vorbei. Wie er sich durch die Menge schob, wies er für einen so kleinen Mann durchaus körperliche Grazie und Kraft auf, er schien halb zu schreiten, halb zu gleiten. Zweifelsohne versprach sein Selbstvertrauen ein bewegtes Sexualleben.

Er forderte mich ohne Umschweife auf, mein Leben ihm zuliebe zu ändern, meinen Job bei der Studentenzeitung an den Nagel zu hängen, damit wir mehr Zeit füreinander hätten. (Sobald wir verlobt waren, tat ich das auch.) Seit wir miteinander ausgingen, drängte er mich, ihm allabendlich sein Abendessen zu bereiten. (Was ich nie tat, aber das waren erbitterte Kämpfe.) Zwar ließ er schon bald keinen Zweifel mehr daran, daß ich die Frau für ihn war, dennoch hatte er im Null Komma nichts an meinen Küssen, meiner Kleidung, meiner Familie herumzumäkeln. Außerdem ließ er stundenlang seine Ex-Freundinnen Revue passieren, und seine Tolle wippte mißbilligend, wenn er ihre Unzulänglichkeiten aufzählte, die sich bei mir ja wohl hoffentlich nicht wiederholen würden.

Monty war zwar häufig sehr fordernd, gleichzeitig schien er jedoch kaum in der Lage, ohne mich zu leben, und dieses Aufblitzen von Verletzlichkeit rührte mich. Eines Abends in seiner Wohnung, wir hatten uns auf einem Sitzsack niedergelassen, kehrte ein Mitbewohner nach dem anderen von seiner jeweiligen Verabredung heim und hockte sich auf eines der schäbigen Sofas, um zuzuhören, was ich vom Tag zu erzählen hatte. Aufgrund meiner Arbeit bei der Studentenzeitung konnte ich immer Spannendes über wichtige Leute auf dem Campus oder über Zensurprobleme, die zwischen den jugendlichen Reportern und den Kirchenbehörden auftraten, berichten. Während ich so erzählte, merkte ich, wie Monty meine Hand immer fester hielt, als wollte er verhindern, daß ich mich von ihm löste. Er hielt die Augen geschlossen, dennoch erkannte ich an seinem Gesichtsausdruck, daß er jedes Wort vergnügt, zweifelnd und amüsiert registrierte. Ich genoß seine ungeteilte Aufmerksamkeit.

Als die anderen in ihre Zimmer gegangen waren, streckte er die Hand aus und berührte mein Gesicht mit einem Ausdruck grenzenloser Angst, mich zu verlieren. »Mit dir ist es so unterhaltsam wie mit keiner anderen«, sagte er, »ich bin richtig stolz auf dich.«

Durch die Geschichte mit Robert-Peck war ich noch so angeschlagen, daß es für einen beharrlichen Mann ein Kinderspiel war, mich zu erobern. So verfiel ich schnell in eine sklavische Abhängigkeit. Zehn Wochen, nachdem wir zum erstenmal miteinander ausgegangen waren, fühlte ich mich unsicher, wenn Monty nicht bei mir war, brauchte ich eine Ahnung seiner Empfindungen, um meine eigenen daran ausrichten zu können.

Diese Zeit der Selbstbestätigung sollte nicht lange dauern. An der BYU war das Werben keine Therapie, sondern Mittel zum Zweck. Obwohl ich nicht vorhatte, Monty zu heiraten, malte ich mir allmählich aus, wie er um meine Hand anhalten würde. Ich begann zu hoffen, er würde es so tun, wie es an der BYU gang und gäbe war, nämlich auf eine unvergeßliche Art und Weise, so wie die Verlobten einiger meiner Freundinnen es getan hatten – wie im Film.

Eine meiner Freundinnen war mit einem Typ zum Fischen auf den Utahsee hinausgefahren, der einen Taucher engagiert hatte, damit er den Verlobungsring an ihrem Angelhaken befestigte. Ein anderer Freier hatte den Ring an einem Zweig befestigt, der über einen Weg auf dem Campus ragte, den die beiden oft entlangbummelten. Er richtete es so ein, daß der Zweig ihr Haar berührte und der Ring darin hängenblieb, den er ihr dann so lässig vom Kopf pflückte, wie ein Zauberer auf einer Geburtstagsfeier ein

Geldstück hinter dem Ohr der Kinder hervorholt. Die Verlobungsrituale waren oft dermaßen ungewöhnlich, daß O. C. Tanner, eines der ersten Juweliergeschäfte von Salt Lake City, einen Wettbewerb ausschrieb und einmal im Monat die ausgefallenste Idee prämierte. Vielleicht würde Monty ja auf etwas kommen, das für den Preis in Frage käme.

Der Moment, als Monty mich schließlich fragte, ob ich seine Frau werden wollte, hatte mit den unser gemeinsames Leben bestimmenden, noch folgenden Meilensteinen gemein, daß er nicht im geringsten meinen Träumen entsprach. Es überkam ihn, als wir in seinem zerbeulten Auto auf einem öden Parkplatz hinter meinem Wohnblock saßen und auf eine nur durch kleine Fensterchen durchbrochene Hauswand starrten, von der die Farbe abblätterte. Einzig das Motorengeräusch und das Knirschen von Kies unter den Reifen anderer Autos, die an uns vorbei auf den oder vom Parkplatz herunterschlichen, unterbrach zuweilen die Stille. Es war ein kalter Tag im Frühjahr, an dem es noch früh dunkel wurde: Monty und ich schnatterten in unseren dünnen Jacken mit vor Kälte hochgezogenen Schultern; wegen der Gangschaltung und der Schalensitze hatten wir keine Chance, aneinanderzurücken. Plötzlich wandte er sich mir zu und sagte im Kommandoton: »Ich will, daß du mich heiratest.«

Ich erstarrte. Ich versuchte, sein Gesicht in der Dunkelheit deutlicher zu sehen, als würde ich entdecken, daß ich ihn liebte, wenn ich nur seine Züge ausmachen könnte. Auf einmal, unerwarteterweise, erschien es mir undenkbar, ihn abzuweisen. Ich war meinem Wunsch greifbar nahe, mein Drang, verlobt zu sein, war so mächtig, daß alles andere verblaßte. Ich hatte mir nie vorstellen können, mit Monty zu schlafen, mit ihm ein Problem zu bereinigen, oder daß er in einem Jahr überhaupt noch eine Rolle in meinem Leben spielen würde, aber mein Verlangen nach Bestätigung war übergroß geworden.

Ich erkannte nicht, daß mein Ansinnen, ihn zu umgarnen und mich dann, wenn es bedrohlich wurde, aus der Verlobung herauszumogeln, ihn verletzen würde. Ich erkannte nicht, daß ich selbst dabei ganz schön Federn lassen würde.

Eine ganze Minute war in völliger Stille verstrichen. »Okay«, sagte ich schließlich.

Wenig später standen wir oben in meiner Küche und küßten uns. Ich fand es lächerlich, daß wir uns im Stehen küßten, denn da fiel der Größenunterschied noch mehr auf. Immer noch meinte ich, die Tatsache, mit einem kleinen Mann ausgehen zu müssen, sei so etwas wie eine Offenbarung meiner eigenen Unzulänglichkeit: Nicht nur, daß ich unkontrolliert gewachsen war, ich war für Männer meiner Größe einfach unattraktiv. Es war mir unmöglich, aus diesem Denkschema auszubrechen, und doch glaubte ich, ich könnte ein Verlöbnis lösen, welches durch über 150 Jahre magisch-religiösen Kultes geprägt und Ausdruck aller von meiner Mutter für mich gehegten Ambitionen war.

Als ich plötzlich fühlte, daß Monty seine Hand auf meinen Po gleiten ließ, war ich etwas von dem Unbehagen abgelenkt, daß ich mich zum Küssen zu ihm hinabbeugen mußte. Selbstbewußt verblieb sie dort, meine Pobacke umspannend, die Finger gespreizt, so daß ich den von jedem Finger ausgehenden Druck spürte. Diese Geste lag so meilenweit außerhalb dessen, was als keusches Werben galt, daß ich meine Augen öffnete, um Montys Gesicht zu studieren. Er grinste ein wenig einfältig.

Ein paar Tage später brachte er mir den Ring. Er und Len waren nach Salt Lake City gefahren, als brächen sie zu einer Militärmission auf. Dann kamen sie mit einem hoch über einem dünnen Goldreif sitzenden, eindrittelkarätigen Diamanten zurück. Monty und ich fuhren zusammen auf ein offenes Feld, ein Fleckchen leuchtender Wiese mit ein paar wilden Blumen, wo er mir das winzige Ding an den Finger steckte. Eine halbe Stunde lang strahlte ich vor dem Hintergrund der Rocky Mountains in seine Kamera. Ein Bild zeigt meine von Sommersprossen übersäte Hand mit dem am Finger glitzernden Ring in Großaufnahme. Als die Fotos entwickelt waren, saß ich mit dieser Aufnahme auf dem Schoß lange Zeit da, ungläubig ob der Größe des Steines. Mir war schleierhaft, wie so etwas Winziges so schwer sein konnte. Der Ring hätte nicht schwerer wiegen können, wenn er ein Wörterbuch gewesen wäre.

Von Anfang an war der Ring nichts weiter als ein Sinnbild dafür, daß ich einem Mann ein Heiratsversprechen gegeben hatte, den ich nicht aufrichtig liebte. Die Heiterkeit, die ich stets mit dem Zustand des Verlobtseins verbunden hatte, stellte sich nicht ein. Ich hatte mir vorgestellt, wie ich mit dem Ring am Finger vor meinen Mitbewohnerinnen herumwedeln und meine Familie (und Robert-Peck) damit beeindrucken würde, daß auch ich im Leben erfolgreich war. Ich hatte mir vorgemacht, daß die Existenz dieses Ringes, nachdem ich ihn Monty zurückgegeben haben würde, mir den Ruf bescheren würde, daß ich zwar eine Verlobung gelöst hatte, aber daß es jemanden gegeben hatte, der mich begehrte. Ein solcher Leumund erschien mir so ehrwürdig und spannend, daß ich dergestalt gewappnet noch ein paar Jahre Zeit haben würde, den Mann meiner Träume zu finden, ohne als alte Jungfer zu gelten. Statt des Gefühls der Befreiung überkam mich jedoch jedesmal, wenn ich den Ring anblickte, nur dumpfe Übelkeit.

Ich fing an, so zu tun, als wäre der Ring die Wurzel allen Übels. Ich streifte ihn ab, wenn ich mir die Hände wusch und legte ihn so auf die Waschbeckenablage, daß er leicht hätte herunterfallen können. Während ich schlief, legte ich ihn auf dem Nachttisch ab, und wenn ich zum Jazztanz ging, schloß ich ihn im Spind ein. Es ging mir stets viel besser, wenn ich ihn nicht trug. Schließlich begriff ich, daß ich nicht mehr länger warten durfte, daß ich mich sofort von Monty trennen mußte.

Ich hatte nie daran gedacht, ihm den Ring mit den Worten in die Hand zu drücken: »Ich liebe dich nicht.« Das wäre zwar ehrlicher gewesen als alles andere, was unsere Beziehung bis dahin geprägt hatte. Aber nie zuvor hatte ich ein Ziel so direkt angesteuert. Nie zuvor hatte ich etwas getan, das einigen Mut und eine Menge Selbstvertrauen erforderte. Zum einen beruhte das sicherlich auf einer gehörigen Portion Feigheit, zum anderen erschien mir das, was ich wollte beziehungsweise nicht wollte, als keine gute Entschuldigung dafür, einen aufrechten, mich begehrenden Mann vor den Kopf zu stoßen. Und schon gar keine Entschuldigung, die vor den Augen eines Mannes bestehen würde.

Ich brauchte einen unumstößlichen Grund, den nicht einmal ein Priester zu Fall bringen konnte. Und eines Nachts, als ich in meinem großen, kahlen Zimmer in der Dunkelheit lag und den gleichmäßig schnaufenden Atemzügen meiner Zimmergenossin Hannie lauschte, kam mir der Gedanke.

In jener Zeit suchten die meisten jungen Mormonen wie besessen Den Einen oder Die Eine. Heute steuern die Kirchenautoritäten dem romantischen Glauben entgegen, daß Gott bereits vor der Geburt eines Menschen einen Ehepartner für ihn auserwählt habe, und daß er diese beiden Menschen zusammenbringe, wenn Er gebührend darum gebeten werde. Die Reformbemühungen waren jedoch ein Kampf gegen Windmühlen, denn die Vorstellung der Existenz Des Einen oder Der Einen fügt sich zu glatt in die Leidenschaft der Mormonen für Spiritistisches. Ich kenne eine sechsunddreißigjährige ledige Frau, die erst im vergangenen Jahr mitten in der Nacht mit wehenden Fahnen zu ihrem Auserwählten eilte und untröstlich weinend immer wieder um sein Bett stürmte, weil er nicht glauben wollte, daß Gott ihr offenbart hatte, er solle sie heiraten, weil er für sie Der Eine sei.

Außenstehenden scheint der Glaube an Den Einen im Widerspruch zur Vielehe zu stehen, für die die Mormonen immer noch bekannt sind. Die meisten Mitglieder der mormonischen Kirche haben die Polygamie jedoch nie gelebt, und für die jungen Mormonen kommt sie seit der Jahrhundertwende ohnehin nicht mehr in Frage. Wir Studenten an der BYU gingen alle davon aus, in einer herkömmlichen Ehe leben zu werden, und ich kenne niemanden, der sich anders entschieden hätte. Zwar wird unter den Fundamentalisten immer noch Polygamie praktiziert, sie werden jedoch, wenn es herauskommt, von der tonangebenden Kirche exkommuniziert. Einige meiner Freunde aus frühen Kindertagen in Arizona stammten noch von polygamen Großeltern ab, aber meine Generation hat diese Sitte nie für sich in Anspruch genommen. (Genaugenommen hörte ich das Wort *Polygamie* erst im Alter von elf Jahren, als ich von der Schule nach Hause raste, um meiner Mutter eher erstaunt als verletzt zu erzählen, daß ich auf dem Schulhof mit der Behauptung verhöhnt worden war, mein Vater habe viele Frauen. Sie erklärte mir, daß die Vielehe der Vergangenheit angehöre und allmählich ausgestorben sei, nachdem der amerikanische Staat sie 1862 für ungesetzlich erklärt und die Kirche sie später selber verboten hatte. Sie fuhr fort, daß die Vielehe keinen Platz in unserem Leben habe, wobei mir im Laufe der Jahre klar wurde, daß mein Vater dem nicht vorbehaltlos zustimmte. Bei jeder sich ihm bietenden Gelegenheit gab er zum besten, daß Männer »von Natur aus polygam« seien. Meine Mutter schenkte dieser Haltung jedoch nur wenig Aufmerksamkeit, und ich tat es ihr nach.)

Ich glaubte fest an die Vorstellung von Dem Einen; meine Liebe zu Robert-Peck war auch deshalb so unerschütterlich, weil er nachgerade mit dem Schildchen »Für Dich« ausgezeichnet war.

Seit unserer Trennung lenkten mich jedoch meine unredlichen Absichten und die Verwirrung meiner Verlobung von der Suche nach Dem Einen ab; im nachhinein weiß ich, daß ich Monty nie für Den Einen gehalten habe.

Und genau das sagte ich ihm. Eines Abends war er einfach in meine Studentenwohnung gekommen, und in seinen braunen Augen spiegelten sich seine Empfindungen für mich. Manchmal schien Montys Iris milchig und flach, an jenem Abend jedoch war sie grenzenlos tief und schien einen direkten Einblick in sein Herz zu gewähren. Ich hätte wissen müssen, daß er mich wirklich liebte oder dies zumindest glaubte, daß er mich nicht einfach laufen lassen würde.

»Ich bin voller Zweifel«, sagte ich quer durch den Raum zu ihm, ehe mich mein ganzer Mut verließ. »Ich meine, wir haben den Himmlischen Vater nicht einmal befragt, was er von uns als Paar hält. Wir wissen doch gar nicht, ob wir füreinander auserwählt sind«.

Ungeduld flackerte im Montys Augen. »*Willst* du mich heiraten oder nicht?« fragte er.

»Ja, schon«, log ich. »Aber ich bin eben nicht sicher, ob das richtig ist. Ich denke, wir sollten beten.«

»Also gut, wir werden beten«, sagte er sorglos. Er setzte sich auf das alte Sofa und streckte seine Arme aus. Widerstrebend begab ich mich in diese Umarmung in dem Glauben, dies sei das letzte Mal.

Ich dachte wirklich, daß Monty aufrichtig beten und die Offenbarung suchen würde, und daß Gott ihm sagen würde, er solle mich in Ruhe lassen. Andererseits konnte ich mir nicht einmal selber eingestehen, daß ich Montys Heiratsantrag ohne die Absicht angenommen hatte, ihn auch tatsächlich zu heiraten, und daß ich Gott jetzt benutzte, um mich aus dieser verzwickten Lage zu befreien. Ich erwartete vom Schicksal oder von Gott, daß sich dieses Dilemma irgendwie lösen würde.

Oder ich erlag dem Irrglauben, daß Montys Gebet nur Gutes entspringen konnte. Seit ich neunzehn war, war jeder außergewöhnlich schöne Augenblick meines Lebens das Ergebnis eines Gebets, meines ständigen Begleiters. Allein im Auto oder in meinem Zimmer unterhielt ich mich so beiläufig und locker mit Gott wie mit einer Freundin. Ich betete, weil ich einen Vertrauten brauchte, und auch, weil ich mir Rat erwartete: Die unmittelbare persönliche Offenbarung im Gebet ist schließlich der Grundpfeiler mormonischer Theologie.

Zwar hatte ich bis dahin noch keine direkten Anweisungen aus dem Himmel bekommen, doch ich hatte Trost empfangen. Auch kannte ich die Sprache der Offenbarungen, die ständig um mich herum stattfanden. Die meisten, die ich an der BYU kannte und in Bezug auf ihre Heirat eine Offenbarung empfangen hatten, behaupteten, »Gott hat gesagt, so ist es richtig«. Gewöhnlich waren es Männer, die solche Offenbarungen erhielten. Also schickte ich Monty weg zum Beten und betete selber nicht, teils, weil mein Nichtbeten bezeugte, daß wir einander nicht bestimmt waren, aber auch, weil ich mich nicht besonders stark fühlte. Als Frau, so meinte ich, sollte ich keinerlei Initiative ergreifen. Und außerdem war ich ja überzeugt, daß es auch nicht notwendig sein dürfte.

Hätte ich gründlich nachgedacht, hätte ich die Gefahr eines solchen Schachzugs erkannt. Ich kannte andere Männer, die nach ihrer Zwiesprache mit Gott über die Zukunft sehr aggressiv geworden waren, und ich kannte viele Mitstudentinnen, die sich in Sachen Liebe dem Willen des Himmels gebeugt hatten.

Wayne aus Montys Wohngemeinschaft empfing beispielsweise die Offenbarung, Mary zu heiraten, ohne daß er die junge Frau auch nur einmal ausgeführt hatte. Oberflächlich betrachtet waren die beiden sich sogar sehr ähnlich: intelligent und klein, Kleidung interessierte sie nicht, aber die Aussicht, Reisen zu unternehmen, faszinierte sie, weshalb sie jede freie Minute gemeinsam über *National-Geographic*-Hefte gebeugt verbrachten. Die beiden schienen so viel gemeinsam zu haben, daß eine Heirat auch ohne Offenbarung niemanden überrascht hätte.

Mary hingegen war von dieser Offenbarung sehr wohl überrascht. Als Wayne ihr von Gottes Willen berichtete, bereitete sie sich gerade auf ihre Mission vor, einen Dienst, der sehr viele gläubige junge Männer in seinen Bannkreis zog, aber nur die frömmsten jungen Frauen. Wayne flehte sie Abend für Abend an, bis er ganz erschöpft und gehetzt wirkte. Er wurde blaß, und das Haar fiel ihm wirr in die Augen. Eines Abends, als sich Wayne schon fast geschlagen gegeben hatte und ins Bett gegangen war, rief Mary ihn noch spät an. Wegen seiner Beharrlichkeit hatte sie sich ebenfalls ins Gebet vertieft und dieselbe Botschaft empfangen: Die beiden waren einander vom Schicksal bestimmt. Ich erinnere mich, wie Wayne nach diesem Anruf mit einem Satz aus seinem Zimmer herausschoß und sich seinen Mantel nur überwarf, denn das schiere Entzücken hatte ihn so verwirrt, daß er die Ärmel nicht mehr fand.

Mary habe ich danach nur noch einmal gesehen, auf dem Sofa in Montys Wohnung, Händchen haltend mit Wayne, in einem langen Blümchenkleid. Es war etwas Unstetes in ihrem Blick.

»Liebst du ihn?« fragte ich sie.

»Noch nicht. Aber das kommt noch«, erwiderte sie. Monty erzählte mir später, daß sie sich sofort nach der Hochzeit in Wayne verliebt hatte.

Außerdem war mir die Offenbarung bekannt, die Jakob zuteil wurde, einem in seinem Denken sehr unabhängigen Menschen, der trotz der Bedeutung, die das Mormonentum der Ehe zumißt, stets empfand, daß die Liebe zu einer Frau seine Liebe gegenüber der Menschheit beeinträchtigen könnte. Erst in dem Moment, als ihm seine Bestimmung offenbart wurde, trotz seiner Bedenken Elisabeth zu heiraten, die er schon jahrelang kannte, vertraute er einem Freund an, daß er eigentlich vorgehabt hatte, niemals zu heiraten. Er hatte jedoch eine solch unauslöschliche göttlich inspirierte Botschaft empfangen, daß sein Werben nach den amerikanischen Maßstäben des zwanzigsten Jahrhunderts schon lächerlich wirkte.

Obwohl Elisabeth Jakobs sorgfältig formulierten Heiratsantrag annahm, hatten sich seine Gefühle ihr gegenüber keineswegs verändert. Sie verzauberte ihn nicht. Er küßte sie nur einmal vor der Hochzeit, und sie sahen sich auch nicht oft, denn er bereitete sich gerade auf eine mündliche Prüfung vor.

Die Zeit der Verlobung war für Elisabeth die Hölle; sie liebte Jakob und war eine Frau mit einem starken, reizvollen Körper und intensiver sexueller Ausstrahlung. Sie suchte einen ebenso feurigen Partner. Wahrscheinlich hätte sie Jakob nie geheiratet, wenn sie nicht eines Abends beim Geschirrspülen selbst eine Offenbarung erlebt hätte. Sie erzählte mir, daß sie sich daran geklammert habe, und die beiden haben jetzt vier hübsche Töchter und sind ganz verrückt nacheinander.

Ich kannte in diesem Zusammenhang also nur Offenbarungen, die mit mehr oder weniger Zwang oder Bekehrung in die Ehe führten, und doch war ich verwirrt, als Monty mir sein Erlebnis beschrieb.

»Nun?« fragte ich, als er mir sagte, er habe schließlich eine Offenbarung empfangen.

»Also, kein brennender Dornbusch oder so was«, sagte er ein wenig scharf. »Einfach nur ein gutes, warmes Gefühl, das besagt, es ist richtig, daß wir heiraten.«

Diese Aussage lähmte mich. Ich dachte natürlich, er sagte die Wahrheit. Es kam mir nicht in den Sinn, daß ein rechtschaffener Priester die heilige Tradition der Offenbarung zu seinem eigenen Nutzen verbiegen würde.

Mein Gehirn überschlug sich auf der Suche nach den Gründen, nach Verbindungspunkten zwischen Monty und mir, warum wir einander so unumstößlich bestimmt sein sollten. Aber ich stieß auf nichts Plausibles. Keiner von uns beiden hatte irgendwelche leidenschaftlichen Interessen oder Pläne für die Zukunft, und gemeinsam, so dachte ich, würden wir so kraftlos durch das Leben gehen wie ein Paar eingesperrter Fliegen.

Auch war ich gräßlich verwirrt von Montys Behauptung, seine Offenbarung sei ein *Gefühl*. Wie konnte ein Mensch ein Gefühl, das eine Offenbarung war, von einem ... na eben einfachen Gefühl unterscheiden?

Ich entzog mich ihm ein wenig und erklärte, ich wolle selber versuchen, eine Offenbarung zu empfangen.

An die dann folgenden Gebete erinnere ich mich sehr deutlich, nicht nur wegen der Agonie, die ich empfand, sondern auch, weil ich so ganz anders betete als sonst. Ich raste am hellichten Tag, wann immer ich allein sein konnte, in mein Zimmer. Dort sank ich auf die Knie und warf in einer Geste verzweifelten Flehens die Arme auf mein Bett. Tagelang verharrte ich da, mit Gott hadernd in Anbetracht der unglückseligen Aussicht, mein Leben mit Monty verbringen zu müssen.

Zunächst schimpfte ich noch, aber dann glitt ich in einen Zustand unbeseelter Betäubung, die meine Verlobung völlig unwirklich erscheinen ließ. Zu dem Zeitpunkt hatte ich schon verdrängt, daß ich es anfänglich mit Monty ja überhaupt nicht ernst gemeint hatte. Ich versuchte ehrlich zu ergründen, was denn das Richtige für mich war.

»Ich empfinde nichts«, sagte ich meinem Verlobten. »Gar nichts, höchstens einen Schwebezustand, wenn ich mit Gott über dich spreche. Es ist das gräßlichste Gefühl, das ich jemals hatte.«

»Ganz klar«, erwiderte Monty. Seine Stimme klang gepreßt. »Satan versucht zu verhindern, was der Herr uns befiehlt. Das ist *Satan*, der dich so quält.«

Danach war ich noch hilfloser, denn Satan war allgegenwärtig; er war der Protagonist unter den bösen Geistern, die seit meiner Kindheit in meinen Gedanken und Träumen eine Rolle spielten. Mehr als einmal hatte mein Vater in Auseinandersetzungen mit meiner Mutter um Geld Satan bemüht, der sie zur Verschwendung verführe. Oft hatte er mir gesagt, in der Frauenbewegung komme Satans Bestreben zum Ausdruck, die Familie zu zerstören. Satan und seine Spießgesellen, die wir »die bösen Geister« nannten, waren an allem schuld, was Vater als gottlos erachtete, und das hatte sich mir unwiderruflich eingeprägt. Als meine Mutter einmal feststellen mußte, daß das Dienstmädchen sich mit dem Silber abgesetzt hatte, verkündete mein Vater, der diesem Mädchen durchaus zugeneigt war, völlig überzeugend, daß der Diebstahl die Tat eines »bösen Geistes« war. Er glaubte ganz und gar an den Einfluß der spirituellen Unterwelt auf das Leben von uns Sterblichen.

Ich konnte also gar nicht umhin, Montys Äußerung zur Kenntnis zu nehmen. Ich befürchtete aufrichtig, daß meine Ablehnung Montys dem Einfluß des Teufels entsprang.

Eines Abends beim Zähneputzen gipfelten meine Ängste in einer Panik. Ich stellte mir vor, wie es sein würde, Monty zu heiraten, nackt neben ihm zu liegen und seine Haut an der meinen zu spüren. Somit wanderten meine Gedanken einen sicheren Weg entlang, weil mir die Vorstellung gefiel, die Sexualität zu entdecken. Nicht so an jenem Abend: Meine Knie wurden weich, und mein Magen spielte verrückt. Ich stürzte zum Klo, wobei ich den Saum meines langen Nachthemds durch die Wasserpfützen zog, die ich nach dem Bad auf dem Boden hinterlassen hatte. Als ich versuchte, mich wieder zu erheben, verfing sich der feuchtkalte Saum zwischen meinen Beinen. Ich stürzte zum Telefon, und der vergebliche Versuch, das Nachthemd zu entheddern, ließ mich in Tränen ausbrechen.

Ich hatte Monty sprechen wollen, aber mein Bruder nahm den Hörer ab. »Du und Monty, ihr müßt sofort rüberkommen und mich segnen«, sagte ich. »Satan versucht schon wieder, mich von Monty abzubringen.«

Sie kamen in Windeseile. Lens Hemd hing hinten aus der Hose, was bei ihm eigentlich völlig undenkbar war und mir zeigte, daß sie sich Hals über Kopf angezogen hatten. Sie fanden mich auf meinem Bett hockend, die Knie unter das Kinn gezogen. Als ich versuchte zu sprechen, klapperte ich nur mit den Zähnen. Ich versuchte so sehr, das Schreien zu unterdrücken, daß meine Stimme dünn und scharf klang, als wäre ich wütend. Ich glaubte, ich wäre besessen.

Mein gefürchteter Liebster und mein Bruder hatten mich in die Mitte genommen und gossen ein paar Tropfen Olivenöl aus einem Fläschchen auf mein Haupt, »geweihtes« Öl, das für diesen Zweck gesegnet worden war und das jeder Priester in seinem Medizinschränkchen griffbereit hat. Sie legten mir ihre Hände auf den Kopf, verwiesen den Teufel mit der Macht des Mormonentums in seine Grenzen und befahlen ihm, von mir zu lassen.

Ich hatte Monty gebeten, die Beschwörungsformel zu sprechen. Len erzählte mir später, daß er das aber nicht wollte. Dies sei ein Privileg, so meinte er, das in der Familie zu halten sei. Die einzigen Männer, die mich zuvor gesegnet hatten, wenn ich krank oder von Sorgen geplagt war oder wenn ich priesterlichen Beistand vor Gott benötigte, waren mein Vater oder meine Brüder gewesen.

Ich begriff jedoch die Bedeutung meiner Wahl. Als ich Monty diese heilige Aufgabe zuwies, erkannte ich ihn zum erstenmal als meinen Ehemann an.

Ich habe diese Geschichte meiner Verlobung später, nachdem ich mich davon erholt hatte, immer und immer wieder erzählt. Ich erzählte sie Freunden, die nicht mit der mormonischen Tradition vertraut waren, und Psychiatern, die nur mit Mühe ihr Erstaunen im Zaum hielten, das sich auf ihrem Gesicht breitmachen wollte. Alle stellten die gleiche Frage: »Warum hast du dich denn nicht deinen Eltern anvertraut und dir von ihnen helfen lassen?«

Gewiß hätten meine Eltern mir helfen wollen, aber ich schien sie aus meinem Leben verbannt zu haben. Aufgrund der Tausenden von Meilen, die uns trennten, konnte ich mir nicht vorstellen, daß ihnen mein Glück am Herzen lag. Mir war im Gedächtnis haften geblieben, was sie mir seit meiner Geburt eingetrichtert hatten, nämlich, wie wichtig es war, eine bestimmte Art von Mann zu heiraten, und Monty war von dieser Art. Der langjährige Rat meiner Eltern bezüglich einer passenden Heirat, nicht nur der gesprochene Rat, sondern das noch mächtigere Vorbild, das sie durch ihr eigenes Leben und das ihrer Eltern vorlebten, deutete darauf hin, daß Monty ganz ohne Zweifel mein Schicksal sein mußte.

Am Anfang lehrten meine Eltern mich die Werte der Ehe durch Geschichten über meine Großmutter Thelma Baker. Soweit mein Vater feststellen konnte, war Thelma die erste Mormonin, die in Mittelflorida gelebt hatte, wohin es sie als Teenager um die Jahrhundertwende verschlagen hatte. Sie war eine kompromißlose, schöne Frau, deren Glaube ihr durch die langen Jahre geholfen hatte, ehe mormonische

Missionare die Bekehrung Floridas in Angriff nahmen, so daß sie ihresgleichen fand, um sich über religiöse Angelegenheiten austauschen zu können. Aber selbst diese lange Zeit der Isolation war nicht der wirkliche Prüfstein ihres Glaubens, sondern die siebzehn Jahre, die sie brauchte, um ihren Mann, Leonard Laake, zum Mormonentum zu bekehren, und dann noch einmal die neunzehn Jahre, um das Geld zu sparen, damit sie nach Utah fahren und im Tempel den ewigen Bund der Ehe schließen konnten. Erst dann wurde ihre Zivilehe in der den Mormonen eigenen Zeremonie, wonach das Eheversprechen über den Tod hinaus gültig wird, »besiegelt«.

Meine Eltern sprachen voller Ehrfurcht von Thelmas Überzeugung, daß Gott Leonard rechtzeitig erweichen würde, aber sie schüttelten auch den Kopf über das Risiko, das sie eingegangen war. Was, wenn Leonard nicht zur Besinnung gekommen wäre und sie im nächsten Leben ohne Ehemann dagestanden hätte? Ich wußte also von Kindesbeinen an, daß ich einen Burschen finden mußte, der gewillt und würdig war, mit mir ohne Umschweife zum Tempel zu schreiten, ein Mitglied der Kirche von Geburt an, der von denselben Vorstellungen der ewigen mormonischen Ehe wie ich geprägt war. In der kleinen Gemeinde in Florida, in der ich aufwuchs, gab es nicht viele junge Männer, die ihr Leben lang Mormonen gewesen waren, und so beeindruckte mich, während unsere Verlobung heranreifte, dieser Pluspunkt Montys über alle Maßen, obwohl er ja eigentlich nur dem Zufall der Geburt in die richtige Familie entsprang. Unbewußt war ich überzeugt, meine Eltern würden Monty für den Richtigen halten.

Auch verfing ich mich in einer Regel, die meine Eltern ihr Leben lang befolgt zu haben schienen, daß nämlich die Tempelehe eine so unerläßliche Grundvoraussetzung für das Glücklichsein im Himmel sei, daß man nicht zusehen dürfe, wie die Sehnsucht nach ein wenig Romantik auf Erden das höchste Glück zerstört.

Sie sind seit fünfzig Jahren verheiratet, aber ich habe nie begriffen, warum meine Mutter und mein Vater einander gewählt haben. Als junges Mädchen hatte meine Mutter Bobbie kastanienbraunes Haar, sie war lebhaft und temperamentvoll, wohingegen mein Vater völlig farblos und nüchtern war. Schon als Kind muß er wie mit fünfzig gewesen sein. Mutter pflegte stets zu sagen, daß sie ihn am Anfang wegen seiner Freunde geliebt hatte, jene wenigen bescheidenen Mormonen in Tampa, die sie herzlich aufnahmen und sie dazu bekehrten, die strengeren Methodisten zu verlassen und zu den flotten Parties der Mormonen zu kommen. Sie war zwanzig, als sie heiratete, und wohl auch nicht der Typ, der viel hinterfragte; es machte ihr Spaß, meinen Vater zu küssen. Dies sowie eine gesellige Umgebung schienen Grund genug zu heiraten.

Sie verließ meinen Vater, als ich zehn war. Unsere Familie war bereits nach Arizona umgezogen. Mutter und ich fuhren im Sommer zurück nach Tampa, wo wir bei ihrer Schwester in einem fabelhaften kleinen Haus, umgeben von hohem Gras, wohnten. Zum erstenmal in meinem Leben durfte ich mit meiner Mutter das Schlafzimmer teilen, und aus nächster Nähe konnte ich in diesen Monaten des Exils in tropischer Hitze beobachten, wie sich ihre Gesichtszüge beim Nachdenken über ihr auseinanderbrechendes Leben veränderten.

Als der Sommer vorüber war, packte sie ihren Koffer, ihre Kleidung so angestrengt faltend, als böge sie Draht. Nach unserer Rückkehr nach Phoenix hörte ich sie manchmal, wenn mein Vater auf Geschäftsreise war, nachts durch ihre Schlafzimmertür hindurch weinen, und ihr stetes Unglücklichsein machte sich wie ein fauliger Geruch im Hause breit. Manchmal saß sie abends an meinem Bettrand, strich mir über das Haar und versuchte, mich zu beruhigen. »Dein Vater und ich haben im Tempel geheiratet«, pflegte sie zu sagen, wobei so etwas wie ein Lächeln um ihren Mund spielte. »Das bedeutet, daß unsere Ehe nicht mit dem Tod endet, und ihr Kinder werdet auch im nächsten Leben Teil unserer Familie sein.«

Sie erklärte mir, daß meine Schulfreunde dies nicht wissen konnten, denn als Nichtmormonen seien ihre Eltern in einer anderen Kirche getraut worden, wo es heiße: »Bis daß der Tod uns scheidet.«

»Diese Kinder werden nach ihrem Tode ganz allein sein«, sagte sie mir. »Deshalb ist es so unermeßlich wichtig, Debbie, daß dein Vater und ich zusammenbleiben.« Sie sagte es, als müßte sie mich davon überzeugen.

Und so kam es, daß es mir in den Tagen, nachdem Monty versucht hatte, mir den Satan auszutreiben, überhaupt nicht in den Sinn kam, meine Eltern als Verbündete zu betrachten. Statt dessen betrachtete ich Monty als meinen spirituellen Schutzherrn und versuchte, ihn zu lieben.

Er war mir eine große Stütze und sehr lieb zu mir, wenn ich jammerte. Nach dem Unterricht riß er die Tür auf und zog mich in seine Vertrauen einflößenden Arme. Er drückte meinen Kopf an seine Schulter, bis sich meine Zweifel beruhigt zu haben schienen. Eine Zeitlang betete er sogar abends mit mir, als wären wir bereits verheiratet und er spräche das Familiengebet. Voller Zärtlichkeit zog er mich neben das Sofa auf meine Knie und legte seinen Arm um meine Schulter, während er zu Gott betete, er möge mir inneren Frieden schenken.

Meine Mitbewohnerinnen beobachteten seine Aufopferung und bewunderten ihn, was für ein feiner Priester er doch sei. Danach konnte ich es gar nicht mehr abwarten, zu ihm zu kommen, mich an ihn zu hängen, sobald er durch die Tür kam. Ab und an hielt ich das Gefühl der Erleichterung, das ich in diesen Momenten empfand, sogar für Liebe. Ich irrte mich in dieser Hinsicht ebenso sehr wie in vielem anderen, was ich glaubte.

Dieses Gefühl machte es mir überhaupt erst möglich, die Verlobungszeit zu überstehen, ohne der Verzweiflung zu erliegen. Bald hatten wir ein so fröhliches, ansteckendes Ritual des Begrüßtwerdens geschaffen, daß meine Ängste sogar manchmal verschwanden.

Monty und ich lagen in seinem Zimmer auf dem Bett, küßten uns und drängten unsere bekleideten Unterkörper aneinander. Es war Sonntag nachmittag und die Wohnung war endlich ruhig, weil alle Mitbewohner bereits zur Kirche gegangen waren. Wir stahlen uns noch ein paar Minuten, nachdem alle gegangen waren, Minuten, in denen wir entspannen konnten und wußten, daß uns niemand stören würde. Aber wir sprachen nie darüber, sprachen nie aus: »Endlich sind wir allein«, Montys Atemzüge wurden nur tiefer und manchmal bewegten sich seine Hände zu meinen Brüsten, sobald wir gehört hatten, daß der letzte die Tür hinter sich zugeknallt hatte. In seinen Armen schien sich mein Körper aufzulösen. Ehe unsere Leidenschaft uns jedoch noch weiter trug, sprangen wir auf und rasten ebenfalls zur Tür hinaus. Mit erhitzten Gesichtern glitten wir gerade noch rechtzeitig in die letzte Kirchenbank, ehe die Eröffnungshymne zu Ende ging.

Aber dieser Sonntag war anders. Plötzlich wurde ich von einem intensiven Brennen in meinen Lenden erfaßt; zumindest ist »Brennen« das Wort, das mein Gehirn dem mich mit aller Macht überwältigenden Gefühl zuordnete. Ich packte Monty mit solch zielstrebiger Entschlossenheit, daß nur noch sein Oberschenkel für mich existierte. Nach einigen Sekunden des Reibens explodierte ich mit einem scharfen, süßen Schmerz, daß ich den Atem anhielt und praktisch gleichzeitig nach Luft schnappte.

Es dauerte nicht lange. Es verursachte keinen Nachhall. Einen Augenblick später erfaßte mich die Reue des Sünders.

Ich entzog mich Monty, der angefangen hatte, zu stoßen und sich an mich zu drängen. Ich vermag mir kaum vorzustellen, wie es für ihn gewesen sein muß, den ersten Orgasmus eines jungen Mädchens miterlebt zu haben und seinen Instinkten doch nicht folgen zu dürfen.

»Irgend etwas ist passiert«, sagte ich. Ich hielt ihn mit einigen Schwierigkeiten auf Abstand. »Ich weiß nicht, was es war.«

Schließlich ließ er sich auf den Rücken plumpsen und starrte die Decke an. »Wie hat es sich angefühlt?«

»Wunderbar. Ich kann es nicht beschreiben.«

»Bist du vielleicht zum Höhepunkt gekommen?« Er stellte diese Möglichkeit mit grenzenlosem Ernst und ein wenig erregt zur Diskussion.

»Glaube ich nicht«, sagte ich. Ich hatte keinen Schimmer, was ich von einem Höhepunkt erwartete, höchstens, daß er nicht so schnell verpuffen würde. Irgend etwas Überwältigendes eben, wovon man gemeinsam fortgerissen wurde, irgendein Gefühl, das Paare zumindest im Film dazu bringt, sich mit den Augen zu verschlingen, wann immer sie zusammen sind. Auf alle Fälle mehr als dieses kurze Vergnügen, das dazu führte, daß ich mich Myriaden Meilen von Monty entfernt in mich zurückzog. »Aber was wir hier machen, geht sowieso zu weit. Es ist nicht richtig, daß wir so rumknutschen.«

Ich setzte mich kerzengerade auf. »Wir sollten um Vergebung beten«, sagte ich. »Wahrscheinlich haben wir gerade Petting gemacht.«

Alles, was ich über Petting wußte, stammte aus dem Unterricht zur Gesundheitserziehung und von einem Lehrer, der uns über Petting aufklärte. Eines Tages hatte er sorgfältig eine vollbusige Frau auf die Tafel gezeichnet und dann Kopf und Hals eingekreist, daneben stand: »Knutschen«. Danach hatte er ihren Rumpf umkreist und ordnete dieser Region den Begriff »leichtes Petting« zu. Dann zeichnete er um die verbotenste Region unterhalb der Taille einen Kreis und schrieb »schweres Petting« daneben.

Diesem Mann war ich sehr dankbar, denn in der Sonntagsschule und von den Jugendbeauftragten waren wir immer wieder vor dem Knutschen und Petting gewarnt worden, ohne daß ich genau wußte, wo die Grenze war, wo die Sünde anfing. Ich war erleichtert, daß ich diese Grenze noch nicht ernsthaft verletzt hatte, und Bruder Jensens Skizze prägte sich mir sofort ein.

Und nun lag ich hier mit dem kurzen, kräftigen Oberschenkel meines Verlobten zwischen den Beinen, und wollte nicht einmal sein Gesicht sehen, als mich der Orgasmus durchflutete. Ich glitt neben das Bett auf die Knie. »Los«, forderte ich Monty auf, »du führst das Gebet.« Ich zögerte keine Sekunde, ihm zuzusetzen, denn beim Sex gibt es im Mormonentum kein Pardon. Wenn wir wirklich zu weit gegangen waren, war Monty sicherlich mehr daran schuld als ich, denn der Priester trägt schließlich in jeder wirklich wichtigen Situation die Verantwortung.

Endlich kniete er neben mir auf dem Boden, aber an dem Tag erwies er sich keineswegs als geborener religiöser Führer. Als er den Herrn anflehte, uns zu vergeben, konnte ich mich nicht des Gefühls erwehren, daß er gar nicht meinte, was er da sprach.

Das Gebet vermochte auch nicht, die Erinnerung an meinen Höhepunkt, weder das prickelnde Gefühl noch meine Verwirrung, auszulöschen. Wir waren beide so neugierig (und ratlos), daß wir schließlich meinen Frauenarzt aufsuchten. Wir saßen vor dem großen Schreibtisch des Arztes und hielten uns an der Hand, während ich dieses neue Gefühl in meinem Unterleib beschrieb. Ich versuchte, sehr genau zu sein, als beschriebe ich die Symptome einer Krankheit. Ich wollte immer noch für unschuldig gelten, wollte, daß der Arzt bestätigte, daß diese Symptome so harmlos wie ein Fieberschub waren.

Bei dem Frauenarzt handelte es sich um einen sehr bekannten Mormonen in Provo, der sich sicherlich mit den erstaunlichsten Fragen junger, heiratswilliger Mädchen herumschlagen mußte. »Sie haben einen Orgasmus gehabt«, sagte er sachlich. »Man muß sich nicht ausziehen oder Geschlechtsverkehr haben, um zum Orgasmus zu kommen.«

Dann beglückwünschte er Monty in gönnerhaftem Ton: »Sie haben Glück, junger Mann. Sie bekommen eine leicht erregbare Frau!«

Offensichtlich hatte ich kein Glück, denn zu mir sagte er nichts. Als wir das Sprechzimmer verließen, Monty hatte den Arm um mich gelegt, war ich tausendfach unglücklich. Ich war unglücklich, daß ein sexueller Höhepunkt offenbar nichts damit zu tun hatte, sich unkontrollierbar zu jemandem hingezogen zu fühlen. Ich war enttäuscht, daß man einen Orgasmus mechanisch herbeiführen konnte, wenn ein anderer, zugegebenermaßen nicht völlig unattraktiver Körper dem eigenen nahe war. Am meisten war ich aber darüber unglücklich, daß ich befleckt war, ohne es hätte abwenden zu können.

Ich konnte nicht zwischen einem Orgasmus während der körperlichen Vereinigung und einem Höhepunkt ohne Geschlechtsverkehr unterscheiden. Wenn Petting Sünde war, gab es für die Verwerflichkeit eines Orgasmus' schon gar keinen Maßstab mehr. Und ich hatte einen bekommen, ohne verheiratet zu sein. Und hatte ihn auch nicht verhindern können. Und hätte ihn vielleicht gar nicht verhindert, selbst wenn ich gewußt hätte, was da kam.

Genau so war es. Das enttäuschte mich am meisten an mir selbst. Ich wußte jetzt, was ich tat, und machte weiter.

Ich schmiegte mich nur noch näher an Montys Schenkel in der Hoffnung, daß der Orgasmus eine Bindung zwischen uns herstellen würde, was aber nie der Fall war.

In dieser unglücklichen Gemütsverfassung suchte ich ein paar Wochen vor der Hochzeit meinen Bischof auf, um in einer eingehenden Befragung zu klären, ob ich würdig war, im Tempel getraut zu werden.

In den Tempel darf nicht jeder nach Gutdünken, man muß Voraussetzungen erfüllen. Wenn Monty oder ich während der separaten Unterredungen nicht die richtigen Antworten auf die bohrenden Fragen des Bischofs gaben, mußten wir in einer einfachen mormonischen Kapelle heiraten, dort, wo der sonntägliche Gottesdienst abgehalten wurde und wo die Ehen nur bis zum Tod geschlossen wurden. Ich kannte niemanden persönlich, dem eine solche Schande jemals widerfahren wäre, und ich wollte auch nicht der erste Fall sein, von dem meine Freunde erfuhren. Allerdings war die wichtigste Voraussetzung für eine Heiratszeremonie im Tempel die sexuelle Reinheit, und ich war mir nicht mehr sicher, ob ich diese Reinheit noch besaß.

Monty machte meine Besorgnis überhaupt nicht zu schaffen. Er überstand die Befragung durch seinen Bischof so unerschüttert, daß er nicht einmal nähere Einzelheiten erwähnte. Aber ich war schrecklich nervös, als ich über das Universitätsgelände zu der Besprechung mit Bischof Hensley fuhr.

Ich kannte ihn kaum, wir hatten in jenem Jahr keine zwanzig Worte miteinander gewechselt. Er war klein, hatte schütteres Haar und eine freundliche Art, mit der er einem gleichzeitig signalisierte, daß er nicht viel Zeit hatte. Ohne Schnörkel ging er sofort in medias res, ließ eine Litanei von Fragen auf mich los, während ich vor ihm saß im Lichte eines Sonnenstrahls, der durch das Fenster fiel, so daß ich mich wie von einer Lampe angestrahlt fühlte.

Die ersten Fragen waren leicht zu beantworten und entsprachen ihrem Inhalt nach meinen Erwartungen. Gehst du immer zu deinen Versammlungen? Zahlst du auch den Zehnten? Unterstützt du deine Generalautoritäten? Befolgst du das Wort der Weisheit, indem du keine Zigaretten rauchst und weder Alkohol, Kaffee noch Tee zu dir nimmst?

An diese Dinge hatte ich mich stets gehalten, wußte ich doch, daß mir nur dann der Tempelempfehlungsschein zugestanden werden würde, jenes magische Dokument, das mir erlauben würde, am Tage meiner Hochzeit an den Wachtposten vorbei in den Tempel zu schreiten.

»Hast du dich stets sittlich verhalten?« fragte er schließlich.

Es gab nur eine Richtung, in der diese Frage auszulegen war. Hier ging es nicht um Ehrlichkeit oder Ethik oder Moral im allgemeinen Sinne, sondern einzig um sexuelle Sittlichkeit. Das war so unzweideutig, daß es keiner weiteren Erläuterung bedurfte.

Ich hatte mir vorgenommen, Bischof Hensley auszuhorchen, was für ihn »unsittlich« bedeutete, denn schließlich ließ sich dieser Begriff unterschiedlich definieren. Was der eine Bischof als Sünde erachtete, mochte ein anderer noch durchgehen lassen. Aber dies war ein Augenblick wie jener an dem Abend, als mir Monty die entscheidende Frage an den Kopf geworfen hatte und mich mein zuvor gefaßter Entschluß, nein zu sagen, verließ. Also nickte ich nur heftig.

Danach erfuhr ich doch seine Auslegung. »Gut, ihr habt also nicht miteinander geschlafen«, sagte er freudig. »Aber diese ganzen anderen Sachen, Rumknutschen und Petting. Wie weit seid ihr da gegangen? Ich weiß, daß in der Verlobungszeit die Gefühle schon mal überkochen.«

Ich stelle mir gerne vor, ich hätte mir zu beichten vorgenommen, wenn er mit der Befragung so weit gehen würde, aber ich bin mir nicht sicher, ob das wirklich der Fall war. Nicht im Traum hätte ich es zugelassen, daß die Wahrheit mir meine gesegnete Zukunft ruinieren würde.

Und da ich sowieso lügen würde, ging ich lieber gleich aufs Ganze. »So was haben wir nicht gemacht«, hörte ich mich laut sagen. »Wir sind sehr, sehr vorsichtig gewesen. Wir wußten genau, was man nicht darf, und haben es vermieden.«

Zu meiner Überraschung und meiner Erleichterung und meinem Schrecken beargwöhnte der Bischof meine Aussage kein bißchen. (Hieß es nicht, er sei göttlich inspiriert?) Flugs unterschrieb er das Formblatt mit einem Lächeln, das nicht direkt mir galt. Ich flüchtete hinaus auf den Flur.

Ich rannte den ganzen Weg bis zu meinem Auto. Es war mitten im Frühling, und die Luft war voller Bienen und herrlicher Düfte. Als ich all dies wahrnahm, wurde ich mir plötzlich der Bedeutung des Tages bewußt. Der Gegensatz zwischen seiner reinen Schönheit und meiner eigenen schien riesengroß. Minutenlang klammerte ich mich an die Autotür, um nicht zusammenzusacken.

Was hatte ich getan! Ich glaubte, ich wäre die erste, die jemals so etwas getan hatte.

Drei

Eines Morgens Anfang Juni kletterten Monty und ich in das riesige Auto meiner Eltern und fuhren nach Mesa in Arizona. Ich trug ein rotes Kleid mit hoch angesetzter Taille aus einem gummiartigen Stoff, den man auch für einen Regenmantel hätte verwenden können. Monty hatte grünkarierte Hosen an. Wir drängten uns auf dem Rücksitz eng aneinander, in unseren unfreiwilligen Weihnachtsfarben, und mein kleinwüchsiger Vater kutschierte uns durch Scottsdale, während meine Mutter die fedrige Wolke meines Hochzeitskleides auf ihrem Schoß hielt. Wir waren auf dem Weg zum Tempel.

Seit ich denken konnte, rankten sich um den Tempel von Mesa meine wildesten Vorstellungen. Es war ein so großartiger Bau, daß nicht einmal die acht Hektar saftiggrüner Rasenfläche rundum ihm seine Grandeur nehmen konnten. Meine Eltern waren sogar aus Florida angereist, um in diesem Tempel getraut zu werden. Als ich klein war, lebten wir in Phoenix ganz in der Nähe von Mesa, und ich war Tausende von Malen auf der Hauptstraße Mesas an dem Tempel vorbeigefahren und in dem dazugehörigen Park spazierengegangen. Hier und nirgendwo anders wollte ich getraut werden.

Doch erst am Tage meiner Hochzeit würde ich das Innere des Tempels und das Ritual der Verleihung der höchsten Sakramente kennenlernen.

Obwohl in diesen Tempeln die bedeutsamsten religiösen Bräuche des Mormonentums gefeiert werden, und obwohl das Buch Mormon vor religiöser Geheimniskrämerei warnt, sind diese Tempelzeremonien streng geheim und dürfen nicht aus dem Tempel herausgetragen werden, auf daß ihre heilige Fremdkeit nicht von Ungläubigen verhöhnt und besudelt werde.

Endlich war der Tag gekommen, an dem ich in die heiligen Handlungen eingeweiht werden würde. *Mein* Tag. Viele junge mormonische Männer betreten den Tempel zum erstenmal, wenn sie neunzehn sind und zum Missionsdienst gehen, die meisten Frauen jedoch erst als Braut. Dort erleben sie eine sich völlig von anderen Riten der westlichen Welt unterscheidende Trauungszeremonie. Dort würden sich mir, so glaubte ich zumindest, eine Unmenge irdischer und überirdischer Geheimnisse erschließen.

Heute öffnet sich mir das Universum, dachte ich während der langen Fahrt neben Monty. Mein Glaube war so lebendig, daß es mich nicht überrascht hätte, wenn der Herrgott höchstpersönlich zu meiner Hochzeit erschienen wäre. Monty war in einer ganz ähnlichen Stimmung. Er drängte sich mit solch unbekümmertem Eifer auf dem Rücksitz gegen mich, wie ich es erst wieder mit einem anderen Bräutigam erfahren sollte.

Es ist eine Eigenart des Mormonentums, daß Monty und ich an diesem Tag gar nicht wirklich heirateten. Statt dessen empfing ich erst einmal mein – wie wir es nennen – »Endowment«, meine geistige Mitgift. (Monty hatte sein Endowment bereits vor Jahren erhalten, ehe er auf Missionsdienst ging.) Dies sind Gelübde und heilige Verordnungen, die uns dazu befähigen sollen, in den höchsten Himmel kommen zu können. In den nachfolgenden Jahren würde ich diese Zeremonie wieder und wieder über mich ergehen lassen, stellvertretend für verstorbene Vorfahren, deren Namen aufgrund eines Steckenpferdes aller Mormonen, der Ahnenforschung, entdeckt worden waren. (Dem liegt die Idee zugrunde, daß bestimmte Zeremonien wie Taufe, Heirat und das Ablegen der Gelübde zwar entscheidend sind für den Platz eines Menschen im Jenseits, daß sie aber nur auf Erden vollzogen werden können. Wenn sich also gewissenhafte Sterbliche nicht des unchristlichen Zustandes Verstorbener annehmen und die Zeremonien stellvertretend für sie empfangen, werden für alle Ewigkeiten Scharen sehnsuchtsvoller Geister ziellos umherirren müssen). Das Ablegen der Gelübde und die Belehrung über die Gesetze und geheimen Zeichen war nicht nur eine äußerst ernste Angelegenheit, sondern auch Vorbedingung für die Hochzeit und so anstrengend, daß viele mormonische Bräute lieber erst am nächsten Tag die Trauungszeremonie vollzogen.

Wir parkten am Rande des samtweichen Rasens neben dem Tempel, und meine Mutter stieg als erste aus, mein Kleid in der knisternden Plastikverpackung vor sich herbalancierend. Als ich mich bei Monty unterhakte und wir die Treppen zum Eingang emporstiegen, sah ich bereits die Hitze Arizonas über den Betonwänden des Tempels flimmern.

Wir zogen die riesige Tür auf und befanden uns in einer großen Empfangshalle, einem langgestreckten, schmalen, fensterlosen Raum, der einem Grab glich und doch merkwürdig hell war. Dicke Teppiche, gepolsterte Stühle und unförmige Kirchenmitglieder zumeist mittleren Alters trugen zu der gedämpften Atmosphäre bei. An der einen Seite der Empfangshalle befand sich ein langer, mit Tempelarbeitern besetzter Holztisch, der so aussah, als könnte man dort den Mantel abgeben. Hier konnten Tempelbesucher die für das völlig in weiß abzuhaltende, vor ihnen liegende Zeremoniell notwendigen Kleidungsstücke ausleihen. Die Helfer schoben Dutzende weißer Hosen, Hemden und Kleider, die vorne mit Reißverschluß zu schließen waren und vom vielen Waschen jegliche Fasson verloren hatten, über den Tisch. Ich war froh, daß sich meine eigene Tempelkleidung, noch ungetragen und frisch gestärkt, neben mir in dem Kunstlederkoffer befand, der eines der vielen Hochzeitsgeschenke meiner Mutter war.

Ein paar Freunde meiner Eltern erwarteten uns bereits. An der gegenüberliegenden Wand saßen sie vornübergeneigt auf ihren Stühlen, die Füße in klobigen Schuhen vor sich ausgestreckt. Meine beiden älteren Brüder und ihre Frauen waren auch da, aber noch in Straßenkleidung. Ich war schrecklich froh, sie zu sehen, besonders meinen ältesten Bruder Ernest, dem ich mich immer sehr nah gefühlt hatte und den ich bei mir haben wollte, wenn ich während der Tempelmesse den neuen Sinn des Lebens entdecken würde.

Unter den Gratulanten war auch Laverne Reese, eine der ältesten Freundinnen meiner Mutter. Für mich war Laverne wie eine zweite Mutter, denn ihr Sohn war mein Freund aus Kindertagen, mit dem ich viele abenteuerliche Sommertage verlebt hatte und der nun, da wir älter waren, zum Objekt mancher meiner heimlichen romantischen Phantasien geworden war. Wäre er nicht der Sohn einer langjährigen Freundin der Familie gewesen, hätte David all das sein können, was ich mir von einem Mann erträumte, nicht nur bezüglich seiner religiösen Qualitäten, sondern auch, weil er größer war als ich. Aber wie die Dinge nun einmal standen, hatte ich nie den Mut gehabt, ihm meine Zuneigung zu gestehen und das Risiko einer Ablehnung einzugehen, mit der ich dann aufgrund der engen Freundschaft zwischen unseren Familien immer und ewig konfrontiert gewesen wäre. Vor der Welt und teilweise auch vor mir selbst hatte ich meine Schwärmerei für David in Freundschaft umgemünzt und gehofft, daß er mich an diesem Tag in den Tempel begleiten würde. Ich fragte nach ihm.

»Er glaubte nicht, das hier durchstehen zu können«, sagte Laverne ein wenig verbittert, und ich stand einen Moment selbstvergessen vor ihr, verblüfft über die Andeutung, David könnte aufgrund meiner unmittelbar bevorstehenden Trauung mit Monty eifersüchtig sein. Auf einmal hatte ich das Bedürfnis nach einer von meinen eigenen Gefühlen bestimmten, und nicht von Gott gewählten Ehe. Ich war immer noch vor Sehnsucht erstarrt, als meine Mutter mich vorwärts drängte und die breite, elegante Treppe hochscheuchte.

Die Reise durch den Tempel begann im Brautzimmer. Mutter hatte mir erklärt, daß dies das prächtigste, den Bräuten vorbehaltene Ankleidezimmer des Tempels sei. (Nach der Hochzeit würde ich mir die Zeremonienkleidung nur noch in einem normalen Umkleideraum mit Spinden anlegen können.) Der großzügige Raum war in Rosarot gehalten, die zugezogenen Vorhänge dämpften das Licht. Er wirkte auf eine nette Art protzig. Die dick gepolsterten Stühle und Bänke waren so gestellt, daß ich im Sitzen in den wuchtigen Spiegeln meine unsicheren Gesichtszüge studieren konnte. Meine Mutter, die immer noch mein voluminöses Kleid herumtrug, hängte es erleichtert auf und kam mit mir in eine Umkleidekabine, wo sie mir beim Auskleiden half und mir einen vom Tempel zur Verfügung gestellten Poncho reichte. Dieses schmucklose Ding glich einem weißen Baumwollaken mit einem Loch in der Mitte für den Kopf. An den Seiten war es offen, darunter war ich nackt. Als ich aus der Kabine trat, verließen fünf andere Bräute ihre Kabinen ebenfalls in solch einem schildähnlichen Poncho. Wir sahen aus wie Gespenster mit Menschenköpfen.

Ich schritt weiter zur »Waschung und Salbung«. Mein Herz pochte, als ich in einer durch Vorhänge abgeteilten Kammer auf ein Höckerchen kletterte. Aus den anderen Kammern drang das hypnotisierende Gemurmel alter Frauen. Ich konnte mir die Frauen ganz genau vorstellen. Mein Leben lang hatte ich die Gesichter mormonischer Frauen beobachtet, wie sie sich im Laufe der Jahre in friedliche, knittrige runde Lampions verwandelten und einander immer ähnlicher wurden, bis die Frauen dann alt und müßig genug waren, von den Generalautoritäten als Tempeldienerinnen »abberufen« zu werden. (Auch ältere Männer wurden »abberufen«.) Solch eine »Abberufung« in den Tempel war eine Ehre und nur den redlichsten Mormonen vorbehalten. In meiner Vorstellung war der Tempel stets ein Ort mit vielen Zimmern und Gängen gewesen, in denen höchstens gewispert wurde, bevölkert von tausend vollkommenen Großmüttern mit vom vielen Kuchenessen runden Gesichtern und Körpern. Ihre Augen strahlten, wiesen aber keine Tiefe auf; das die Gesichter umrahmende weiße Haar war sorgfältig mit der Lockenschere in Form gebracht. Die Falten auf den Wangen schienen nicht nur vom Alter, sondern auch von wachsender Selbstzufriedenheit zu rühren.

Einen Augenblick später schlüpfte meine Tempeldienerin herein. Ihr Gesicht entsprach genau meinen Vorstellungen. Es war ein sehr gütiges Gesicht. »Dies ist *dein* Tag, meine Liebe«, sagte sie.

Ihre sanften Hände glitten unter das Tuch, um meinen Körper zu segnen. In dem Kämmerchen muß ein Becken gewesen sein, denn ihre Finger waren feucht, als sie mich berührte. Sie psalmodierte, »ich wasche dich, daß du rein sein mögest von dem Blut und den Sünden deiner Generation«. Sie berührte meinen Kopf (»möge dir klares Denken beschieden sein«), meine Ohren (»daß sie die Worte des Herrn vernehmen«), meinen Mund und die Lippen, meine Arme, Brüste und meinen Bauch, meine Lenden (»mögest du fruchtbar sein und Gottes Saat verbreiten«), meine Beine und Füße. Ihr Sprechgesang und ihre kühlen Finger waren Lied und Tanz, welche mich gefangennahmen und beruhigten. Als sie die erste Runde beendet hatte, wiederholte sie die Handlung, ersetzte das Wasser jedoch mit Öl aus einem Tropffläschchen, mit dem ich von Kopf bis Fuß gesalbt wurde. In mir kribbelte das Gefühl des Wichtigseins, der Zauber des Unbekannten. Schließlich neigte die Tempeldienerin sich zu meinem Ohr und flüsterte meinen »neuen Namen«: Sarah.

Damit war der Bann des körperlichen Kultes gebrochen. Ich wußte nicht, was das mit dem neuen Namen sollte, und die daran geknüpfte Bedingung beunruhigte mich. Ich dürfe ihn nie und niemandem preisgeben und nur zu einem bestimmten Moment während der für den Tag vorgesehenen Zeremonie sagen, teilte mir die Tempeldienerin mit.

Ihre Anweisungen verwandelten meinen Magen in ein Bündel bloßliegender Nerven. Ich hatte es niemandem gesagt, aber die an die Endowment-Zeremonie geknüpfte Geheimhaltungspflicht machte mir arg zu schaffen. Ich war bekannt dafür, daß ich ein Geheimnis auch schon mal ausplauderte, besonders wenn es sich um ein sehr schillerndes handelte. Ich bewunderte Monty und die anderen, die all die Jahre hinweg über die Tempelzeremonie Stillschweigen bewahrt hatten, zweifelte aber an mir selbst, ob ich dieses Gebot würde befolgen können. Was würden wohl die Konsequenzen sein?

Jetzt kam der Moment der Zeremonie, vor dem ich mich wirklich gefürchtet hatte, der Moment, in dem ich in mein erstes für Mormonen vorgeschriebenes Untergewand steigen mußte. Mormonen schwören während ihres ersten Tempelbesuches, dieses ein Leben lang zu tragen und bezeichnen es als »das Gewand« (als wäre es die einzige Kleidung, die sie tragen). In jener Zeit war das Untergewand ein Einteiler aus dickem Nylon mit rundem Ausschnitt, kurzen, angesetzten Ärmeln und bis zu den Knien reichenden Beinen. Diese großflächige Körperabdeckung hat einen Zweck, nämlich sicherzustellen, daß Mormonen sich stets züchtig kleiden. Ein anderer ist eher theologischer Natur. Die Heiligkeit dieser Unterwäsche ist durch Markierungen auf dem Stoff über jeder Brust, dem Bauchnabel und einem Knie zum Ausdruck gebracht. (Da waren Predigtsprüche wie »Sei ehrlich zu deinen Mitmenschen« eingestickt, die an die Tempelgelöbnisse erinnern sollten. Die aufgestickten Symbole sind freimaurerischer Symbolik entlehnt, denn Joseph Smith war frisch initiierter und enthusiastischer Freimaurer, als er die mormonischen Tempelriten 1842 ins Leben rief. Deshalb prangen Zirkel und Winkelmaß der Freimaurer auf der linken und rechten Brust des mormonischen Untergewandes.) Das Untergewand wies noch ein anderes Merkmal auf, das, wenn auch nicht wirklich von biblischer Bedeutung, doch etwas mit der Schöpfung zu tun hatte: Das Untergewand der Frau wies im Schritt einen großen, klaffenden Schlitz auf und entblößte somit das Intimste der Frau.

Dieses Untergewand war in der Tat unförmig, aber was ich hier beschrieben habe, ist bereits das elegante, moderne Alltagsmodell. An meinem Hochzeitstag erhielt ich das dem Tempel vorbehaltene Modell, welches dem Schnitt des ursprünglich von den Mormonen Mitte des neunzehnten Jahrhunderts getragenen Untergewand entsprach.

Ich hatte lange Unterhosen an. Eigentlich ein hemdhosenähnliches Untergewand aus dickem, weißem Baumwollstoff mit Beinlingen bis zu den Knöcheln und Ärmeln bis zu den Handgelenken. Es war direkt am Hals geschlossen, so daß es unter dem eckigen Ausschnitt meines Hochzeitskleides vorgucken würde.

Wieder in meinen schildähnlichen Poncho gehüllt, kehrte ich niedergeschlagen zum Brautzimmer zurück. Dort nahm mich eine Kopie der Frau, die mich gewaschen und gesalbt hatte, in Empfang, trieb mich mit den anderen Bräuten zu einer kleinen Herde zusammen und ermahnte uns, das

Untergewand »Tag und Nacht« zu tragen. Wir sollten es stets hautnah, also unter dem Büstenhalter, tragen, denn es symbolisiere das Gewand, das Gott Eva im Garten Eden gab. Wenn wir es nicht besudelten, würde es uns Schild und Schutz gegen die Macht Satans sein, bis wir unsere Arbeit auf der Erde erfüllt hätten.

Ich wußte, daß diese Worte nicht bloß dahergesagt waren. Ein immer wiederkehrendes Thema mystischer mormonischer Überlieferungen bezieht sich nämlich auf Menschen, die todbringenden Umständen zum Trotz gefährliche Situationen unbeschadet überstanden hatten, weil ihr Untergewand ihnen als eine Art Amulett gegen zerstörerische Mächte Schutz gewährt hatte. Am häufigsten wurden die Geschichten von Soldaten erzählt, an denen Kugeln wie von einer Rüstung abgeprallt waren, und die, wenn sie in ein Flammenmeer gerieten, an den geschützten Stellen keinerlei Brandwunden erlitten. Solche Erzählungen hatte ich nie in Frage gestellt. Ganz im Gegenteil, ich hütete sie wie einen Schatz, besonders, wenn jemand daran beteiligt war, den ich kannte. Mir wurde stets warm ums Herz, wenn ich mich an den Vater meines Freundes David erinnerte, der seine Hinrichtung auf dem elektrischen Stuhl überlebte, woraufhin meine Mutter zu meinem Vater sagte, »das hätte er niemals überlebt, wenn er nicht sein Untergewand getragen hätte«. Zumindest in solchen Augenblicken schien dieses unförmige Ding mehr zu sein als ein bösartig ausgetüftelter Liebestöter.

An dem Morgen, als ich zum erstenmal das Untergewand anzog, war ich über das scheußliche Ding nur entsetzt. Mir schwirrten Bilder der schönen Wäsche von Kinostars durch den Kopf, die ich niemals würde kaufen dürfen. Vor meinem geistigen Auge lief ein Film ab, ähnlich wie bei einem Ertrinkenden, dessen Leben sich im Zeitraffer abspult. Es war, als verließe ich ein für allemal die Welt des Begehrenswerten und der Jugend. Da stand ich nun voller Unmut vor der strahlenden Tempeldienerin und malte mir aus, daß ich jeden Tag jeden Faden dieses Gewandes hassen würde, so wie meine Mutter ihres allmorgendlich haßte, wenn sie sich anzog. Natürlich hatte Mutter so etwas mir gegenüber nie verlauten lassen, stets sprach sie von dem Vorrecht, in dieses ausgebeulte Ding schlüpfen zu dürfen. Aber sie hatte eine Schwäche für Mode, und ich beobachtete manches Mal, wie sie vergeblich über die Nähte dieser überdimensionalen Körperbedeckung strich, die sich am Gesäß unter ihren schicken Kleidern abzeichneten. Mir war aufgefallen, wie sie Hunderte von Kleiderständern bei Goldwater durchstöberte, einen sehnsuchtsvollen Blick auf die ärmellosen Kleider werfend, die ihr die angesetzten Ärmel ihres Wäschestückes verboten. Aber dieses Seelenweh war nichts gegen die Aussicht, diesen Nylonpanzer im Sommer zu tragen.

Ich fand, ich sah monströs aus.

Ein prüfender Blick in den Spiegel vermochte nicht, mich zu beruhigen. Die Kombination mit meinem feinen Hochzeitskleid erweckte den Eindruck, als hätte ich mich aufs Geratewohl aus der Kostümkiste bedient.

Durch das sackartige Untergewand war der Sitz des Kleides dahin, außerdem guckte das Teil am Ausschnitt mindestens zehn Zentimeter vor und umschnürte meinen Hals. Anstelle meines zierlichen Spitzenschleiers wurde mir der Tempelschleier aufgesetzt, ein Schwaden glatten, schlappen Stoffs, der wie mit einem Gummizug um den Kopf befestigt wurde und ansonsten völlig schmucklos war, was zu meinem aufwendigen Kleid überhaupt nicht paßte. Der Schleier lag um meinen Kopf wie ein nasses Tuch. Ich starrte mich die ganze Zeit im Spiegel an.

Natürlich sah meine Mutter, was in mir vorging. Ihr stieß meine Aufmachung gar nicht so auf, denn für aufwendige

Schneiderkunst ist im Tempel kein Platz; wie man angekleidet ist, ist im Tempel völlig unwichtig.

Viele Frauen brachten deshalb lediglich ein langes weißes Gewand zur Zeremonie mit; die spezielle Tempelkleidung lugte an den Säumen hervor, so daß die Frauen wie Sikhs aussahen. Mutter aber versuchte, sich einfühlsam zu zeigen. »Mach dir deswegen keine Sorgen«, sagte sie mit eintöniger Stimme, während sie eben einen Bluseneinsatz besorgte, welche die Tempelmatronen für solche Zwecke bereithielten. Er paßte zwar farblich nicht zu meinem eierschalenfarbenen Kleid, und die Spitze war von einem völlig anderen Stil als der Tüll meines Kleides, aber damit mußte ich leben.

»Du schaust aus wie eine wunderschöne *mormonische* Braut«, sagte meine Mutter, und ich hoffte, Monty würde dem zustimmen.

Als wir Bräute für die Tempelzeremonie bereit waren, reihten wir uns in den Hauptstrom der Andächtigen ein. Meine Laune hob sich etwas, als ich feststellte, daß die Aufmachung der anderen Bräute genauso zusammengewürfelt wirkte. Monty befand sich in dem Gedränge vor mir, umringt von meinen drei Brüdern, die den Bräutigam ausgelassen neckten und mit ihm herumkasperten, was ich darauf zurückführte, daß sie alle schon einmal im Tempel gewesen waren. Einmal warf sogar mein sonst so ernster Bruder Len übermütig den Kopf in den Nacken und lachte lauthals.

Wie alle anderen Tempelbesucher trugen die vier weiße Schuhe, Socken, Hosen, Hemden und Krawatten. Auf mich wirkten sie wie Engel. Über den Arm gehängt trugen sie weitere Zeremonienkleidung, welche sie zu gegebenem Zeitpunkt während des bevorstehenden Rituals um den Körper wickeln würden. Das ausgefallenste dieses vorgeschriebenen Zubehörs, ein grüner Satinschurz in der Form eines Feigenblattes, hing wie das vorwitzige Blatt eines Philodendrons von Montys Arm herunter. Dieses zwischen den Beinen der Männer auf- und abhüpfende leuchtendgrüne Blatt war das letzte, was ich eine Weile von Monty sah, ehe er in der Menge weißschimmernder Tempelbesucher verschwand.

Schweigend strömten wir in den höhlenartigen »Schöpfungsraum«, in dem riesige, erhabene Fresken von der Erschaffung der Erde über den Kirchbänken zu sehen waren. Vor den leuchtenden Farben der Wandmalereien mit Himmel, Wiesen und friedlich grasenden Tieren wirkte die Kapelle mit den weißgekleideten Andächtigen wie ein wogendes Feld von Stiefmütterchen. Die Männer setzten sich auf die rechte Seite, die Frauen auf die linke. Ich saß neben einer besonders strahlenden Braut. Ihre freudige Ausstrahlung triumphierte beinahe über den sackartigen Schleier, den auch sie trug.

Heutzutage liegt die Tempelzeremonie auf Video vor. Damals, 1972, gab es das im Mesatempel noch nicht. Tempeldiener spielten Elohim (Gott), Jehova (Gottes Sohn, der später Christus wurde) und den Erzengel Michael (der dann der erste Mensch wurde, Adam), drei Wesen, die gemeinsam die Erde zu erschaffen schienen. Dieser erste Teil des Gottesdienstes war der Inszenierung des Glaubens an die Existenz einer Vielzahl von Göttern gewidmet.

Die Tempeldiener waren keine begnadeten Schauspieler, und ihre Ungelenkigkeit wurde noch durch die Tatsache verstärkt, daß es weder ein Bühnenbild noch Kostüme gab. Die Darsteller standen hölzern vor uns, in einfachster Tempelkleidung, hinter sich einen Vorhang, sonst nichts. Sie schienen ihre Verse bloß abzulesen. Selbst als sie zu der Erzählung von Adam und Eva und der Schlange kamen, schweifte meine Aufmerksamkeit ab. Beinahe unbewußt wand ich auf Aufforderung meinen eigenen grünen Schurz, Symbol des Feigenblattes, das Adam und Eva erstmals bedeckte, um mich. (Die Verwendung des Schurzes in der Zeremonie ist eine weitere Parallele zwischen den Bräuchen im Mormonentum und denen der Freimaurer.)

Ich erwachte erst wieder zum Leben, als Elohim Eva und allen Frauen der Gemeinde das Gelöbnis abnahm, ihren Männern in allen Dingen zu gehorchen, solange die Männer Gott gehorchten. Ich wußte, daß mir heute einige schwerwiegende Gelübde abgenommen werden würden; dieses hier, bekannt als das Gesetz des Gehorsams, war das erste. Es zu leisten fiel mir nicht schwer. Als nächstes kam das Gesetz des Opfers, wobei wir gelobten, die Kirche mit all unseren Besitztümern, »gegebenenfalls auch mit unserem Leben«, zu verteidigen.

Jetzt ging es zur Sache.

Mein Blick wanderte immer wieder zu Monty auf der anderen Seite der Kapelle, suchte den Anblick seines Profils unter seiner unmöglichen Kopfbedeckung. Wie hatte mir das vorher nicht auffallen können! Mit dem aufgebauschten Stoff sah der Hut aus wie eine eingedrückte Kochsmütze. Er war mit einem Band und einer Schnalle an seiner Schulter befestigt, damit er, falls er runterfallen würde, nicht auf dem Boden beschmutzt würde. Ich konnte gar nicht aufhören, Monty anzustarren und haßte seinen Anblick. Ich brütete immer noch vor mich hin, als sich um mich herum etwas rührte, das meine ungeteilte Aufmerksamkeit forderte.

Elohim hatte die Gemeinde gerade angewiesen, einen Griff zu lernen, den er als das »Erste Erkennungszeichen des Aaronischen Priestertums« bezeichnete. (Es gibt noch mehr Formen des geheimen Händedrucks, und wieder ist die Ähnlichkeit mit den rituellen Gesten der Freimaurer nicht zu leugnen.) Jeder übte den Griff mit seinem Nachbarn. Jetzt forderte Elohim uns auf, eine Handbewegung zu machen, als schlitzten wir uns die Kehle »von einem Ohr zum anderen« auf. Das war die Strafe für denjenigen, der Andersgläubigen dieses geheime Erkennungszeichen verriet.

Um mich herum zogen hundert weißgekleidete, lächelnde Mormonen den Daumen so ungezwungen unter dem Kinn entlang, als gähnten sie. Daß ich auf diesen ersten bizarren Moment mit nur milder Überraschung reagierte, ist Beweis dafür, wie tief meine mormonische Erziehung gegriffen hatte.

Der Gott meiner mormonischen Vorfahren war mir immer als ein bißchen launenhaft dargestellt worden, gewissermaßen menschlich, denn in seinem vorherigen Leben war er ja Mensch gewesen. Vor diesem Hintergrund sind überspannte Handlungen Seinerseits durchaus verständlich. Immerhin hatte ich ja auch geglaubt, Er habe Monty und mich füreinander bestimmt. Ich erwartete also gar nicht, daß Er immer logisch handelte.

Wie anders als mit Überspanntheit läßt sich die Tatsache erklären, daß Seine Interessen zur Einführung der Polygamie in Amerika führten? Wie lassen sich seine eigenwilligen Verhaltensregeln erklären, die in einer der Paradelehren des Buches Mormon demonstriert werden, dem Mord an Laban? Laban wurde von Nephi, Gottes Liebling unter den Sterblichen, aus einem bestimmten Grund auf Gottes Befehl hin erschlagen. Diese Tötung wurde mir von der Sonntagsschule an bis hin zum Religionsunterricht in der BYU immer wieder als Beispiel dafür vorgeführt, daß jedweder Befehl Gottes unfehlbar ist. Meine Lehrer hatten mir die ausführlich von Joseph Smith formulierten Begründungen zu dem Fall Laban vorgelesen, »was unter den einen Umständen falsch ist, kann unter anderen Umständen richtig sein. Gott hat gesagt, du sollst nicht töten, aber an anderer Stelle sagt Er, du sollst völlig unschädlich machen.«

Als ich den Tempel zum erstenmal betrat, hatte es noch nicht die Reihe berühmter Mormonen gegeben, deren dunkles Tun auf Grundlage dieser seit frühester Kindheit eingehämmerten Lehre vielleicht ohne Gewissensbisse erfolgt ist. Zum Beispiel den Bombenleger Mark Hofmanoder den seines Amtes enthobenen Gouverneur von Arizona Evan Mecham. Hinter diesen Tempelmauern, wo ich wie selbstverständlich aufgefordert wurde, ein geheimes Erkennungszeichen mit meinem Leben zu schützen und merkwürdige Gelübde abzulegen, wurden Menschen dahingehend konditioniert, daß sie alles glaubten, was man ihnen erzählte und Handlungen rechtfertigten, die jenseits der von der übrigen Welt empfundenen Grenze des Erträglichen lagen.

Dieser verwirrende Augenblick ging vorüber, und die Gemeinde erhob sich und ging in die nächste Kapelle, den »Raum der einsamen und öden Welt«. Er war bemalt mit Wüstenbildern, Ausblicke in endlose braune Landschaft, bevölkert mit prähistorischen Fleischfressern, die sich im Vordergrund bekämpften. Die Farben dieser Malereien waren so hart, daß die feindlichen Tiere nicht einmal Schatten warfen. Uns wurde glauben gemacht, daß Adam und Eva in einer solchen Gegend leben mußten, nachdem sie des Gartens Eden verwiesen worden waren.

Hier wurde das Stück fortgesetzt. Satan zahlte einem Prediger tausend Dollar, damit er Adam die Lehre über Gott bringe, und der Prediger beschrieb einen Gott entsprechend der Vorstellungen, die sich viele Protestanten gemacht haben. »Glaubst du an einen Gott ohne Körper, Glieder oder Leidenschaften, der auf einem nach oben hin offenen Thron sitzt, dessen Mitte überall und dessen Kontur nirgends ist, der das Universum ausfüllt und doch so klein ist, daß Er in dein Herz paßt?«

Diese Vorstellung war lächerlich, weshalb Adam den bestechlichen Priester hinausbugsierte. Dann schickte Elohim die alten Apostel Petrus, Jakobus und Johannes auf die Bildfläche, um Satan zu vertreiben. Satan trat ab, aber er war kein guter Verlierer. Ehe er verschwand, hatte er noch etwas mitzuteilen.

»Ich habe noch ein Wörtchen im Hinblick auf diese Leute zu sagen!« rief er aus. »Wenn sie nicht zu jeder Verpflichtung, die sie heute an diesem Altar übernehmen, stehen, werden sie unter meine Gewalt kommen!«

Seine Drohung ließ mich erschauern. Ich hatte schreckliche Angst. Sofort wiederholte ich die Gelöbnisse, die ich geschworen hatte, aus Angst, ich könnte eines vergessen und mich so in die Verdammnis bringen.

Dann wandten sich die alten Propheten der Gemeinde zu und erklärten: »Jetzt ist der Moment gekommen, euch in allem zu unterrichten, was das Ewige Leben betrifft.« Das war das Stichwort für die Tempeldiener, uns über weitere »Erkennungszeichen« und »Strafen« aufzuklären und die zeichenhafte Ausführung der Strafe einzuüben, welche in jeder Tempelmesse wiederholt wird und häufig den »Erkennungszeichen« und »Strafen« der freimaurerischen Zeremonien entspricht.

Wir lernten das »Zeichen des Nagels«. Der Name schien auf die Kreuzigung anzuspielen, und das Zeichen bestand darin, den Zeigefinger in die Handfläche des anderen zu drücken.

Wir lernten auch das »Wahre Zeichen des Nagels«, einen Handgriff, bei dem wir die kleinen Finger miteinander verhakten und die anderen Finger unserem Nächsten auf die Mitte des Handgelenkes drückten. Ich übte beide Griffe spielerisch wie eine glückliche Braut und wunderte mich ein wenig, wozu ich das alles wissen mußte.

Die »Strafen«, die auf einen Verrat dieser neuen Gesten standen, waren noch schwerer zu ertragen. Mir wurde ganz schlecht, als ich gemeinsam mit meinen Brüdern und

Schwestern so tat, als schnitte ich mir das Herz heraus, um mir dann nach einem tiefen Schnitt in den Unterleib die Gedärme herauszureißen. Mir war nicht ganz klar, ob ich mich für den Fall, daß ich Tempelgeheimnisse ausposaunt hatte, der strafenden Hand eines anderen ergeben oder mich selber umbringen mußte. Ich vollzog diese brutale Pantomine mit wachsendem Widerwillen. Einmal stieg mir sogar etwas Gallenflüssigkeit in die Kehle, und ich wunderte mich, warum ich so überreagierte. Die heruntergeleierten unheilvollen Drohungen schienen nur mich derart mitzunehmen. Je bildhafter die makabren Anweisungen von der Bühne wurden, desto breiter wurde das Lächeln der Leute um mich herum.

Ich guckte mich um, wo meine Mutter in der nächsten Kirchenbank saß. Sie zupfte an ihrer Kleidung herum und versuchte, die anderen Kleidungsstücke, die wir mittlerweile alle angelegt hatten, zu richten. Zusätzlich zu dem Schurz trugen wir jetzt Obergewänder aus weißem Faltenstoff wie voluminöse prunkvolle Schärpen diagonal um den Rumpf gewickelt. Über meinem Hochzeitskleid getragen, sah ich damit aus wie ein Kleinkind in einem dick wattierten Schneeanzug. Auch meine Mutter wirkte ziemlich unförmig und versuchte gerade, wenigstens ein bißchen Form in ihre Aufmachung zu kriegen. Als sie aber bemerkte, daß ich sie ansah, wurde ihr Gesicht sofort von Liebe für mich und Vertrauen in diese Rituale überflutet, so daß ich mich fragte, ob ich nicht die einzige war, die das, was sich dort vorne abspielte, so merkwürdig berührte.

Ich versuchte auch, Montys Aufmerksamkeit zu erregen; er würde mich stärken. Statt dessen fing ich nur den hungrigen, hitzigen Blick des zukünftigen Ehemanns des liebestollen Mädchens neben mir auf. Wenn sich ihre Blicke trafen, sprühte es Funken. Der Neid schmerzte in meinen Gelenken.

Ich war erleichtert, daß meine Aufmerksamkeit wieder nach vorne gelenkt wurde, als sich der Vorhang öffnete, die Draperie hinter der Bühne verschwand und eine sehr lange, bettlakenähnliche Stoffbahn, die von der Decke herabhing, auftauchte. Auf Höhe eines durchschnittlich großen Menschen wies dieses Laken Schlitze auf, Schlitze ähnlich den Markierungen auf dem Untergewand, nur länger und größer.

Dann fing ich Montys Blick auf. Er grinste, als würde jetzt irgend etwas Wichtiges geschehen, vielleicht etwas, das diesen Tempelriten im Rokokostil einen Sinn verleihen würde. Als ich mich mit den anderen zu diesem Vorhang bewegte, wurde uns erklärt, daß dieser den Schleier symbolisiere, der dieses Leben vom nächsten trenne. Ein paar Tempeldiener hatten sich auf der anderen Seite plaziert und schoben ihre Arme durch die Schlitze. Ein Gemeindemitglied nach dem anderen langte ebenfalls mit den Armen durch, um die Tempeldiener, die sie nicht sehen konnten und die auf der anderen Seite des Schleiers Gott »im Leben danach« darstellten, zu umarmen. Als ich an der Reihe war, änderte sich der Ablauf etwas. Monty stand jetzt auf der anderen Seite des Schleiers. Er würde mich in den Himmel weisen. Die Braut legt nämlich im Gegensatz zu den Männern ihre Tempelgelübde nicht vor Gott, sondern vor dem Ehemann ab.

Diese Umarmung war intimer als alles, was Monty und ich je getan hatten. Unsere heimliche Fummelei war dagegen bedeutungslos. Die Vorstellung, mit einem Mann, dem ich nie meine tiefsten Herzensangelegenheiten anvertraut hatte, die Dimensionen zusammenführenden Geheimnisse zu teilen, ließ mich nur zögerlich auf den Schleier zugehen. Eine Tempeldienerin, die plötzlich neben mir aufgetaucht war, schubste mich liebevoll nach vorne. Ich ließ meine Arme unter Montys Arme und dann um seinen Körper gleiten. Ich rückte nahe heran, so daß sich unsere Körper gleich Tanzenden durch das Tuch hindurch berührten.

Der Tempeldiener forderte uns nun auf, uns an den »fünf Punkten der Verbundenheit« zu berühren: Fuß an Fuß, Knie an Knie, Brust an Brust, Hand auf den Rücken, Mund an Ohr.

Als Monty mir dann das Zeichen des Nagels in meine Hand machte und mir sagte, ich solle dieses »Erkennungszeichen« identifizieren und die mit der Nichtbefolgung der Regel verbundene »Strafe« benennen, ging mir auf, daß dies eine Prüfung war. Ich war fassungslos. Mein Eintritt in das Tor zur Ewigkeit hatte nichts mit Liebe oder Mildtätigkeit oder den Lehren Christi zu tun, die vor Gott doch so wichtig sein sollten. Von diesen Werten war an meinem ersten Tag der religiösen Unterweisung im Tempel nicht die Rede gewesen.

Statt dessen würde ich mit diesem Mummenschanz durch die Himmelstür platzen. Gott war scheinbar in seinem sterblichen Leben auf der sorglosen Stufe stehengeblieben, auf der er sich mit ein paar Jungs zusammenrottete, denen er den Einlaß in sein Baumhaus verwehrte, wenn sie die Parole nicht kannten. Das waren die Rituale einer Verbindung, die mir hier als die Geheimnisse der Welt verkauft wurden. In meiner Kehle stieg ein wildes, bestürztes Kichern hoch.

Was zum Kuckuck passierte hier? Akzeptierten all diese weißgekleideten Verherrlicher etwa bedingungslos dieses Ritual schwachsinnigen Pseudokultes als Sakrament?

In diesen Momenten war mein Mißtrauen gegenüber dem Mormonentum zum erstenmal aufgeflackert, bei dem Schleierritual jedoch gab es für mich ein jähes Erwachen. Flämmchen der Wut leckten an mir, verloschen dann aber wieder. Noch so ein Moment meines Hochzeitstages, an dem meine Gedanken wilde Purzelbäume schlugen. Ich riß mich zusammen und versuchte zu glauben, daß in dem gedämpften Gemurmel meines Verlobten die Wahrheit der Heiligen Schriften wiedergegeben wurde.

Ich wiederholte mit ihm all die »Erkennungszeichen« und »Strafen«, die ich gerade gelernt hatte, und dann erschloß sich mir auch der Sinn meines »neuen Namens«. Monty forderte mich auf, ihm diesen zu sagen. »Sarah«, flüsterte ich ihm direkt ins Ohr. Dies war das geheime magische Kennwort, anhand dessen Monty mich nach dem Tode identifizieren und auf die andere Seite ziehen konnte. Ohne Monty, so wurde mir schlagartig klar, würde ich überhaupt nicht in den Himmel der ewigen Herrlichkeit kommen. So waren die Spielregeln für Frauen. Montys »neuen Namen« erfuhr ich nie. Wahrscheinlich nahm Gott die Männer persönlich in Empfang.

Dann flüsterte mir Monty den letzten Spruch der Zeremonie ins Ohr: »Gesundheit im Nabel, Mark in den Knochen, Kraft in den Lenden und Muskeln und Macht im Priestertum seien mit mir und meiner Nachkommenschaft in allen Generationen und in alle Ewigkeit.« Dann lobte er mich für das erfolgreiche Bestehen der Prüfung: »Gut gemacht, du gute und treue Dienerin, tritt ein in das Reich der Freude des Herrn.«

Wir reichten einander im geheimen Händedruck die Hände, und er zog mich durch die Schlitze des Schleiers.

Jetzt waren wir im »Himmlischen Raum«, benannt nach dem dritten und höchsten Himmel des mormonischen Himmelreiches, der am reichsten geschmückte Raum des Tempels. Er war riesig groß und voller überladen wirkender Möbel, erfüllt von dem unterdrückten Gewisper Dutzender über feigenblättrige Schurze geneigter Köpfe. Die meisten Andächtigen saßen in tiefen, an der Wand entlang aufgestellten Sesseln, aber einige knieten auch in einiger Entfernung von den Menschenströmen, die durch den Schleier traten. Ich hätte auch sofort freudig auf die Knie sinken können, aber meine Sehnsucht nach Seelenfrieden mußte noch ein wenig verschoben werden, denn unsere Familien, die offensichtlich vor mir durch den Schleier getreten waren, fielen mir mit herzlichen Glückwünschen um den Hals. Die Tempelzeremonie war beendet. Monty und ich befanden uns auf dem direkten Weg, Mann und Frau zu werden.

Als wir, nachdem ich aus der Tempelkleidung wieder in meine Straßenkleidung geschlüpft war, in der Gluthitze über den Rasen vom Tempel zum Auto gingen, ein Weg, der kein Ende zu nehmen schien, klebte mir mein erstes Untergewand bereits schweißnaß unter dem mich ohnehin erstikkenden Kleid am Körper. Ich versuchte, Monty an meinen Gefühlen teilhaben zu lassen. »So, wie ich es mir vorgestellt hatte, war es ja nicht«, sagte ich. »Ich hatte etwas erwartet, das in mir ein genauso warmes Gefühl hinterlassen würde, wie wenn ich meine Lieblingshymnen singe. Weißt du, so, als ob alles in dir im Herzen zusammenfließt und du einfach weißt, hier liegt das Wahre.«

»Und das war jetzt nicht so?« fragte er ohne viel Verständnis. Er legte seinen Arm um mich und zog mich zu sich heran, wobei meine Schulter einige Zentimeter über die seine hinausragte. Auf seinem Gesicht spiegelte sich noch die Erregung über das, was wir gerade erlebt hatten.

»O Mann«, sagte er, »als ich dich durch den Schleier zog, das war ein irres Gefühl.«

Am letzten Tag meiner Hochzeitsfeier, als ich endlich Montys Frau werden sollte, kamen mir beim Aufwachen als erstes die merkwürdigen Schlafarrangements in den Sinn.

Ich wollte ja unbedingt im Tempel von Arizona getraut werden. Da meine Familie aber nicht in Arizona lebte, hatten meine Eltern in jenem Sommer ein Zweizimmerappartement in Scottsdale gemietet und meinen Verlobten und mich die Nächte vor der Trauung in dem Zimmer mit den beiden Einzelbetten untergebracht. »Ich kann ja wohl davon ausgehen, daß hier nichts passiert, oder?« hatte mein Vater streng gefragt und zunächst mich, dann Monty prüfend angesehen, als könnten Monty und ich es kaum noch abwarten. Eine Annahme, die ja nun nicht völlig aus der Luft gegriffen war. Aber ich beruhigte meinen Vater fröhlich, er könne sich auf uns verlassen. Wieder spürte ich, daß ich nicht Monty, sondern das Gefühl des Orgasmus liebte, zu dem ich in der Nähe meiner Eltern ohnehin nicht gelangen wollte. Ich war sicher, in diesem Zimmer keiner Versuchung zu erliegen, es sei denn, jemand Interessantes käme durchs Fenster herein.

Während meiner Verlobungszeit war ich eine Meisterin der Verdrängung gewesen, und so wurde mir erst am letzten Morgen vor der Hochzeit klar, was diese lauwarme Zuneigung für mein Eheleben bedeuten würde. Erst als ich meinen Blick über Montys untersetzten Körper unter einer Dekke zwei Meter von mir entfernt streifen ließ, gestand ich mir ein, daß er mich zwar nicht anwiderte, seine Anziehungskraft jedoch zu dürftig war, als daß wir im Bett oder bei anderen Dingen lange aneinander Interesse haben würden. Selbst jetzt, wo das Verbot unmittelbar vor seiner Aufhebung stand, hatte ich keinerlei Verlangen, als Überraschung nackt unter seine Bettdecke zu schlüpfen.

Und selbst, wenn ich diesen Wunsch verspürt hätte, fehlte mir die Phantasie, mir auszumalen, was ich als nächstes hätte tun sollen. Meine Eltern hatten auf Betreiben der Kirche so sehr auf die Bewahrung meiner Unschuld gepocht, daß sich mein gesamtes Wissen über Sexualität mit Ausnahme der Zeichnungen in der Gesundheitserziehung und meiner eher keuschen Orgasmen auf eine Fortsetzungsreihe in der Zeitschrift über Geschlechtskrankheiten beschränkte, die ich als Teenager gelesen hatte, sowie auf eine merkwürdige

Präsentation, die vor ein paar Wochen unter Leitung meines Gynäkologen stattgefunden hatte. Leider waren die Ausführungen des Arztes in Sachen Sexualkunde auf keinen fruchtbaren Boden gefallen, dazu hatte ich mich zu sehr geniert.

Nicht das Thema an sich machte mich verlegen, sondern der Rahmen, in dem das ganze stattfand. Dieser Arzt stand bei den BYU-Kids mit ihrem großen Bedarf an voreheliсher Aufklärung wohl so hoch im Kurs, daß er zur Steigerung der Effizienz Gruppenunterricht einführte. Zu unserem zweiten Termin gingen Monty und ich mit der Absicht und in der Erwartung, in kleinerem Kreise mehr über die Freuden des ehelichen Zusammenlebens zu erfahren. Statt dessen fanden wir uns in einem Versammlungsraum wieder, wo etwa fünfzehn Paare auf wackeligen Klappstühlen saßen, sich ein ebenso wackeliges Lächeln zuwarfen und nervös Händchen hielten.

»Gehört irgend jemand von ihnen nicht der mormonischen Glaubensgemeinschaft an?« fragte der an der Tafel stehende mormonische Arzt laut. »In diesem Falle würde ich nämlich ein wenig anders vorgehen.«

Aber nein, wir waren alle Mormonen. Ich kannte sogar einige der anderen, die in der gleichen Gemeinde waren wie ich. Aber so gut, daß ich mit ihnen zusammen eine Diareihe prächtiger Genitalien sehen wollte, kannte ich sie nun wiederum doch nicht.

»Da ihr mormonische Jugendliche seid, habt ihr wahrscheinlich überhaupt keine Erfahrung«, fuhr der Arzt sachlich fort, während der Projektor verschiedene Ansichten von Vulva und Penis an die Wand warf. »Meine Empfehlung lautet: Stellt euch, sobald ihr verheiratet seid, gegenseitig auf den Kopf, um zu sehen, was ihr da gekriegt habt. Macht euch mit den Dingen vertraut.«

Plötzlich stellte ich mir die empfohlene Ansicht des rothaarigen Mannes zu meiner Linken vor, den ich bis dahin immer für sehr interessant gehalten hatte, wenn er in der Kirche sprach. Und dann lief ich glühend rot an, als es mir durch den Kopf schoß, andere könnten sich dieselben Gedanken über mich machen. Das einzig Konkrete, das ich aus dieser Veranstaltung mitnahm, war ein Faltblatt über Positionen, auf denen die Menschen so geschmeidig und geschlechtslos wie Elfen dargestellt waren.

Meine mangelnde Vorbereitung und fehlende Leidenschaft hätte mich an diesem letzten Morgen möglicherweise noch überwältigt, hätte ich mir nicht, während ich meine Haare mit dem Lockenstab kringelte und mir eine neue Schicht Nagellack auftrug, die Vorstellung gestattet, in allerletzter Minute mit dem großen Auto meines Vaters nach Mexiko abzuhauen. Ich redete mir ein, Monty würde sich schon von seiner Enttäuschung erholen und Gott vielleicht auch. Möglicherweise konnte man ja auch irgendwie dem Problem beikommen, daß nur Monty meinen »neuen Namen« kannte. Vielleicht konnte ich meine Mutter dazu überreden, lauthals nach Sarah zu rufen, wenn sie in der anderen Welt angekommen war.

Ich dachte immer noch ans Abhauen, und meine Kehle belegte sich mit zähem Schleim, als mein Bruder Ernest mit dem Brautkleid hereinschneite, das wir am Vorabend noch in der Reinigung abgegeben hatten. »Gut, daß du weißt, was jetzt kommt, alles Wichtige war ja gestern dran«, neckte er mich.

Und ich dachte, Ernest hat recht. Ich bin ja schon so gut wie verheiratet. Niedergeschlagen trottete ich zur Trauung.

In einem der kleinsten Räume des Tempels, einem der schmucklosen »Siegelräume«, wurden wir, auf zwei Seiten eines gepolsterten Altars knieend, für die Ewigkeit verbunden. Wir reichten uns über den in Seide geschlagenen Altar hinweg die Hände, während uns der Tempelbeamte, Bruder Sorenson, mit einem Schwall ehelicher Ratschläge überschüttete, der an uns vorbeirauschte, ohne die geringste Erinnerung an Einzelheiten zu hinterlassen. In Montys Händen fühlten sich meine Hände ganz heiß an. Einmal ließ ich meinen Blick über unsere Traugemeinde streifen, viele waren es nicht, unsere beiden Familien und ein paar Freunde, alles Mormonen, die würdig genug waren, den Tempel zu betreten, und alle in weiß gekleidet waren. Mein Vater fing meinen Blick auf und nickte mir zu, seine Augen unergründlich. Das helle Licht des Raumes wurde von seinem kahlen Kopf reflektiert, so daß dieser weiß wie sein Hemd wirkte. Ich dachte, er segne mich. Zum erstenmal und nur für einen flüchtigen Augenblick spürte ich die heitere Würde, die ich mir immer für meine Hochzeit vorgestellt hatte.

Da forderte Bruder Sorenson uns auf, in einen Gang hinein auf eine Spiegelwand zu blicken, deren unendliche Reflektionen das Ewigwährende unserer Tempelheirat versinnbildlichen sollte. Er war ein alter Mann, und während er mit der greisen Hand auf die Spiegel deutete, vergaß er völlig, was er zu sagen hatte. Seine Stimme wurde schwach und schwächer und erstarb dann. Monty und ich und unser Gefolge rutschten unbehaglich hin und her, bis Bruder Sorenson wieder neue Energie aufbrachte, um fortzufahren, und wir waren verheiratet.

Üblicherweise ist es die Mutter der Braut, die bei der Hochzeit weint, in unserem Fall war es die Braut selber. Wir begaben uns alle in den »Himmlischen Raum«, wo ich an Montys Hemdkragen heulte.

Ich konnte überhaupt nicht aufhören. Seine Hände auf meinen Schultern vermittelten Stärke und Sicherheit, und einen wilden Moment lang wollte ich ihm meine Gefühle gestehen, weil ich dachte, vielleicht ist er ja stark genug, die Wahrheit zu ertragen. Der Gedanke wurde von einem Schluckauf verscheucht. »Ihr wird gerade klar, was sie mit ihrem Leben angestellt hat«, witzelte mein neuer Schwiegervater.

Vielleicht schossen auch Monty angstvolle Zukunftsgedanken durch den Kopf, denn sofort fing er an, an mir herumzumäkeln. Wir waren noch nicht aus dem Tempel heraus, da maulte er, ich hätte den fotografierfreudigen Verwandten viel zu viel Zeit geschenkt.

Als wir später nach der Trauung in einem Bistro zu Mittag aßen, seit Tagen waren wir zum erstenmal wieder allein, konnte er sich gar nicht darüber beruhigen, daß ich nicht nur ein riesengroßes Wurstbrot, sondern auch noch einen Kartoffelsalat verputzen wollte. Ohne Unterlaß predigte er, ich solle meinen Appetit für den Empfang aufheben, der nach mormonischer Tradition jedoch nicht vor sechs oder sieben Uhr anfing.

Alles das registrierte ich mit erschrockener Verwunderung. Während unserer Verlobungszeit hatte ich meine Augen unbeirrbar auf Brautkleider und Hochzeitseinladungen geheftet, um nicht Millionen unerträglicher Marotten an meinem Verlobten zu entdecken. Und hier saß ich nun mit einem unvorstellbar pingeligen Mann.

Trotz allem fand ich, es war ein netter Empfang. Er ist immer noch im Fotoalbum verewigt, Monty in einem Smoking mit zu kurzen Hosen und ich in einem unmodernen Kleid, das ich damals für perfekt hielt. Eingehakt stehen wir in der Nähe des Eingangs zum Country Club, als könnten wir es nicht erwarten, allein zu sein, und beugen uns – nachsichtig über die künstlerischen Ambitionen des Fotografen lächelnd – der Kamera zu.

Auf anderen Bildern lächeln wir so übertrieben, daß die Zähne das Licht reflektieren.

Nachdem mein Gefühlsschwall etwas verebbt war, gefiel mir meine Rolle als Braut so, wie mir meine Rolle als angehende Braut gefallen hatte. Die beifälligen Blicke und die

Aufmerksamkeit, die mir geschenkt wurden, erfüllten mich mit dem Gefühl, etwas Wichtiges erreicht zu haben.

Als ich nacheinander in den Armen Montys, meines Vaters und meiner Brüder über die Terrasse eines Lokals in Scottsdale tanzte, fragte ich mich, ob ich jemals wieder Mittelpunkt solch uneingeschränkter Aufmerksamkeit sein würde. Aber das kam schneller als erwartet. Sobald sich im Del Webb's Townhouse, einem Hotel in der Innenstadt von Phoenix, die Tür hinter Monty und mir schloß, hatte Monty nur noch mich im Sinn. Die Intensität, mit der er mich anblickte, auf sein Ziel zusteuerte und sein Gesicht in meiner Halsbeuge vergrub, nervte mich dermaßen, daß ich ins Bad flüchtete, um in mein blaues, mit Bändchen verziertes Nachthemd zu schlüpfen. Ich genoß das Alleinsein.

Es war erst zehn Uhr, als wir zu Bett gingen, aber es war ein sehr aufregender Tag gewesen. Ich war müde und hatte Angst und spürte Erleichterung, als Monty vorschlug, noch eine Weile zu warten. Selber diesen Vorschlag zu machen, wäre mir nicht in den Sinn gekommen, glaubte ich doch, den Moment des Vollzugs der Ehe zu bestimmen, sei die Entscheidung des Mannes.

Wir trugen unser Untergewand, darüber den Schlafanzug; wir hatten so viel an, daß wir damit eine ganze Saison in Paris überlebt hätten. So lagen wir, jeder in seinem Kokon, wie zwei ausgesetzte Bündel in der Mitte des Doppelbetts. Ich hatte Angst, ihn zu berühren. Ich hatte Angst, er würde mich dazu auffordern. Wir schliefen sofort ein.

Der Akt selber wurde vor dem Hellwerden vollzogen und war ein derartig ungeschicktes Gefummel, daß ich froh bin, daß man nur einmal im Leben entjungfert wird. Es gibt einfach nichts Entwürdigenderes als zwei zum ersten Mal kopulierende, völlig unerfahrene Menschen. Besonders

Montys Anblick entsetzte mich. Auf den Dias hatte das alles ganz anders ausgesehen.

Wir waren beide so durcheinander, daß wir es irgendwann mittendrin aufgaben. Wir lagen nebeneinander und hielten uns an den Händen, als die Sonne ins Zimmer kroch. Ich konnte Monty nicht anschauen.

Wir beschlossen, zum Frühstück hinunterzugehen. Wir waren wie die Kinder und glaubten, Zimmerservice sei eine Nummer zu groß für uns. Kurz bevor wir gehen wollten, tuschte ich mir noch die Wimpern im Bad und beglückwünschte mich zu meiner Reife, mit der ich Montys sexuelle Stümperei ertragen hatte, ohne ihn meine Enttäuschung spüren zu lassen. Zwar fordern die mormonischen Vorschriften, daß Frau *und* Mann jungfräulich in die Ehe gehen, aber nirgends steht geschrieben, daß sich ein junger Mann nicht bei seinen verheirateten Freunden ein paar Tips holen kann.

Ich wünschte, Monty hätte das getan, und entschied gleichzeitig, daß ich mich dann eben kundig machen würde.

In der Tür zum Badezimmer stehend beobachtete Monty mit einem plötzlich verzerrten und verschlossenen Gesichtsausdruck, wie ich mich zurechtmachte. Diesen Gesichtsausdruck konnte ich gar nicht verstehen, es sei denn, er wäre noch tiefer enttäuscht gewesen als ich. Ich begriff zunächst auch gar nicht, was er dann von sich gab, jedes Wort eiskalt und prononciert: »Ich wußte ja nicht, daß man *dir* Sex erst mal beibringen muß.«

Die Jahre haben mich gelehrt, der Selbsttäuschung, mit der ein völlig unerfahrener Siebenundzwanzigjähriger ohne besondere Reize seiner Partnerin die ganze Schuld für das sexuelle Desaster zuschiebt, nur mit liebevoller Verwunderung zu begegnen. Aber damals hatte seine Bemerkung die Wucht eines Beils. Seine Grausamkeit sprengte die zarte Vertraulichkeit, die kurz zuvor zwischen uns gekeimt war, und hinterließ die krallende Panik, die ich den ganzen Morgen über noch im Zaum gehalten hatte. Das Gewicht der tausend verdammten Ungereimtheiten zwischen Monty und mir füllte meinen Magen, meine Brust, meine Kehle; es kroch mir die Beine hinunter und pochte in den Füßen. Als Monty sich, nachdem er seine Salve losgefeuert hatte, wieder ins Schlafzimme r begab, schloß ich die Badezimmertür und lehnte mich von innen dagegen, würgend – nicht vor Schluchzen, sondern wegen des Gefühls von Ausweglosigkeit. Ich versuchte, mich zusammenzureißen, kauerte mich hin und wippte nervös hin und her. Zum erstenmal kam mir ernsthaft der Gedanke, daß Gott, den ich, seit ich denken konnte, in meinem Herzen trug, der stets gut zu mir gewesen war, dies bestimmt nicht wollte. Und wenn Er es doch wollte, wenn Er tatsächlich so despotisch war, dann war die Ehe mit Monty vielleicht etwas, das ich nicht einmal für Ihn aushalten konnte.

Es gelang mir abzuwarten, bis ich hörte, daß Monty das Zimmer verließ. Dann schlich ich so heimlich zum Telefon, als würde ich gefangengehalten. Nie war ich glücklicher gewesen, die Stimme meiner Mutter zu hören. Für sie war mein Anruf so erschütternd, daß sie die Episode noch heute zum besten gibt – wie sie am Morgen zufrieden meine Hochzeitsgeschenke ausgepackt hatte, als meine schrille Stimme ihre süßen Erinnerungen an die Hochzeit zerriß, wie ich ausstieß, was Familien nicht gerne hören, schon gar nicht mormonische.

Ich keuchte: »Das ist ja entsetzlich. Ich liebe diesen Mann nicht. Du mußt mir helfen, mich scheiden zu lassen.«

Vier

Wenn wir nicht im Tempel geheiratet hätten, so daß wir glaubten, es sei für die Ewigkeit, hätten Monty und ich wohl sofort erkannt, daß wir in unserem jugendlichen Leichtsinn einen Fehler begangen hatten, der am ehesten durch eine umgehende Annulierung der Ehe wieder gutzumachen war. Ich bin sicher, daß meine Eltern und ich es bald geschafft hätten, das ganze auf einen jämmerlichen Familienscherz zu reduzieren. Statt dessen waren auch sie von dem Augenblick meines verzweifelten Anrufes an zu Tode besorgt, aber in Anbetracht der feierlichen Gelübde, die ich abgelegt hatte, konnten sie mir nun mal nicht raten, sofort das Handtuch zu werfen. Also erholten sich Monty und ich so gut es ging von dieser Hochzeitsnacht und sprangen in die Zukunft, als könnte mit ein bißchen gutem Willen ein Zusammenleben für den Rest des Lebens gelingen.

In jenem Sommer und Herbst war ich sehr einsam, sehnte mich nach etwas, von dem ich nicht so recht wußte, was es war. Wie oft wachte ich neben meinem kleinen, vom Schlaf warmen Ehemann auf und fragte mich, was ich wohl empfinden würde, wenn ich neben jemand anderem aufwachen würde. Aber nach einer Weile gab ich auch diese Gedanken auf, so sehr hatte ich mich von allem abgekapselt, selbst von meinen eigenen Sehnsüchten. Zwischen Monty und mir regte sich so wenig, und eine Zeitlang nahm ich an, ich sei nur deshalb in eine Starre gefallen, weil wir uns nie wirklich berührten. Aber selbst wenn wir es gewollt hätten oder gewußt hätten wie, wären solche Zärtlichkeiten wohl schwierig gewesen. Durch die Allgegenwart des Untergewandes waren wir so unüberwindbar voneinander getrennt, als schliefen wir in verschiedenen Zimmern.

Zu Hause in unserer Freizeit trugen wir stets das Untergewand, ich aber zusätzlich meine Straßenkleidung, weil ich mich in dem bloßen Untergewand häßlich fand. Monty und mir war es nie vergönnt, die Rundungen des nackten Körpers des anderen langsam mit den Fingern nachzuzeichnen, während wir miteinander sprachen oder lasen. Uns war die Freude unbekannt, beim Umdrehen im Schlaf plötzlich willige Haut zu berühren. Wann immer mir das Bild Montys in den Sinn kommt, sehe ich ihn in seinem dicken Nylondress vor mir.

Nur während des Aktes selbst trugen wir das Untergewand nicht, aber insgesamt beeinträchtigte es unser Liebesleben doch nachhaltig. Als ich das Untergewand im Tempel empfangen hatte und mir die Tempeldienerin auftrug, es Tag und Nacht zu tragen, war mir diese Anweisung schier unmöglich erschienen. Ich hatte meine Mutter um Rat gebeten, wann das Untergewand abgelegt werden durfte, wußte ich doch, daß mormonische Ehepaare die Kleidungsvorschriften seit Joseph Smith den praktischen Erfordernissen der modernen Zeiten entsprechend angepaßt hatten. Nun war meine Mutter nicht gerade fanatisch, aber eben auch nicht liberal. Sie hätte beispielsweise niemals in dem Ding gebadet. Ich hatte von streng Gläubigen gehört, daß sie erst ein Bein von dem Untergewand befreiten, es wuschen und abtrockneten, um in ein sauberes zu steigen, ehe sie das andere entblößten. Nein, sie sagte, ich dürfe mein Untergewand zum Duschen, beim Sport und beim Sex ablegen, sollte aber sofort nach Beendigung der jeweiligen Aktivität wieder hineinschlüpfen. »Dann wirst du dich vor deinem Himmlischen Vater sauber und rein fühlen«, hatte sie gesagt.

Ich befolgte ihre Anweisungen genauer, als sie es vielleicht erwartet hätte, sprang sofort besorgt auf, wenn Monty auf mir erschlaffte und bestand mit keifender Stimme darauf, daß auch er sofort nach seinem Untergewand griff. Vielleicht sah der Himmlische Vater das mit Wohlgefallen, Monty sicherlich nie.

Unser eheliches Zusammenleben wurde außerdem von Kondomen beeinträchtigt, die die ungewöhnlichsten Formen angenommen hatten und eine weitere Schicht darstellten, die uns erbarmungslos voneinander trennte und jedweder sexueller Spontaneität den Garaus machte. So, wie das Untergewand sich in unser Liebesleben eingeschlichen hatte, tötete die gewichtige Routine des Kondomgebrauchs jeden möglicherweise doch aufsprühenden Funken des Begehrens endgültig ab. Das war wiederum auf meine Eltern zurückzuführen, genauer gesagt auf meinen Vater, der mit seiner Art der Aufklärung sichergestellt hatte, daß Kondome für uns niemals nur jene kleinen, diskret in der Nachttischschublade aufbewahrten, feucht-weichen Päckchen sein würden.

Am Abend vor der Hochzeit hatte mein Vater Monty auf die Veranda des Appartements in Scottsdale manövriert und ihm eine Packung extradünner Fromms samt Belehrung überreicht. Das tat er auf meine Bitte hin, denn ich hatte keinen Schimmer von Familienplanung und war beeindruckt, wie er es geschafft hatte, die Zahl seiner eigenen Sprößlinge auf vier zu beschränken. Außerhalb der Welt der Mormonen galten vier Kinder bereits als äußerst beherzt. In unserer Kultur, in der die Kirchenobersten jedwede Geburtenkontrolle verunglimpfen, denn eine umfangreiche Nachkommenschaft läßt ja die Mitgliedsregister anschwellen, waren vier Kinder das Minimum, um noch als respektabel zu gelten. Ich hatte Vater gebeten, Monty nicht nur seine erfolgreiche Technik anzuvertrauen, sondern auch, wie er sein Herz gegen die Mißbilligung der Kirchenautoritäten gefeit hatte, deren Anweisungen er ansonsten stets eifrig befolgte. Wie meine Mutter hatte auch ich nicht vor, den Rest meines Lebens schwanger zu sein, und ich war meinem Vater dankbar für seine gelegentlichen liberalen Ausrutscher, die mein Leben einfacher machten, obwohl er ansonsten politisch erzkonservativ und ein Mann mit dem strengen Gebaren eines Propheten des Alten Testaments war.

Vater erfüllte die ihm anvertraute Aufgabe hundertfünfzigprozentig, vielleicht um meinetwillen, ganz sicherlich aber, weil er hier die Chance sah, etwas von sich selbst weiterzugeben. Er ist der sparsamste Mensch, den es jemals gegeben hat, so einfallsreich in seiner finanziellen Umsicht, daß sein Genie durchaus dem Leonardos vergleichbar ist. Er hat für seine Familie wunderbare Häuser und Auto erworben und für exzellente Ausbildung gesorgt, aber trotz seines Erfolges blieb er bei den kleinen Dingen stets ein Krämer. Es war einfach unvorstellbar, daß er sich nicht ereifern würde, wenn es darum ging, neue Wege zur Senkung nichtiger Ausgaben auszutüfteln. Nichts belegt sein Talent, solche Nichtigkeiten aufzuspüren, besser, als die Anweisungen, die sein Geschenk für Monty begleiteten: daß Kondome nämlich teuer seien, über ein Dollar das Stück, weshalb sie wiederzuverwenden seien.

Aber damit noch nicht genug. Er erteilte ausführliche Anweisungen zum Waschen derselben, was er wahrscheinlich selbst nie ausprobiert hatte. Ich kann mir einfach nicht vorstellen, daß meine anspruchsvolle Mutter jemals die Wiederaufbereitung von Kondomen zugelassen hätte; mit Sicherheit hätte sie sich dagegen gewehrt, daß sie zum Zwecke der Entfernung klebriger Substanzen ausgespült und dann in voller Länge flach zwischen Stoffschichten ausgebreitet an diversen Orten im Hause zum Trocknen und zur Wiederverwendung aufbewahrt wurden. Nein, ich glaube eher, daß mein Vater stillschweigend mit ansah, wie seine Investition in kostspielige Kondome dreißig Jahre lang den Bach runterging, und hier eine Gelegenheit sah, sein Wunschdenken nach mehr Sparsamkeit auf Monty zu übertragen, so wie Eltern oft ihre Kinder dazu anhalten, die eigenen Träume zu verwirklichen.

So denke ich *jetzt*. Damals nahm ich alles für bare Münze. Und so befolgten wir meines Vaters Vision, so wie wir alles uns Vorgeschriebene kritiklos befolgten, als hätten wir der scheinbaren Weisheit anderer nicht einen Funken Verstand entgegenzusetzen.

Bei uns durften Kondome nach ihrem Einsatz stets eine Weile ausruhen. Nach Gebrauch stülpten wir sie um und seiften sie ab. Dann lagerten wir sie über dem Spülkasten zwischen Papiertaschentüchern. Oder wir versteckten sie im Badezimmerschränkchen, ließen aber die Tür ein wenig offen, damit sie nicht schimmelten. Wenn wir tatsächlich einmal eins brauchten, konnten wir unter mehreren wählen, alle miteinander hatten den unbeugsamen Charme von Eisenstangen.

Monty warf dann eins in das mit Wasser gefüllte Waschbecken, damit es sich vollsog, und wenn es geschmeidig war, füllte er es mit Wasser, um zu prüfen, ob es auch dicht war. Das war fast immer der Fall; diese Dinger waren wirklich von bemerkenswerter Qualität. Ich kann sie nur empfehlen. Ergebnis dieses Vorgehens war, daß die ursprüngliche Zwölferpackung ein ganzes Jahr hielt.

Nebeneffekt war, daß Sex für mich stets mit diesen gräßlich kalten, schlechtsitzenden, klammen Hüllen verbunden war, die Montys Penis in etwas Unmenschliches verwandelten. Manchmal sah ich, wie sich mein Gatte dem Bett näherte und noch die letzten Wassertropfen vom Kondom schnippte, das er gerade aus dem Waschbecken gefischt hatte; es kam mir vor, als ließe es sich wie Kaugummi ziehen, bis es sich in das größte Monstrum des ganzen Hauses verwandelt hatte.

Jede Ehe ist von Schlüsselerlebnissen geprägt, die gewissermaßen die Weichen stellen. So war das zumindest bei allen meinen Ehen. Mit Monty gab es drei solch vielsagender Vorkommnisse, und dann schloß sich der Kreis.

Der erste Zwischenfall, der für unser Zusammenleben symptomatisch war, ereignete sich während unserer Flitterwochen in Colorado. Auf der ganzen langen Fahrt durch die Rocky Mountains mit ihren atemberaubenden Bergen und Cañons, die ich bis dahin nie gesehen hatte, zog ich mich innerlich von meinem neuen Ehemann zurück, indem ich mich in meine Lektüre vertiefte, so daß sich Unterbrechungen für eine Unterhaltung schon fast von selbst verboten. Ich fing mit ganzen Stapeln des *Redbook* an, jenem Frauenmagazin, das 1972 voller Berichte über die damals wogende Frauenbewegung war; die Verfechterinnen der Gleichberechtigung erregten mit ihrem Gekasper und ihren Idealen meine Empörung. »Die Emanzen machen das Land kaputt«, erklärte ich Monty einmal angewidert. Unsere Konversation dürfte sich bis zum Dunkelwerden darauf beschränkt haben. »Die Frauen kennen einfach nicht mehr ihre Pflichten in der Familie.«

Später nahm ich dann *The Group* zur Hand, eine Studie Mary McCarthys über die sexuellen Abenteuer von Mädchen »aus besseren Kreisen«, bei weitem das Provozierendste, was ich bis dahin gelesen hatte. Ich weiß gar nicht mehr, warum ich damals dieses Buch eingesteckt hatte, aber als ich einmal über die blühende erotische Veranlagung von Lakey und Helen stolperte, verschwand ich so vollständig, als reiste ich im Kofferraum mit. »Was liest du da eigentlich Spannendes?« fragte mich Monty einmal.

»Ein Buch über ein paar böse Mädchen«, erwiderte ich.

»Nun, dann weiß ich ja nicht, ob du das überhaupt lesen darfst. Worum geht's denn?« fragte er mit einem erregten Unterton, den man schon mal hört, wenn Leute wenig über Sex wissen. Ich machte mir nicht einmal die Mühe, zu antworten.

So in etwa spielten sich unsere Flitterwochen bis zu jenem Morgen ab, als wir in Fort Collins zum Frühstück einkehrten und Monty wohl entschlossen war, meine Aufmerksamkeit zurückzugewinnen.

Wir landeten in einem Coffee Shop mit Panoramablick, das für seine Backwaren berühmt war. »Ich möchte ein Steak und Eier«, verkündete ich augenblicklich, wenngleich mit einem Gefühl der Beklommenheit. Meine Freßlust, die mich seit der Episode mit dem Kartoffelsalat nach der Hochzeit häufig überkam und unausweichlich den Kommentar provozierte, daß ich ja wohl den Appetit eines Langstreckenläufers hätte, war mir selbst nicht mehr ganz geheuer. Ich spürte, daß das Essen, genauergenommen die Mengen, die ich verdrückte, ewiger Streitpunkt zwischen uns werden würde, ein Gefühl, das sich sehr schnell bewahrheitete.

»Mal wieder das Teuerste auf der Speisekarte«, bemerkte Monty.

Das beunruhigte ihn nämlich am meisten an meinem ausgezehrten Zustand. Monty war ein Geizkragen, der irgendwann aus meinem Leben verschwand, aber nie aufhörte, darüber zu jammern, daß ich ihm noch fünfundsiebzig Dollar schuldete. Fünfundsiebzig Dollar war nämlich die Ausgabe, die er anläßlich unserer Hochzeit getätigt hatte (die einzige übrigens), als er für unsere beiden Mütter je ein Ansteckbukett kaufte. Und diese Summe fuchste ihn während unserer ersten zarten Ehetage unablässig. Auch scheuchte er mich abends während der Stunden, welche die sinnlichsten unseres Lebens hätten sein sollen, von einem Motel zum nächsten auf der Suche nach einer Unterkunft, die vielleicht noch ein paar Dollar billiger war. Seine Sparanfälle hatte ich bisher klaglos ertragen, wohl auch, weil ich ohnehin nicht viel sprach.

Aber seine Maulerei über meinen Wunsch nach einem großen Frühstück brachte das Faß zum Überlaufen. In Wirklichkeit waren wir nämlich alles andere als arm wie die Kirchenmäuse. Die Möglichkeit eines Steuervorteils hatte meinen gutverdienenden Vater dazu bewogen, uns ein großzügiges Geldgeschenk zu gewähren, so daß wir ohne Schwierigkeiten über die Runden kamen, auch während der Zeit von Montys Aufbaustudium. Es entsetzte mich zu entdecken, daß Monty sich bei Nichtigkeiten genau wie mein Vater als kleinlicher Erbsenzähler herausstellte.

»Ich weiß, daß das eine große Portion ist, aber ich habe eben Hunger«, verkündete ich mit eiserner Stimme.

Sein Gesicht wurde nachdenklich, und er sah mich mürrisch und besorgt an. »Es stört mich ja gar nicht so sehr, daß du Steak mit Eiern willst«, sagte er dann. »Aber kannst du nicht wenigstens fragen, wenn du so was Teures willst? Kannst du nicht sagen, ich weiß, daß das das Teuerste auf der Speisekarte ist, Liebling, aber darf ich es trotzdem essen, bitte?« Er lachte ein wenig, ein kurzer, harter Laut, als wüßte er selbst, wie lächerlich sein Ansinnen war, aber er machte auch keine Anstalten, das Gesagte zurückzunehmen. Dann äffte er die langgezogenen Worte eines bettelnden Kindes nach: »Biiiitte, Liiiiebling.«

Mit folgenschwerer Klarsicht spürte ich das Vergnügen, mit dem er seine neue Macht als Ehemann ausspielte. In seiner Stimme schwang die Überzeugung, daß er jetzt das Recht hatte, mir Vorschriften zu machen. Er guckte mich erwartungsvoll an, als würde ich jetzt nur noch seine Worte gehorsam nachplappern.

Meine Reaktion erfolgte jedoch so instinktiv, daß es uns beide überraschte. Ich langte nach den Autoschlüsseln, rutschte von der Bank und schritt durch den ganzen Coffee Shop, während er mir gelassen nachschaute. Wahrscheinlich konnte er sich nicht vorstellen, daß ich ihn wirklich sitzenlassen würde. Als ich die Glastür aufgestoßen hatte, saß er immer noch reglos am Tisch. Er hatte gerade mal die gefalteten Hände gelöst. Ich war die Ruhe selbst, als ich die Autotür aufschloß und mich hinter das Lenkrad setzte. Als ich dann tatsächlich den Motor anließ, kam Monty wie eine Rakete aus dem Restaurant geschossen. Aus den Augenwinkeln nahm ich seine große Bestürzung wahr, als ich an ihm vorbeiraste.

Aber nachdem ich ein dutzendmal um den Block gerast war, so wütend, daß ich kaum über die grüne Motorhaube hinausblicken konnte, kam ich allmählich zu mir. Womit hatte Monty mich denn so auf die Palme getrieben? Hatte ich nicht oft genug miterlebt, wie mein eigener Vater, ein Mitglied der Priesterschaft, versuchte, meiner Mutter Vorschriften zu machen? Und war nicht eine gewichtige Ursache für ihr Unglück, daß sie ständig dagegen aufbegehrte? Wollte ich Monty nicht in seiner heiligen »Berufung« zum Haushaltsvorstand unterstützen, die Fehler meiner Mutter vermeidend? War Monty nicht der Vertreter Gottes in meinem Leben?

In meinem tiefsten Inneren kann ich die aufrechten Antworten, die ich mir auf diese Fragen gab, nicht gemeint haben. Aber genau wie bei meinen Zweifeln, ob ich Monty heiraten sollte, interpretierte ich auch diese Botschaft meines Herzens als Einflüsterung des Teufels.

Wieder auf dem Parkplatz des Coffee Shops angekommen, hatte ich mich in die Unterwürfigkeit zurückgezwungen. Ich war entschlossen, allein mit Hilfe meiner Willenskraft den hohen Ansprüchen an mormonische Frauen zu genügen und das Musterbeispiel einer gefügigen Gefährtin zu werden.

Als ich vor Monty, der immer noch auf dem Bürgersteig vor dem Restaurant auf und ab tigerte, angehalten hatte, kletterte ich über die Mittelkonsole auf den mir gebührenden Beifahrersitz. Geduldig hörte ich mir das Anschwellen und Abklingen der Empörung meines Gatten an, was etwa eine halbe Stunde lang dauerte. An jenem Abend hatte ich keine Ausrede, nicht mit ihm zu schlafen.

Das zweite Schlüsselerlebnis hatte ich, als wir in demselben Sommer Montys Eltern in Akron besuchten. An einem Nachmittag, während einiger der wenigen frohen Stunden, die wir ausgelassen und unbeschwert miteinander verbrachten, beschlossen wir, gemeinsam zu duschen. Wir zogen unsere Klamotten aus und schleuderten sie übermütig gegen die hellen Wandfliesen in Schwiegermutters reinem Badezimmer, von wo aus sie auf den streng weiß gefliesten Fußboden fielen. Das Durcheinander bunter Hemden und Hosen schien die Reinheit zu beflecken.

Unter der Dusche starrte ich meinen Mann dann neugierig an, als hätte ich ihn nie zuvor nackt gesehen. Ich entdeckte, daß sich seine großen Muskeln trotz seines massigen Körperbaus nur schwach abzeichneten, seine Füße waren aristokratisch feingliedrig und seine Fuß- und Beinbehaarung eher spärlich. Selbst seine Gesten wirkten bescheiden, beinahe gebrechlich, als er seinen großen Brustkorb einseifte. Auf einmal fiel mir auf, daß er überhaupt nichts wirklich Mächtiges an sich hatte.

Diese Erkenntnis war eine ziemliche Offenbarung. Mich hatte immer gestört, daß Monty klein war, aber jetzt entdeckte ich, daß er nicht die Spur eines Helden an sich trug. Ich erkannte, daß der Mann, der mir den Weg in den Himmel weisen sollte, bloß ein normaler Sterblicher war, den man völlig zerstören konnte.

Zunächst ärgerte ich mich darüber, daß er so ein normaler Mensch war, aber im nächsten Augenblick war ich wie befreit. Als ich sah, daß Monty bloß ein Durchschnittsmann ohne große Muskelkraft war, wurde mir klar, daß er, obwohl er Priester war, vielleicht doch nicht immer wußte, wie man eine Ehe richtig führt, daß er möglicherweise damit überfordert war, in allem die Führung zu übernehmen. Vielleicht hatte ich zu viel von ihm und zu wenig von mir erwartet. Ich hatte immer nur meine Gefügigkeit zum Gelingen der Ehe beigesteuert.

Aus dieser verwirrenden Erkenntnis heraus neigte ich mich zu ihm, nachdem ich die Seife abgespült hatte, um ihm einen Kuß des Mitgefühls zu geben. Wenn es jemals etwas zwischen uns gegeben hat, das ich genossen habe, dann war es dieser Kuß. Danach öffnete ich die Duschkabine.

»Warte, ich bin noch nicht fertig«, sagte er.

»Du brauchst dich nicht zu beeilen.« Ich lächelte ihn an. »Ich laß dir ein trockenes Handtuch übrig.«

»Wenn du jetzt raus gehst, machst du Mutters Badezimmermatte naß.« Offensichtlich wollte er seinen Kopf durchsetzen und mich nicht aus der Dusche lassen, ehe auch er fertig war.

»Monty, dafür sind Badezimmermatten doch da.«

»Aber das ist keine normale Matte, das ist ein richtiger Teppich ohne Gummierung. Mutter mag es nicht, wenn er naß wird.«

Dies war die Art Konversation, in der Monty und ich uns ergingen. Es gab kein Halten, wenn er einmal auf einem solchen Thema herumritt.

»Dann stell das Wasser ab, damit ich mich hier abtrocknen kann.«

»Nein, dann wird's mir kalt.«

»Was soll ich also tun?«

Die Frage stellte ich, um ihn mit der Nase auf die Idiotie

dieses Wortgefechts zu stoßen, aber sehr schnell wurde mir klar, daß ich ihm damit ungewollt Munition geliefert hatte.

»Warte auf mich. Bleib hier, bis ich auch fertig bin«, erwiderte Monty postwendend, zweifelsohne glücklich darüber, daß ich ihm mit meiner Frage die Möglichkeit zu einer solchen Erwiderung gegeben hatte. »Du kannst dich solange dahin setzen.«

Mit einer vornehmen Handbewegung deutete er auf eine Ecke der großen Duschkabine. Er wiederholte diese Geste geziert, und ich gehorchte. Widerwillig zwar, so daß sich mein Körper hinter den Beinen herzuschleppen schien wie bei einem Baby, das laufen lernt, nur, daß ich schon laufen konnte, aber ich gehorchte. Ich hockte mich mit hochgezogenen Knien in die Ecke, so ließ sich die Demütigung leichter ertragen.

Ich gehorchte, denn wie hätte ich mich auch durchsetzen sollen, ich gehorchte, weil die bahnbrechenden Gedanken, die mir gerade gekommen waren, daß Monty und ich uns nämlich wie zwei normale Menschen hätten behandeln können, noch zu zerbrechlich und zu leicht kleinzukriegen waren. Monty machte deutlich, daß er das Sagen hatte, auch wenn er bloß ein normaler Mann war, und die Chance neuer Vertraulichkeit war vertan.

Im Laufe der Monate wurden alle meine Hoffnungen auf eine harmonische Ehe endgültig zu Grabe getragen. Es entstand eine Situation, in der die Partner nur noch ihre Rolle spielen, anstatt den anderen in seiner Persönlichkeit zu entdecken. In dieser Phase bestand der Sinn unserer Ehe nur noch darin, den anderen so zu manipulieren, daß man erreichte, was man wollte. Nach einer Weile beherrschte ich das richtig gut, denn ich war pfiffiger. Monty war im Grunde zu einfältig, um taktisch vorzugehen. Eines Tages, und dieses war der dritte Meilenstein unserer Ehe, hatte ich meinen Part in der Beziehung endlich begriffen.

Das war an einem Tag, an dem ich so richtig in Einkaufslaune war. Ich habe immer gerne etwas Neues zum Anziehen gehabt, und meine Mutter hatte mich in dieser Hinsicht stets verwöhnt. Dies aber war der erste Einkaufsbummel seit der Hochzeit, bei dem ich mir etwas Neues gönnte, denn Montys Haushaltsplan war sehr knapp kalkuliert, so daß es uns sogar unmöglich war, während dieses Sommers ein Telefon anzuschaffen. Im Herbst, als er sich an der Universität von Utah immatrikuliert hatte und anderweitig beschäftigt war, ging es dann nicht mehr ganz so streng zu. Als er gelegentlich mit ein paar dicken Steaks nach Hause kam, sich auch mal ein hübsches Hemd kaufte und sogar zugab, froh zu sein, daß ich ihn davon überzeugt hatte, in ein etwas besseres Appartement zu ziehen, da war ich dankbar, daß er an dem bißchen Luxus auch Gefallen fand – als ob er irgend etwas dazu beigetragen hätte, ihn zu gewährleisten. Fast hätte ich vor Freude über sein verändertes Verhalten abgehoben.

Nach der Hochzeit waren wir nach Salt Lake City gezogen, und an jenem Tag landete ich in einer jener schicken, vornehmen Boutiquen in bester Lage, wo man schon beim Betreten des Geschäfts im dicken Teppich versank. Hier hingen lauter Midi-Röcke, wie sie damals Mode waren, und elegante Westen, Kleiderständer voller Morgenmäntel einschließlich dem einen, dem ich nicht widerstehen konnte – einem verschwenderisch fließenden Traum aus rostbraunem Samt, der mit einem Gürtel geschlossen wurde. Ich fand ihn so wundervoll, daß es mir leid tat, ihn im Papier verschwinden zu sehen, als die Verkäuferin ihn einpackte. Für die Heimfahrt hatte ich den Morgenmantel wieder ausgepackt und lang über den Nebensitz gehängt, als säße dort ein Beifahrer.

Daheim begab ich mich ans Putzen. Wir wohnten in einem anheimelnden Viertel nahe der Innenstadt. Unser Appartement war sonnig und mit den hellen Möbeln der fünfziger Jahre eingerichtet, die es im Einheitsstil in den Möbelhausketten gab. Mit ein paar goldgerahmten Bildern aus Trockenblumen, bonbonfarbenen Weintrauben aus Glas, knallig bunten gehäkelten Wandbehängen und anderen bei den Versammlungen der Frauenvereinigung gebastelten Dekorationsstücken hatte ich der Wohnung eine persönliche Note verliehen. Ich fand unser Appartement hübsch und hielt es stets sauber, aber jetzt schrubbte ich alles von oben bis unten, voller Elan, so daß der Geruch nach Putzmitteln Monty schon auf der Türschwelle überfallen würde. Heute sollte es überhaupt nichts auszusetzen geben, so daß wir nur der Bewunderung meines extravaganten Einkaufs frönen konnten.

Dann begab ich mich daran, mich selbst herauszuputzen. Im Laufe unserer Ehe war ich unsicher geworden, ob Monty mich oder meine Aufmachung überhaupt attraktiv fand, aber ich wollte nichts unversucht lassen. Ich bearbeitete mein langes Haar mit dem Lockenstab, legte reichlich Lidschatten auf und umhüllte mich mit der neuen eleganten Robe, die fünfzig Dollar gekostet hatte. Dann wartete ich. Ungeduldig hockte ich auf der Kante des türkisfarbenen Sofas und fingerte an der engen Perlenkette um meinen Hals.

Unser Appartement befand sich ganz oben am Ende eines Treppenhauses. Als unten die Eingangstür aufgerissen wurde, stand ich auf und stellte mich oben hin. Ich sah Monty um eine Ecke des Treppenhauses kommen, sah, wie seine Augen zunächst auf dem langen Rock des Morgenmantels ruhten – mehr konnte er, ohne den Kopf zu heben, nicht sehen. Ich zerrte so heftig an meiner Kette, daß sie fast gerissen wäre. Mit ernstem Gesichtsausdruck stand er vor mir. Und dann sagte ich meinen Vers auf:

»Ich weiß, daß es das Teuerste auf der Speisekarte ist, aber ich will es trotzdem, bitte, Liebling.«

Als er endlich lächelte, wußte ich, daß dies der Wendepunkt unserer Ehe war.

Nachdem ich auf diesen modus vivendi verfallen war, gab es weniger Reibereien, aber unter der Oberfläche gärte es. Meine Geschicktheit vermochte nicht zu übertünchen, wie wenig wir zueinander paßten. Daß die Zahnräder unserer Ehe nicht ineinandergriffen, wurde mir am schmerzlichsten bewußt, wenn wir mit anderen Paaren zusammen waren, weil ich dachte, alle würden Monty mit meinen Augen sehen, und so haßte ich die Treffen mit Leuten, die mir wirklich am Herzen lagen. Manchmal besuchten wir Montys Bruder Winston. Dann steigerten sich die beiden in eine Diskussion über die Preise in den Drogeriemärkten, ein Thema, dessen sie niemals überdrüssig zu werden schienen. Ich verfolgte, wie sie sich angeregt über Neo-Synephrin im Sonderangebot unterhielten und war froh, daß wir bloß bei Winston waren, der meine Meinung offenbar nicht teilte, daß Montys Interessen so langweilig waren, daß man darüber in ein Koma fallen konnte. Ich wollte keinen neuen Freundeskreis.

Dadurch hatte ich viel Zeit für die Hausarbeit. Außerdem hatte ich nach meiner Heirat das Studium an den Nagel gehängt und auch keine Arbeit gesucht. Wir waren auf das Geld nicht angewiesen, und wie die überwiegende Mehrheit der jungen mormonischen Frauen meines Bekanntenkreises glaubte ich, Gott wolle, daß ich daheim blieb. Diese Beschränkung störte mich nicht im geringsten. Ich war so menschenscheu geworden, daß ich für mein Los dankbar war, wie man für jede gute Ausrede dankbar ist, die einen vor etwas Unangenehmem bewahrt. Ich machte mich daran, meine »Berufung« zur Hausfrau zu vervollkommnen.

Mein Bestreben wurde weder durch eine entsprechende

Erziehung noch durch natürliches Talent gefördert. Meine vornehme Mutter, der stets eine Haushaltshilfe zur Hand gegangen war, hatte mir die Ordnungsliebe nicht gerade eingebleut. Meine praktischen Fähigkeiten im Umgang mit Schmierseife und Polierspray, die uns irgendein Einfaltspinsel zur Hochzeit geschenkt hatte, waren eher beschränkt.

So begab ich mich in jenem ersten Sommer, als wir Montys Eltern besuchten, bei meiner Schwiegermutter in die Lehre. Akribisch und energiegeladen, wie sie war, schnurrte Amelia Brown in ihrem Aufgabenbereich wie eine perfekt laufende Maschine. Was Kniffe und Organisation anbelangte, war sie ein Genie, außerdem war sie eine Meisterköchin. Ihre bewundernswerteste Eigenschaft war jedoch in meinen Augen ihr grenzenloses Selbstvertrauen. Ihr Urteil darüber, was einen gut und was einen schlecht geführten Haushalt ausmachte, duldete keinen Widerspruch. Da gab es keine Diskussionen. Unter ihren Fittichen fiel allmählich die Anspannung von mir ab, und ich war sicher, daß ich in ihren Augen, und somit auch in Montys, eine perfekte Hausfrau werden würde, wenn ich ihre Anweisungen nur exakt befolgte.

Amelia lehrte mich, daß ich das Frühstücksgeschirr erst nach dem Mittagessen zu spülen brauchte, wenn ich es sorgfältig abgespült und ordentlich sortiert in den Spülstein stellte. Sie riet mir, den Braten beim Schmoren nur einmal zu wenden. Sie brachte mir bei, die Wohnzimmervorhänge auszuschütteln, ehe ich staubsaugte, und erklärte mir, wie ich das herrliche Kristall zu pflegen hatte, das sie uns zur Hochzeit geschenkt hatte. Auf ihr Geheiß hin räumte ich allwöchentlich die Haushaltsschubladen in unserer kleinen Wohnung auf, ich notierte sorgfältig ihre Rezepte und staubte regelmäßig die Kochbücher ab. Alle Regeln Amelias zu behalten und zu befolgen beanspruchte viel Zeit, obwohl unser Appartement recht klein war. Irgendwie vermochte ich jedoch ihren Vorstellungen von einer guten Hausfrau zu entsprechen, wenn ich heutzutage auch wieder zu der Sorte gehöre, die vor dem Chaos in einem Schrank steht und nicht weiß, wo sie mit dem Aufräumen beginnen soll.

Auch versuchte ich, meine Ehe zu hegen, indem ich mir ein Netz von Beratern aufbaute – meinen Bischof, meinen Bruder und meinen Psychiater. Ich sog den Rat anderer, wie sich mein Zusammenleben mit Monty verbessern ließe, wie ein Schwamm auf, besonders wenn es sich bei den »anderen« um Männer handelte, die für mich ja Autorität verkörperten. Ich verlangte verzweifelt nach jemandem, der mich lehren würde, glücklich verheiratet zu sein.

Nachdem ich mir diesen Beraterkreis aufgebaut hatte, ähnelte mein Tagesablauf dem der Leute in den Fortsetzungsserien im Fernsehen, wo jeder zu jeder Tageszeit Freund oder Feind aufsucht, um sich endlos in tiefschürfenden Gesprächen zu ergehen, ohne sich von etwas so Profanem wie Arbeit abhalten zu lassen. Ich schaltete von einem Programm zum nächsten, ein hohles Gefäß auf der Suche nach Erleuchtung.

Im Fall von Bischof Miles Rector erfuhr ich die Erleuchtung nie, aber nicht, weil er sich nicht bemüht hätte. Er war um die dreißig und nicht sonderlich wagemutig. Ein bebrillter, nüchterner Naturkundelehrer, dessen Kopf direkt auf dem Körper zu sitzen schien, die Sorte Mensch, die glaubt, daß Gott einen schon mit einer gewissen Zufriedenheit segnen wird, wenn man sich nur auf seine Aufgaben konzentriert und nicht zuviel brütet. Er schenkte mir geduldig seine Zeit, und seine Art war wohlmeinend, aber äußerst barsch.

»Versuchst du, mir weiszumachen, daß du Angst hast, etwas aus dir zu machen, weil du damit Monty in den Schatten stellen und dann hassen würdest?« bellte er mich während einer unserer zahllosen Sitzungen wütend an. Wie nahe er damit der Wahrheit kam! Er sagte es so, als gäbe es nichts Lächerlicheres. Und obschon ich ihm genau das zu erklären versuchte, leugnete ich es umgehend. Ich war selten in der Lage, Bischof Rector gegenüber meine wirklichen Gefühle zum Ausdruck zu bringen, denn ich glaubte, meine wahren Gefühle für Monty seien unchristlich.

Obwohl ich mich Bischof Rector nicht ganz anvertrauen konnte, und obwohl er keinen brauchbaren Rat für mich hatte, erforschte ich zum hundertsten Male seinen Gesichtsausdruck mit einer Eindringlichkeit, die jeden empfindsameren Menschen wild gemacht hätte. Ich glaubte, Gott habe ihn inspiriert, weshalb alles, was er mir zu sagen hatte, bedeutsam war, nur konnte ich es nicht richtig entschlüsseln.

Manchmal, wenn meine Sitzung bei Bischof Rector zu Ende war, fuhr ich nach Provo zu meinem Bruder. Oder er kam zu mir, vorausgesetzt, ich konnte ihn zu dieser Fahrt überreden. Wenn wir uns nicht treffen konnten, telefonierten wir stundenlang miteinander. Len schloß in jenem Jahr gerade sein Grundstudium an der BYU ab und lebte immer noch in der Wohnung, in der auch Monty gewohnt hatte. Da er dort immer noch mit zahllosen Mitbewohnern hauste, zerrte Len das Telefon vor die Haustür, um ungestört reden zu können. Im eiskalten Winterwetter tigerte er stundenlang in dem winzigen Eingang hin und her, wobei seine Ansichten seinen Kopf wie Nebelwolken umschwebten.

Er entwickelte sich zu einem Mann mit starren Werten, selbst seine Kleidung wurde immer steifer und einförmiger. Früher hatte er gerne einen Wildledermantel und schicke Stiefel getragen: Seit seiner Missionszeit jedoch trug er ordentlichst gebügelte Hemden in gedeckten Farben sowie unauffällige Pullover mit V-Ausschnitt in Kastanienbraun oder Marineblau. Sein Haar war auf unmodische Weise kurz geschnitten, angeblich weil er auch Mitglied der Nationalgarde war. Am augenfälligsten hatte sich jedoch seine Körperhaltung verändert, die schon während der Zeit des Erwachsenwerdens ab und an seine Schüchternheit hatte kaschieren müssen, jetzt aber war die Strenge ihm in Fleisch und Blut übergegangen. Immer öfter begann er an mich gerichtete Sätze mit schulmeisterlicher Betonung auf meinem Namen. »*Deb*orah! Du versuchst wirklich manchmal, deinen Mann zu ka*strieren*!« war so ein Satz, den er erregt ausrief; nicht so ganz zu unrecht, wie ich glaubte. Auf welcher Seite er stand, war bei all unseren Gesprächen eindeutig: Er war der Auffassung, diese Ehe müsse um jeden Preis aufrechterhalten werden, und ich war schuld an den Schwierigkeiten.

Es ist kaum möglich zu übertreiben, wenn ich beschreiben soll, wie sehr ich meinen Bruder immer geliebt hatte und ihn auch damals liebte, und natürlich nahm ich mir sehr zu Herzen, was er sagte. Ich bewunderte ihn mit meinem übertriebenen Minderwertigkeitskomplex, der mich beherrschte, wann immer ich mit Männern zu tun hatte. Und da meine Ehe so vor sich hin kümmerte, wandte ich mich auf der Suche nach Weisheit ihm zu – in dem Glauben, daß er mir mit seinen dreiundzwanzig Jahren und wesentlich weniger Erfahrung in Sachen Liebe den Schlüssel zu einer glücklichen Verbindung würde schenken können, weil er ja Priester war. Offen gestanden habe ich seinem priesterlichen Scharfsinn stets mehr vertraut als dem meines Ehemannes, denn Lens Umgang mit Gott kannte ich nun schon viel länger. Len belohnte mich dafür mit reichlich Rat und zorniger Mißbilligung, zehn Jahre lang.

Dritter in der Runde meiner Berater war mein Psychiater. Ich hatte ihn nicht ausgesucht, weil er ein einfühlsamer Zuhörer gewesen wäre, der meine Ehe irgendwie ins Lot bringen würde, sondern weil ich einen Arzt brauchte, dessen Wahl vor der Gemeinde Salt Lake Citys keinen Makel an mir hinterlassen würde, wenn das überhaupt möglich war.

Psychotherapie und dergleichen wurde von den Mormonen mit Argwohn bedacht. Die Kirchenobersten sagten, daß ein Arzt sich der Wissenschaft, nicht der Religiosität verschrieben habe und versucht sein könnte, Gottes Gesetze den eigenen hintanzustellen. (Daß die Leute nach einer Therapie weniger gefügig waren und anfingen, sich ihre eigenen Gedanken zu machen, wurde unter den Teppich gekehrt.) Als mein Bischof erkannte, daß wir bei dem Versuch, mein Gefühlsknäuel zu entwirren, nicht weiter kamen, bat ich ihn um die Adresse eines über jeden Zweifel erhabenen Beraters, woraufhin er mir Dr. Johnson empfahl, der sich dadurch auszeichnete, daß er ein entfernter Verwandter einer der höchsten Kirchenautoritäten war.

Dr. Johnsons Therapie beruhte darauf, mir einzuimpfen, was die Ehe guter Kirchenmitglieder ausmacht. Mit nicht zu übersehender Eitelkeit fuhr er sich wiederholt durch das rote Haar, während er die wichtigsten Punkte anhand seiner eigenen Ehe erläuterte. Als Beispiel für ein von der Kirche sanktioniertes, perfektes Verhalten in der Ehe, erzählte er mir, daß er beim Aufwachen den schlechten Atem seiner Frau ertrage, wenn sie sich liebebedürftig an seine Schulter kuschelte, schon bei Tagesanbruch erschöpft, denn sie war zum dreizehnten Mal schwanger. »Sie ist eine *gute* Frau, eine aufopferungsvolle Ehefrau und Mutter, und sie verdient meine Unterstützung. Ich schätze mich glücklich, mich so unter Kontrolle zu haben, ihr diese gewähren zu können«, erläuterte er in einem Taumel scheinheiliger Selbstbeweihräucherung.

Lange waren die vielen Stunden bei Dr. Johnson genauso vergeudete Zeit wie die mit Bischof Rector, und zwar aus demselben Grund. Ich konnte weder vor ihm noch vor mir selbst ehrlich sein, denn ich war mir nur allzu klar darüber, wie es sein *sollte*. Wenn ich zugab, daß mich mein farbloser Ehemann zu Tode langweilte und ich seine Forderungen satt hatte, daß es mein sehnlichster Wunsch war, er möge sich den Schädel einfahren, würde das nicht meinen Ruf, eine perfekte Gattin und Partnerin zu sein, ankratzen? Unbewußt war ich hundertprozentig linientreu, weshalb ich auch keine Möglichkeit sah, auszubrechen.

Trotz seiner beschränkten Fähigkeiten kann Dr. Johnson sich rühmen, daß ich ihn als Mentor in Ehren halten werde, war er doch der erste, der auf einen Punkt an meinem Körper und in meiner Seele deutete, der mir ganz allein gehörte. Ob er das so beabsichtigt hatte, sei dahingestellt.

Wir sprachen eines Tages über mein Liebesleben und ich beklagte mich darüber, daß ich dabei keinerlei Gefühle oder Höhepunkte erlebte, was mich überraschte, nachdem ich in unserer Verlobungszeit so leicht zum Orgasmus gekommen war.

»Masturbieren Sie jemals bis zum Orgasmus?« fragte Dr. Johnson. Er trug Kontaktlinsen, und während er das sagte, blinzelte er gerade so heftig, daß ich ein paar Sekunden lang abgelenkt war, ehe das Gesagte an mein Ohr drang. Diese kurze Unterbrechung schuf so etwas wie ein Vakuum, in das die Bedeutung seiner Worte mit aller Macht hineinexplodierte.

Er stellte diese Frage völlig ohne Wertung. Konnte es sein, daß er Masturbation für einen harmlosen Zeitvertreib hielt? Dr. Johnson, der Mann Gottes?

Um es milde auszudrücken, die Kirche hatte etwas gegen Masturbation. Selbstbefriedigung war eine direkt in die Hölle führende Rutschbahn. Die an junge Männer gerichtete Kirchenlehre (als ob nur Jungen in Versuchung geraten könnten) ist wohl am unvergeßlichsten in einem Pamphlet verewigt, das ein respektabler Kirchenoberster zu Zeiten meiner Pubertät geschrieben hatte, worin jungen Männern

Strategien anempfohlen werden, ihres Dranges Herr zu werden. Zur Vermeidung der Masturbation wurde geraten, die Speisen weniger zu würzen, die Hände an den Bettrahmen zu binden, damit man nicht im Halbschlaf masturbiere, oder zu beten. »Aber wenn ihr betet, nicht über das Problem, weil die Gedanken dann nur noch um dieses Thema kreisen«, lautete sein Rat.

Dr. Johnsons Toleranz hatte die Wirkung einer Granate. Ich war noch benommen von der Explosion, als mich das Nachbeben erfaßte: *Masturbation führt zum Orgasmus.*

Da tat sich etwas völlig Unerwartetes auf. Ich hatte nie begriffen, was an Masturbation so toll sein sollte, weil es für mich nie mehr als ein anfänglicher Erregungszustand war. Ich hatte keinen Schimmer, daß man das bis zum Höhepunkt treiben konnte. Jetzt saß ich vor Dr. Johnson und wußte, daß ich etwas entscheidend Neues erfahren hatte, das mein Leben verändern konnte.

Nach der Sitzung fuhr ich im glücklichen Dämmerzustand der Erwartung nach Hause und war froh, daß die Wohnung leer war. Ich warf mich bäuchlings auf das Bett und schwelgte in meinem Alleinsein. Ich masturbierte bis zum Orgasmus, ohne Kleider oder Schuhe ausgezogen zu haben. Es dauerte nur ein paar Minuten und war herrlich. Wie genoß ich das Gefühl, nicht sofort wieder in mein Untergewand steigen zu müssen; wie genoß ich es, keine Leidenschaft herbeizwingen zu müssen, um den Ekel vor Monty zu überdecken. Danach spürte ich jedes Nervenende in mir.

In den nachfolgenden Wochen entdeckte ich meinen Körper und meine Sexualität. Mein Verständnis von Sexualität war von prophetischen Männern mit eisigen Gesichtern geprägt, und doch glitt ich jetzt leicht und ohne Schuldgefühle in die glückliche Besessenheit meiner sinnlichen Phantasien.

Wenn ich mich niederließ, um »bis zum Orgasmus zu masturbieren« – dieser Satz setzte sich in mir fest wie ein Mantra –, fand ich einen Ort in mir selbst, der außerhalb des Zugriffes meiner Ratgeber war, und ich wußte, daß an diesen Geschenken für mich selbst nichts Schädliches war. Die Erlaubnis zu dieser Sinneslust schien einem sicheren, reinen Mittelpunkt zu entspringen, wo die Werte raumlos und zeitlos sind und es nichts Verruchtes gibt. Eine Zeitlang bemerkte ich gar nicht, daß dieser Kern meiner Persönlichkeit Lebensbereiche beeinflussen konnte, die gar nichts mit Sexualität zu tun hatten.

Die Hauptbefriedigung war jedoch nicht übersinnlicher, sondern physischer Art. Während ich »bis zum Orgasmus masturbierte«, spürte ich die Stärke meiner langen Beine, mein Blut und mein Gehirn, die Greifbarkeit meiner Jugend. Ich konnte mir vorstellen, länger als das Bett zu sein, konnte meinen Atem erfahren, als füllte er die Lungen mit Wohlgeschmack. Manchmal fuhr ich mir danach mit den Fingerspitzen die Arminnenseiten oder die Kniekehlen entlang oder strich über die Brustwarzen, und die Berührung durch den Pullover hindurch hätte nicht intensiver sein können, wenn man mir vorher die Haut abgezogen hätte. Ich erfuhr, daß meine Haut jede Falte meines Körpers mit einer empfindsamen Schicht bedeckte, daß Empfindungen nicht nur gelegentlich an den Lippen oder an der Klitoris aufflackern und Lust signalisieren.

Das war eine völlig neue Erkenntnis. Die Lehren meiner Jugend hatten sich so sehr auf Mystizismus und Geistlichkeit konzentriert, daß der Körper nur als Verpackung für den ewigen Teil meines Ichs behandelt wurde. Nie zuvor war es mir in den Sinn gekommen, daß der Körper *ich* war. Es war, als hätte ich meinen Zwilling entdeckt. Mein Körper schien von dem Teil, den ich zu kennen glaubte, getrennt zu sein. Ihn zu entdecken war ein Beginn, und über die nächsten fünfzehn Jahre verschmolzen die beiden Teile allmählich zu einem.

Ihn zu finden bereitete mir auch eine fast uneingeschränkte Lust. Es gab nur einen schmerzhaften Moment, und das war, wenn Gefühl und Denken kollidierten. Nach einem Orgasmus strich ich mir mit den Fingern leicht über das Gesicht und hielt dann plötzlich inne; eine bange Frage lähmte mich: *Ist das die einzige Freude, die ich jemals erfahren werde?*

Ein Blick in die Zukunft hat mich nie zu faszinieren vermocht. Nicht, daß ich einen Bogen darum gemacht hätte, aber seit meiner Heirat war meine Zukunft ja ohnehin geregelt. Monty und ich würden uns in der Kirche engagieren und wir würden Kinder haben. Jetzt hatte sich durch die Erfahrung mit der Selbstbefriedigung ein völlig unerwarteter Bereich eröffnet, der mir ungeahnt tiefe Gefühle bescherte, und ich fragte mich, was wohl noch vor mir lag, von dem ich keine Ahnung hatte. Was noch würde mir Vergnügen oder Schmerzen verursachen? Wie sehr würde ich mich noch verändern? Wie würde mein Leben weitergehen?

Es war eine Zeit tiefster Orientierungslosigkeit, für mich war die Welt aus den Fugen geraten. Und nachdem ich einen Schimmer von der Unberechenbarkeit des Lebens erhascht hatte, war es mir unmöglich, wieder mit solch unerschütterlicher Gewißheit an die völlige Vorbestimmung zu glauben. Die Möglichkeit, daß mich etwas Neues überfallen könnte, war allgegenwärtig und fraß sich in mein Gehirn. Also versuchte ich mich zu betäuben. Und während die Selbstbefriedigung zunächst dazu geführt hatte, mich selbst zu entdecken, war sie jetzt das Mittel, mich zu betäuben. Ich masturbierte dauernd, ich wurde eine regelrechte Orgasmusmaschine.

Manchmal stahl ich mich nach dem Abendessen, wenn ich damit rechnen konnte, daß Monty ein paar Minuten im

Bad sein würde, für einen weiteren heimlichen Orgasmus ins Schlafzimmer, der mich von dem Trübsinn jener Abende ablenken sollte. Einmal, als ich ein paar Meilen die Straße hinunter zum Hotel Utah fuhr, meinem Lieblingsrestaurant, wo es mittags leckere Suppen gab, schlüpfte ich nach dem Essen auf die Damentoilette, um mich gegen die Blechwand der letzten Kabine gelehnt zu befriedigen.

Ich entwickelte einen regelrechten Anspruch auf meine Selbstbefriedigung und war übelgelaunt, wenn die Umstände mir diese verwehrten. Als Montys Eltern einmal für eine Woche in der Stadt waren, gingen wir jeden Abend mit ihnen weg, bis ich mich eines Abends ausklinkte, um ich ein wenig Zeit für mich selbst zu haben. Sie glaubten, der Grund dafür sei meine Verlegenheit über den wackeligen Zustand unserer Ehe, aber damit konnte ich gut leben. Teilweise stimmte es ja sogar. Monty hatte ihnen nämlich in meiner Gegenwart anvertraut, daß ich ständig zu Bischof Rector rannte oder von Dr. Johnson aufgerichtet werden mußte. Es war mir unangenehm, daß sie das wußten.

In Wirklichkeit wollte ich bis zum Orgasmus masturbieren. Ich erfand eine Ausrede und fuhr dann zur Cottonwood Mall, einer von grauen Läden gesäumten Einkaufsstraße im Süden Salt Lake Citys. Ich klapperte die Läden ab und verbrachte einen miesen Abend mit dem Warten auf den Moment, wo ich sicher sein konnte, daß Monty und seine Eltern zum Essen ausgegangen sein würden.

Ich fuhr langsam nach Hause, die letzte halbe Stunde im dichten Schneetreiben. Der dicke Winterhimmel hing so tief, daß ich das Gefühl hatte, durch ein Rohr zu kriechen. Die glitzernden Straßen waren wie ausgestorben. In den engen Straßen der Innenstadt türmte sich rechts und links der vom Schneepflug geräumte Schnee, die Straßen waren aber schon wieder ganz weiß. Die Welt hat etwas Anheimelndes, wenn sie von Schnee bedeckt wird, und vielleicht wartete ich deshalb nicht mehr bis zu Hause. Ein paar Blocks von zu Hause entfernt beschloß ich, es an Ort und Stelle zu tun.

Ich lenkte den Camaro in eine Schneewehe und hielt an, um auf den winzigen Rücksitz des Sportwagens zu klettern. Eigentlich paßte ich da gar nicht hin, und so mußte ich mich krümmen wie ein Wurm. Und dann steuerte ich durch mehrere Schichten wärmender Winterkleidung auf mein Ziel zu. Ich war völlig vertieft und schon recht weit, als ich merkte, daß meine Autotür aufgerissen wurde.

In einem Anflug von Panik drehte ich den Kopf herum, konnte mich in dieser Sardinenbüchse von Auto aber nicht schnell genug auf den Rücken drehen. Ich lag also immer noch auf dem Bauch mit der Hand unter mir, als ich erkannte, wer es war.

Amelia Brown stand im Türrahmen. In ihrem hübschen. lockigen roten Haar, das sie kurz geschnitten trug, setzten sich alsbald die Schneeflocken fest. Mein Schwiegervater Freddie beugte sich über ihre Schulter, um auch in das Auto sehen zu können. In ihren Gesichtern spiegelte sich eine Mischung aus Ärger und Sorge, ein Gesichtsausdruck, den ich von meinen eigenen Eltern her kannte, wenn ich verkündet hatte, wegen Krankheit nicht zur Schule gehen zu können, und sie nicht ausmachen konnten, ob ich log oder nicht.

»Debbie, Liebling, alles in Ordnung?« fragte Amelia. Oder zumindest so etwas Ähnliches, denn ich versuchte, so lässig wie möglich auf den Rücken zu rollen, um sie genauer verstehen zu können.

»Ja, mir geht's gut. Ja«, erwiderte ich.

»Wir hatten alle keine Lust, essen zu gehen. Deshalb sind wir auf dem Weg zurück ins Hotel. Wir haben dein Auto erkannt.«

»Ja, ja«, nickte ich, darauf bedacht, irgend etwas zu sagen.

»Du solltest in der Kälte nicht hier draußen sein«, sagte

sie. »Ich weiß, daß es zu Hause schwierig ist, aber fahr jetzt zurück.«

»Ja, ist gut«, versprach ich.

»Hast du geweint? Dein Gesicht ist ganz erhitzt.«

»Am liebsten *würde* ich weinen.«

»Nun ja, egal, wie die Dinge derzeit zwischen euch stehen, du kannst die Nacht nicht auf der Straße verbringen.«

»Nein, das hilft ja auch nicht weiter«, stimmte ich ihr zu.

»Also fährst du jetzt nach Hause?«

»Ja.«

Dann gingen sie. Als sie fort waren, machte ich weiter.

Fünf

Ich war nicht die erste Frau, die in ihrer Sexualität eine plötzliche Unabhängigkeit entdeckte und dann merkte, daß diese Unabhängigkeit ihr nicht genügte. Es war noch ein langer Weg bis zu der Erkenntnis, daß ich mein Leben selbst in die Hand nehmen mußte. Ich hatte noch nicht genug meiner selbst erobert, um das Maß meiner Verzweiflung wahrzunehmen. Ich brauchte jemanden, der mich mit der Nase auf mein jämmerliches Leben stieß, einen Mitverschwörer, und ich fand einen in meiner alter Freundin Hannie.

Hannie war meine Zimmergenossin an der BYU gewesen, ehe sie Dickie Gardiner geheiratet hatte und ihr erstes Kind bekam. Während des Studiums war sie ein hüsches Mädchen mit fast immer rosigen Wangen, kräftigem, gewelltem, karamelfarbenem Haar gewesen, weshalb sie sich um ihr sonstiges Aussehen nie Sorgen zu machen brauchte. Aber sie benutzte ihren Kopf auch zum Denken, was in den mir zugänglichen Kreisen eher die Ausnahme war. Eines ihrer Hochzeitsgeschenke für mich war eine vielgelesene Taschenbuchausgabe von Joyces *A Portrait of the Artist as a Young Man*. Ich hatte immer geglaubt, sie sei für etwas Ungewöhnliches bestimmt, weshalb ich sehr überrascht war, als sie wie alle anderen auch heiratete.

Noch überraschter war ich, daß ihre Wahl auf Dickie gefallen war, einen Burschen, alles andere war als charmant. Er war ein gescheiter, nüchterner junger Mann, der gerade von der Mission zurückgekchrt war, nie herumalberte und

Staatsanwalt werden wollte. Die wenigen Male, die wir uns alle vier trafen, parkte er seinen untersetzten Körper in unserem Wohnzimmer und diskutierte mit Monty darüber, wie wichtig Recht und Ordnung zu Hause und allgemein im Leben seien. Darin erschöpfte sich jedoch sein Diskussionsbeitrag: Dickie war für Gesetz und Ordnung, aber Feinheiten herauszuarbeiten machte er sich nicht die Mühe.

Ich hatte nie so ganz begriffen, warum Hannie ihn geheiratet hatte, brachte dies aber nicht so direkt zum Ausdruck, schließlich wollte ich ja auch nicht mit einer solchen Frage brüskiert werden. Irgendwann rückte sie freiwillig damit heraus, daß sie im Gebet erkannt hatte, es sei richtig, Dickie zu ehelichen. Müde fügte sie hinzu, daß sie immer noch glaube, Gott habe ihrer Ehe den Segen gegeben.

Unsere Schicksale ähnelten sich, ihre Situation war aber noch schlimmer als meine. Während meine Ehe ein Reinfall war, geprägt von Gefühllosigkeit und fehlender Harmonie, war ihre Ehe ein Martyrium. Sie hatte keinen besonderen Spaß am Sex, weshalb ihr Dickie im Bett laut aus Sexualkundebüchern vorlas, die er aus der Universitätsbücherei ausgeliehen hatte, als läge der Schlüssel zur Leidenschaft in der Fähigkeit, Geschlechtsteile exakt benennen zu können. Immer, wenn sie gerade in den Schlaf gleiten wollte, so erzählte Hannie, las Dickie laut vor und hopste auf der Matratze herum. Als sie einmal trotzdem eingeschlafen war, packte er sie an den Schultern und schob sie mit dem Kopf hart gegen das Kopfteil des Bettes. Bei anderer Gelegenheit zerrte er sie die Treppen hoch zu ihrer Wohnung, weil sie gerade ins Kino gehen wollte, anstatt mit ihm einen intimen Abend zu verbringen.

Mit tonloser Stimme, wie ich sie überhaupt nicht an ihr kannte, sagte sie: »Ich kann dir gar nicht sagen, welche Angst ich habe, daß mich der Mann, der mich in den Himmel geleiten soll, eines Tages verprügeln wird.« Ich glaube, dazu ist es nie wirklich gekommen, aber ihre Furcht davor, ob eingebildet oder real, schwebte immer über dieser Ehe.

Ich begann, Hannie fast täglich zu besuchen. Wir hockten auf ihrem schmuddeligen, geliehenen Sofa und tranken Cola oder Limo aus Gläsern, die sie zur Hochzeit geschenkt bekommen hatte. Ich war mir bewußt, daß wir alles im Übermaß besaßen, was wir uns nur wünschen konnten, alles, was Gott für uns bereithielt, alles, was andere junge Ehefrauen, die wir kannten, mit Zufriedenheit erfüllte. Dadurch, daß Hannie schwanger war, hatte sie sogar mehr als ich, aber das half ihr auch nicht weiter. Ihre Wangen waren farblos geworden, ihr Haar hing schlaff und fade herunter, als hätte sie es gebleicht. Sie hielt es nur noch mit einem Gummi zusammen, nicht mit einem Band oder einer Spange, so daß der herausgewachsene Haarschnitt nicht auffiel. Ein Zeichen dafür, daß ihr sogar ihre Frisur egal war. Selbst ihr wunderbares, von lebhafter Mimik begleitetes Geschnatter hatte sich verloren.

Nur wenn ich ihr Unglück vor Augen hatte, wissend, daß sie nicht grundlos herumjammerte, hatte ich das Gefühl, meinen eigenen Schmerz zu verdienen. Dies waren die einzigen Augenblicke des Tages, an denen Geist und Gefühl meinen Körper wirklich ausfüllten.

Immer und immer wieder blätterten wir auf der Suche nach ehelichem Rat durch alte Ausgaben der Kirchenmagazine *The Improvement Era* und *The Ensign*, in denen die Generalautoritäten regelmäßig Artikel veröffentlichten. Hannie hatte die Hefte während der vergangenen zehn Jahre gesammelt. Im Grunde war schon damals die zunehmende Panik der Kirchenobersten angesichts der sich in Amerika ändernden Einstellung zum Sex durchaus herauszuhören, wenn über das Thema Ehe und Scheidung gesprochen wurde. 1964 ermahnte Mormonenpräsident David O. McKay Männer wie Frauen eindringlich, daß das Versagen in der

Familie durch keinen noch so großen anderweitigen Erfolg wettgemacht werden könne, eine eher ermutigende Maxime, die noch nicht die Beunruhigung durchscheinen ließ. Ende 1972, als Hannie und ich nach Antworten suchten, war der Ton, teilweise als Reaktion auf den Feminismus, schon schärfer geworden.

Wir stießen auf eine speziell an Frauen gerichtete Mahnung McKays, die direkt in das verabscheuungswürdige Zentrum meiner eigenen Rastlosigkeit zu zielen schien: »Eine Frau, die aus selbstsüchtigem Begehren ihr Heim zerbrechen läßt, bricht die Gelübde, die sie im Hause des Herrn abgelegt hat.« Ein anderer Kirchenoberster, James Cullimore, hatte im Vorjahr geschrieben, daß »eine Scheidung im allgemeinen darauf zurückzuführen ist, daß einer oder beide nicht das Evangelium gelebt haben«, eine Mahnung, die mich, als ich sie Hannie vorlas, mit unerklärlicher Scham erfüllte. Die nachhaltigste Wirkung hatte eine Ansprache, die Thomas Monson verfaßt hatte, der in den Jahren seither die Kirchenhierarchie erklommen hat und eines Tages wahrscheinlich Präsident der Mormonen werden wird. Sie trug den Titel »Frauenbewegung: Befreiung oder Betrug?«, und Hannie und ich nahmen nach der Lektüre an, daß wir aus gutem Grund in einer lieblosen Ehe litten.

»Solange die mormonische Frau an dem bescheidenen Ideal eines Heimes und eines glücklichen Familienlebens festhält, so lange sie den Sinn ihrer Schöpfung darin begreift, Gefährtin und Gattin zu sein, … so lange ist die Kirche und die Nation nicht gefährdet«, schrieb Monson. Emanzipierte Frauen, die nur ihre persönliche Freiheit und ihre Karriere zum Ziel hätten, etikettierte er als »sündige Rattenfänger, die die Frauen ihrer heiligen Rolle entfremden und sie auf irrige Pfade schicken wollten«. Er ermutigte alle Frauen, drei Maximen zum Leitbild der siebziger Jahre zu machen: »Unterstütze deinen Gatten, festige dein Heim, diene deinem Herrn.« Frauen, die sich bei der Erfüllung dieser unsichtbaren Aufgaben nicht bestätigt fühlten, bot er folgende, in seinen Augen wahrscheinlich tröstliche Anekdote zum Beweis dafür an, daß ihrer Arbeit durchaus Anerkennung gezollt werde: »Ich glaube, Ihre Familie weiß sehr wohl zu schätzen, was Sie leisten. In einer Klassenarbeit in der Unterstufe wurde über das Thema Magnetismus geprüft. Die Frage lautete: ›Was fängt mit M an und hebt Gegenstände auf?‹, wobei die Antwort ›Magnet‹ auf der Hand lag. Mehr als dreißig Prozent der Schüler hingegen antworteten mit ›Mutter‹.« Aber bereits zu jenem Zeitpunkt hinterließ diese Geschichte in mir einen faden Nachgeschmack.

Hannie und ich gehörten eigentlich gar nicht zur Zielgruppe dieser Botschaft. Wir wollten ja nicht aus der Ehe ausbrechen und Karriere machen. An der Ehe als solcher zweifelten wir nicht, nur an unserer eigenen. Während ich Monsons Kommentare las, durchströmte mich ein Schwall der Erleichterung darüber, daß ich dem Fiasko am Tage nach meiner Hochzeit keine Taten hatte folgen lassen. Möglicherweise zum letztenmal war ich froh, doch bei Monty geblieben zu sein.

Dann fingen Hannie und ich an, gemeinsam einkaufen zu gehen. Morgens stand sie, gegen ihre Übelkeit ankämpfend, ewig unter der Dusche, als erholte sie sich nur langsam unter der Einwirkung des prickelnden Wasserstrahls. Danach zog sie sich an, und wir fuhren zu Albertson.

Wir schoben den Einkaufswagen voller Hackfleisch und anderer Zutaten für einen Auflauf zwischen den Regalen herum und kramten Erinnerungen an die Uni hervor, Geschichten, die zwar erst acht oder neun Monate zurücklagen, aber so weit entfernt wie meine Kindertage schienen. Mit meinem Äußeren hatte ich mir an jenem Tag ein wenig Mühe gegeben, was immer seltener vorkam, und so erblickte ich mein Spiegelbild in der reflektierenden Glastür des

Kühlregals mit den Milchprodukten. Wie Hannie hatte ich mein Haar zu einem Pferdeschwanz zusammengefaßt, aber zusätzlich einen sehr kräftigen roten Lippenstift aufgelegt. Ich trug leuchtend gelbe Baumwollhosen und eine strahlendweiße Bluse.

Dieses Spiegelbild hätte mir ein vertrauter Anblick ohne große Bedeutung sein sollen, war es aber nicht. Ich fand mich merkwürdig verändert: Die knalligen Farben stellten mich völlig in den Schatten. Mein Gesicht, besonders meine Augen, waren durch meine Kleidung und mein Make-up dermaßen ins Hintertreffen geraten, daß die Umrisse kaum wahrnehmbar waren.

Ich trat näher an die Glastür heran, um mich deutlicher sehen zu können, statt dessen sah ich Hannie gleich hinter mir, wie sie teilnahmslos darauf wartete, eine Milchtüte nehmen zu können; sie hatte die Lebhaftigkeit eines Stillebens. Mein Blick wanderte zwischen ihr und ihrem blassen Spiegelbild hin und her, und es wurde mir ganz flau, als ich erkannte, daß wir beide gleichermaßen fahl wirkten.

Wir waren junge Frauen, und der Höhepunkt in unserem Leben bestand aus einem Ausflug in den Supermarkt. Wir verkümmerten! Eigentlich hatte ich mir mein Schicksal schon so vorgestellt, heiraten, und dann das Eintauchen in das alltägliche Leben. Jetzt war ich schockiert über meine fade Unauffälligkeit, mein allmähliches Verschwinden ins Nichts. Mir wurde richtiggehend übel, als ich plötzlich erkannte, daß ich auch mit einer Scheinwiederbelebung durch Selbstbefriedigung nicht mehr die Leere in mir würde füllen können, die ich so verzweifelt zu ignorieren versuchte.

Der Raum fing an, sich zu drehen, ich streckte einen Arm aus und preßte meine Handfläche so fest gegen die Kühlschranktür, daß die Fingerabdrücke auf dem Glas wie aufgemalt aussahen. Hätte Hannie mich nicht gestützt, wäre ich wahrscheinlich umgekippt.

Statt dessen sagte ich etwas zu ihr wie: »Ich weiß, ich darf Monty nicht verlassen, aber mir ist gerade aufgegangen, daß ich auch nicht länger bei ihm bleiben kann. Ich weiß nicht, wie ich weitermachen soll.«

Ich hatte eine gefährliche Grenze überschritten, hatte endlich erkannt, daß ich nicht die Stärke oder vielleicht nicht die Unempfindlichkeit besaß, mich noch tiefer in eine Rolle zu versenken, die mir keine Freude bereitete.

Ich hörte auf, die gute Ehefrau zu spielen. Morgens stand ich nicht mehr auf, um Monty das Frühstück zu machen. Ich tat so, als schliefe ich, wenn er im Schlafzimmer seine Socken und Hemden suchte und sich dermaßen mit seinem kräftigen Deo einsprühte, daß es mir fast den Atem nahm. Das Gewicht seiner Gegenwart lag wie eine Hantel auf meiner Brust.

Ich ging nicht mehr regelmäßig einkaufen, bekam nichts Gescheites mehr in den Ofen, selbst wenn ich es geschafft hatte, irgend etwas Eßbares anzuschleppen. Wenn Monty am späten Nachmittag von der Uni heim kam, lag ich immer noch im Bett, und der Boden war übersät mit Zeitungen und mit Rezepten, die ich aus *Good Housekeeping* herausgerissen, aber noch nicht in mein Kochbuch eingelegt hatte. Er stand in der Schlafzimmertür und blinzelte in die Dunkelkeit, die ich mit über die hellen Schlafzimmervorhänge geworfenen Wolldecken geschaffen hatte, bis er meine Umrisse auf dem Bett ausmachen konnte. Dann knallte er die Tür wütend zu, so daß wir in getrennten Bereichen der Wohnung unser Dasein fristeten.

Ich ging nicht mehr zum Klavierunterricht, ich besuchte nicht mehr die Frauenversammlungen, ich schlüpfte nicht mehr in Montys Arme, wenn er und sein Kondom mit dem Vorsatz, sich feuchtkalt in mich zu drängen, nachts ins Bett stiegen. Zunächst weinte ich noch vor mich hin, abgeschottet in dem kleinen düsteren Schlafzimmer, aber nach einiger Zeit weinte ich nicht einmal mehr. Fast den ganzen Tag dämmerte ich vor mich hin. Manchmal schaffte ich es bis zur Wohnzimmercouch, als könnte ich dort wach bleiben oder irgend etwas in Angriff nehmen, aber dann döste ich dort weiter.

Ich kam dem Tod so nahe wie möglich, denn nur, wenn ich davon überzeugt war zu sterben, wenn ich bei Monty blieb, konnte ich mir gestatten, Monty zu verlassen. Vom Tode bedroht zu sein war vielleicht eine Entschuldigung, die Gott annahm. Es hieß ja auch, Er billige eine Abtreibung, wenn das Leben der Mutter gefährdet war.

Ich hatte keine Ahnung, daß ich auf der Welt war, um selbst zu entscheiden, wie ich mein Leben gestalten wollte; im Supermarkt hatte ich zum erstenmal eine eigene, einsame Entscheidung getroffen. Um Gott zu beschwichtigen, mußte ich dafür in Form von Ängsten und anderen Qualen büßen, ehe ich diese Entscheidung verwirklichte.

Der Selbstmordversuch, den ich schließlich unternahm, war weder gut durchdacht noch sehr wirksam, und, schlimmer noch, er war überhaupt nicht überzeugend. Als mich Monty aus der Wohnung hinaus zum Krankenhaus beförderte, dachte ich an Dr. Johnson und all die anderen, die ich um das Rezept für ein zufriedenes Leben angebettelt hatte. Die mußten doch jetzt einsehen, daß sie sich überzeugendere Antworten als die seichten Phrasen einfallen lassen mußten.

Ich konnte noch zum Auto laufen, denn ich hatte meinen Selbstmordversuch inszeniert, während Monty im Wohnzimmer Zeitung las. Er mußte mich innerhalb weniger Minuten finden. In einem becherhohen Fläschchen hatte ich reichlich Beruhigungstabletten aufbewahrt, die mir unser Hausarzt gegeben hatte, als ich noch zur Uni ging. Auf der

BYU hatte ich die Beruhigungsmittel nicht gebraucht, aber an jenem Tag schob ich mir in der Diele die Pillen mit vollen Händen in den Mund und würgte keuchend. Meine Bewegungen waren so hektisch und ungeschickt, daß ich die Hälfte auf dem Boden verteilte. Unsere Haushaltsführung war dermaßen aus den Fugen geraten, daß weder Monty noch ich sie später wegsaugten. Nach einer Weile waren sie plattgetreten und der pulvrige Inhalt der Kapseln in den braunmelierten Teppich eingetreten.

In der Notaufnahme schob mich jemand in eine mit Vorhängen abgeteilte Kabine und gab mir ein Becherchen Brechwurzel, das so klein war, daß ich es mit meiner Hand umschließen konnte. Es war aber ganz voll. Nachdem ich in eine Nierenschale erbrochen hatte, kam Monty herein und baute sich mit verschränkten Armen am Fuß des Bettes auf. Die Wände und der Boden und die Vorhänge waren sehr weiß, und inmitten dieser ganzen Kühle strahlte er die wütende Hitze eines Schürhakens aus. Schläfrig und wehrlos wie ich war, kam es mir so vor, als habe er mich ganz und gar durchschaut. Seine Eltern waren in jener Woche wieder einmal in der Stadt, und alles, was ihm einfiel, war: »Das hast du bloß gemacht, um meinen Eltern den Aufenthalt hier zu verderben.« Er hatte schon lange zuvor die Geduld mit mir verloren.

Hinter dem Vorhang hörte ich rasche Schritte und erhobene Stimmen; ein Unfallopfer war eingeliefert worden. In meinen Schläfen tobte der Kopfschmerz, und ich glaubte, mir sprängen gleich die Augen aus den Höhlen. Ich dachte: »Bloß gut, daß Monty mich so satt hat, ich verlasse ihn nämlich.« Ich dachte es so teilnahmslos, als hätte ich diesen Gedanken schon tausendmal gehabt, und so leidenschaftslos, als handelte es sich um eine Empfehlung von Dr. Johnson, mit meinem Leben klarzukommen. Dabei hatte ich diesem Gedanken äußerst mühevoll den Weg bereitet.

Um kein Risiko einzugehen, behielten sie mich noch ein paar Stunden im Krankenhaus. Irgendwann schaute Dr. Johnson herein. Unter meinen schweren Augenlidern hindurch sah ich jedoch, daß sein Gesichtsausdruck von nur wenig mehr Mitgefühl zeugte, als mein Mann aufbringen konnte. Nachdem wir wieder zu Hause waren, schlief ich in meinem Refugium endlose Stunden und kam nur manchmal zu mir, dann aber mit dem klaren Gedanken, daß ich mich der Zukunft allein stellen würde.

Irgendwie schaffte ich es, einen höheren Gang einzulegen. In den Tagen nach dem Schlafmitteltrip funktionierte ich wie eine Brieftaube, die ein Ziel ansteuert, ohne daß man weiß, wie und warum. Es war etwas Zwangsläufiges in allem, was ich tat: in den plötzlichen Bewegungen meiner Arme, wenn ich, während Monty im Unterricht war, das blaugeblümte Geschirr einpackte; in der Art, wie ich die Röcke und Blusen und Socken auf dem Boden stapelte, wobei ich aussortierte, was vor meinem Auszug weg konnte. Mir schwebte Florida vor. Es wühlte mich sehr auf, mich mit dem Gedanken der Scheidung auseinanderzusetzen, ich war auch nicht ehrlich bezüglich meiner Absichten; ich erzählte Monty, daß ich das Geschirr wegpackte, um mehr Platz auf den Regalen zu haben, und daß ich einen Frühjahrsputz machen wollte. Aber ich ließ mich nicht von meinem Entschluß abbringen.

Ich erzählte Hannie, daß ich dabei war, fortzugehen. In ihrer lauen Art, die so charakteristisch für sie geworden war, unterstützte sie mich sogar ein wenig. Sie lieferte einen Grund für meine Entschlossenheit: »Im letzten Jahr hat sich halt bestätigt, wie dein Leben mit Monty aussehen wird. Vorher war es nur die vage Angst davor, daß es so sein würde, aber du hast dem Ganzen wenigstens eine Chance gegeben.« Sie glaubte, daß Verzweiflung die treibende Kraft hinter meinem Entschluß war, und das glaubte ich auch.

Seitdem habe ich viel darüber nachgedacht, was Verzweiflung wirklich ist. In manchen Fällen (und ganz sicher in diesem) ist es wohl ein ermutigender Anstoß, der von einem unerreichbaren Teil unserer Seele ausgesendet wird, der um unsere wahren Bedürfnisse weiß. Vielleicht ist die Botschaft als seelischer Schmerz verkleidet, weil uns erst der Schmerz bewegt, etwas zu verändern.

Ich glaube, als ich Monty verließ, leitete mich etwas Zuverlässigeres als mein Instinkt – ein unbewußtes Begreifen, das mich endlich befähigte, dem Rat der Kirchenobersten, den Lehren meiner Familie und meiner eigenen Vorstellung von einem achtenswerten Leben den Rücken zu kehren. Meine Seele kannte den Weg aus der Perspektivlosigkeit und wußte auch, daß ich für eine Verbindung mit einem Mann noch nicht reif war. Sie wies mir den Weg, so daß ich die Chance erhielt, allein erwachsen zu werden.

Monty verschwand aus meinem Leben nicht schmerzlos, aber schnell. Mein Vater hatte einen unglaublich rasanten Rechtsanwalt ausfindig gemacht, der die Scheidung binnen zwei Wochen durchzog, als hätten wir aus einer Laune heraus in Reno geheiratet. Vater kam sofort nach Utah geflogen, als Monty das letztemal die Tür hinter sich zugeknallt hatte, und er vergrub sich während der zwei Wochen bis zu dem anberaumten Gerichtstermin mit mir zusammen in der Wohnung. Am Anfang fand ich dieses enge Beisammensein sehr anstrengend, denn ich hatte nie viel Zeit mit meinem mir auch nicht sehr nahestehenden Vater verbracht. Seine Karriere in der Versicherungswirtschaft hatte ihm während meiner Kindheit nicht viel Zeit für seine Familie gelassen. Außerdem war ich wegen meiner Situation sehr befangen. Ich hatte geglaubt, daß mein Vater mir zürnen würde, jetzt da die Ehe endgültig zerrüttet war.

Zu meiner Überraschung war die Scheidung für ihn aber ein Thema wie Familienplanung, bei dem er sich über die Tiraden der Generalautoritäten schlicht und ergreifend hinwegsetzte. Er behandelte meine Scheidung wie einen schrecklichen Autounfall, den zwar keiner gewollt hatte, der jetzt aber vor Gericht geregelt werden mußte. Er akzeptierte die Scheidung mit Trauer, jedoch ohne ein Wort des Vorwurfs.

Ein paarmal umarmte er mich sogar, als wir auf dem Sofa saßen und mich eine erschöpfende Mutlosigkeit packte, die sich auf meinem Gesicht breitmachte, als alterte ich sichtlich. Er hielt mich fest und wiegte mich ein wenig, eine seltene Vertraulichkeit, die wir uns wohl kaum wieder gewähren würden. Zum erstenmal erkannte ich, daß meinem Vater mein Glück wichtiger war, als mich verheiratet zu wissen. Da dieses Gefühl von meinem Vater kam, der Verkörperung alles Göttlichen auf dieser Welt, fragte ich mich, ob mir vielleicht eines Tages sogar die Scheidung verziehen werden würde.

Meine Scheidung von Monty fand am Valentinstag statt, nur neun Monate nach unserer Trauung.

Ich fuhr allein zum Gericht in der Stadtmitte und ertrug einige Fragen, die von einem weltverdrossenen, ergrauten Richter gestellt wurden. Er sprach so schnell und mit vor Langeweile versteinerter Stimme, daß ich mir nicht ganz sicher war, ob ich seine letzte Frage richtig verstanden hatte.

»Wenn ihr Ehemann sagen würde, ›Deborah, ich liebe dich, ich möchte, daß du zurückkommst‹, würden Sie dann zurückgehen?« fragte der Richter.

Als ich nein sagte, erklärte er uns für geschieden.

»Sie dürfen nicht vor morgen früh acht Uhr dreißig wieder heiraten«, sagte er tonlos.

Und das schockierte mich. In einem ersten Anflug, mich öffentlich für die Scheidung verteidigen zu müssen – ein

Gefühl, das mich noch oft überfallen sollte – hoffte ich, daß es nicht mein Verhalten war, das ihn zu dieser Bemerkung hingerissen hatte. Ich hatte die Scheidung doch nicht aus einer Laune heraus eingereicht. Es lag mir am Herzen, daß er dies erkannte.

»Entschuldigen Sie, aber sind Sie Mitglied der Kirche?« fragte ich höflich. In Utah gibt es zahllose Religionen, aber nur eine Kirche. Ich war bereit, mich mit dieser Kirche zu identifizieren und einen Monolog über meine Überzeugungen bezüglich des Stellenwertes der Ehe vom Stapel zu lassen.

»Junge Frau, ich kann mir nicht vorstellen, wie Ihnen ein solches Wissen von Nutzen sein könnte«, erwiderte der Richter und vertiefte sich in den nächsten Stapel Papier.

Ich schritt in einen glitzernden Morgen hinaus; die Sonne wurde von den Schneewehen reflektiert, die in der Wärme allmählich sanftere Konturen bekamen. Die Stadt wirkte immer noch freundlich mit dem strahlenden Schnee; nur um die Gullys herum zeugte schmutzig grauer Schneematsch vom nahenden Frühling. Auch ich fühlte mich sauber und beinahe ein wenig schwach, als wäre ich aus einem zu heißen Bad gestiegen. Ohne Überraschung stellte ich fest, daß ich Monty nicht vermißte. In diesem Augenblick war das Gefühl, ihn nicht zu vermissen, so stechend, wie ihn zu vermissen.

In den folgenden Monaten und Jahren vermißte ich ihn nie. Die Erinnerung an seine Gegenwart glitt aus meinem Denken wie Eiweiß aus der Schale. Dessen war ich mir bereits gewiß, als ich zum erstenmal als freie Frau in die Sonne blickte.

Sechs

Die frühen siebziger Jahre verbrachte ich hauptsächlich damit, gegen eine Hierarchie von Ehrenmännern anzukämpfen, die entschlossen waren, mir mein Vorleben vorzuhalten, als wäre es skandalös. Ich fühlte mich von dieser Verfolgung gedemütigt. Aber was da stattfand, habe ich erst später als Verfolgung bezeichnet, weil ich zunächst an meine eigene Schuld glaubte.

Anders konnte ich gar nicht denken. 1973 hatte eine kleine Gruppe mormonischer Frauen zwar bereits begonnen, mit Bewußtseinsbildung zu experimentieren und den Begriff des Feminismus aufzugreifen, aber ich hatte nie eine davon persönlich gekannt. Die Ungeheuerlichkeiten, die mir in dem Jahr nach meiner Scheidung von Monty widerfuhren, waren ohnegleichen. Allerdings fragte ich mich nie, ob Monty nach der Scheidung eigentlich eine ähnliche Behandlung erfuhr. Wahrscheinlich diskriminierte man mich nicht einmal vorsätzlich. Obwohl ich für die Kirchenobersten keine Entschuldigung suchen möchte, glaube ich dennoch nicht, daß sie mir absichtlich das Leben zur Hölle machten. Dieses Martyrium voller Anklagen und Drohungen, die mich zermürbten, bis meine Nerven bloßlagen, entsprang keinem bewußten Plan. Der Kampf verlief automatisch, sowohl für die, die meine religiöse Rehabilitation bekämpften, als auch für die, die für mich kämpften. Wir alle waren das Produkt unserer Kultur.

Die niederschmetterndste Verurteilung kam von den Generalautoritäten, die mich nach meiner Scheidung über

Bischof Pruitt in meiner Heimatstadt dazu aufforderten, mich schriftlich über mein Sexualleben zu äußern. Nach der Scheidung war ich im Haus meiner Eltern in Florida untergekommen, und Bischof Pruitt suchte mich dort in seiner Funktion als Einpersonen-Kirchengericht auf. Er saß in einem mit rosa Rüschen verzierten Sessel in meinem Zimmer, und da die Tempelheirat bei den Mormonen eine so ernste Angelegenheit ist, nahm er mich ins Gebet, warum meine Ehe nicht überlebt hatte.

Bei dieser Unterredung war ich manchmal hilflos. Einem netten, etwas zerstreuten Techniker, der gleichzeitig mein religiöser Führer war, vermochte ich einfach nicht zu sagen: »Ich befand mich in einer Falle, mein Leben war eine Sackgasse ohne Perspektiven.« Eine solche Erklärung konnte einfach keine gute Entschuldigung sein. Deshalb berichtete ich über Streitigkeiten zwischen Monty und mir, bis Bischof Pruitt mir Einhalt gebot. »Der Grund für deine Scheidung liegt einfach in einer mangelhaften Vorbereitung auf die Ehe«, sagte er.

Was natürlich nicht bedeutete, daß man meinen jugendlichen Leichtsinn entschuldigen konnte: Bischof Pruitt erklärte, er müsse meine Tempelempfehlung rückgängig machen. Das war die Standardreaktion der Kirche auf Scheidung; eine äußerst symbolhafte, denn das Privileg, den Tempel zu betreten, wird nur würdigen Menschen verliehen. Trotz der völlig harmlosen Bewertung Bischof Pruitts, warum die Ehe auseinandergegangen war, geriet ich aufgrund der Scheidung bei den Generalautoritäten in den Verdacht, mit jedem ins Bett zu gehen. Ihnen kam wohl überhaupt nicht in den Sinn, daß etwas anderes als sexuelle Ausschweifung zur Auflösung einer Ehe führen könnte. Um meine Tempelempfehlung wiederzuerlangen, wurde mir auferlegt, den Generalautoritäten meine sexuellen Aktivitäten in allen Einzelheiten schriftlich darzulegen. Vor den Augen aller, die ich kannte, hundertmal an die Tafel schreiben zu müssen »Ich bin keine Jungfrau mehr« hätte auch nicht schlimmer sein können.

Trotz der Peinlichkeit gab ich mir aufrichtige Mühe mit den Briefen. Ich habe die vorgeschriebenen Berichte aufgehoben, sie sind ein wenig verkleckst und voller zwischen die Zeilen gequetschter Wörter und Sätze auf der Suche nach einem Wortlaut, der meine Kirchenführer gnädig stimmen sollte.

Mein unverhohlenes Verlangen nach Absolution seitens des Mannes, dem ich am meisten auf der Welt vertraute, der die Magie besaß, mich von Makel zu befreien, jagt einem beim Lesen Kälteschauer über den Rücken.

»Sehr geehrter Präsident Spencer Kimball! Mein Bischof trug mir an, mich nochmals an Sie zu wenden und zu betonen, daß ich zu keinem Zeitpunkt vor meiner Ehe oder nach meiner Scheidung eine sexuelle Beziehung hatte und daß ich meinem Mann in der Ehe stets treu war«, schrieb ich in dem letzten Brief, achtzehn Monate, nachdem die Scheidung rechtskräftig geworden war. »Diesem meinem Grundsatz bin ich stets treu geblieben, und ich strebe in jeder Hinsicht danach, das Evangelium zu leben. Das Evangelium bedeutet mir sehr viel, und ich wünsche mir aufrichtig, darin wieder einen gebührenden Platz zu finden. Ich weiß, daß ich mit Ihrer Hilfe dazu in der Lage sein kann. Vielen Dank für Ihre Aufmerksamkeit und Ihre Fürsorge. Es ist tröstend zu wissen, daß es Sie gibt.«

Ich glaubte, der Präsident der Mormonischen Kirche läse meine Briefe und war ein wenig verletzt, daß er nie antwortete. Aber wahrscheinlich hatte er ja viel zu tun.

Selbst über diese Demütigung hinaus brannte der Makel in mir. Eines Tages hatte ich während der Andacht in der Clearwater-Kapelle, in die ich als Teenager gegangen war, das merkwürdige Gefühl, daß meine Genitalien unter meinem Kleid brannten. Einen Moment lang glaubte ich, mir eine Infektion geholt zu haben, gegen die nur Zäpfchen helfen würden. Aber dann ging mir auf, daß Scham in mir brannte. Ich blickte in die Gesichter der jungen Leute um mich herum, mit denen ich aufgewachsen war, und bildete mir ein, daß sie sich alle ausmalten, wie ich mit Monty im Bett lag. Wahrscheinlich war ich die einzige aus meiner Gymnasialzeit, die unverheiratet und entjungfert war. Das machte mir schwer zu schaffen.

Mein Leben lang hatte ich meine Jungfräulichkeit in dem Glauben gehütet, daß man wegen ihr ja schließlich geheiratet wird. Dies zumindest war meine Schlußfolgerung aus den lauthals verkündeten, unermüdlichen Warnungen meiner Kirchenobersten vor Sex. Einer Zukunft ohne Ehemann und ohne Hymen entgegenzusehen war schwer.

Vielleicht hätte ich mich nicht so besudelt gefühlt, wenn ich das Gespenst meines vergangenen Sexuallebens hätte verscheuchen können. Zwar beichtete ich den Generalautoritäten nicht mehr, jene heiligen Briefe betrachtete ich nämlich als schuldbewußte Beichte, als hätte ich die wildesten Nächte verlebt, aber ich trug mein mormonisches Untergewand immer noch. Hat man es einmal erhalten, muß man es ein Leben lang tragen. Es auszulassen, ist eine schreckliche Sünde. Ich trug dieses Stück also, obwohl die Ehe, die ja schließlich Anlaß war, es zu tragen, aufgelöst war.

In dieser Zeit änderte sich die Bedeutung meines Untergewandes beträchtlich. Während meiner Ehe war es Beweis für meine Liebe zu Gott gewesen. Obwohl ich es aus ästhetischen Gründen nicht sehr geliebt hatte, hatte es mir in der Kirche, umgeben von lauter verheirateten Frauen, die unter ihren ordentlichen Sonntagskleidern dieselbe ungewöhnliche Unterwäsche trugen, Sicherheit geschenkt. Es schuf so etwas wie ein Zusammengehörigkeitsgefühl.

Als Geschiedene setzte sich mein Freundeskreis wieder aus unverheirateten Frauen zusammen, die dieses Untergewand nie getragen hatten, so daß mein eigenes mich beständig daran erinnerte, daß ich nirgendwohin gehörte. Bei kirchlichen Zusmmenkünften legten sich diese alten Freundinnen in hellen Bermudashorts und ärmellosen Blusen auf die Wiese vor der Kirche, und die subtropische Sonne Floridas brannte auf ihre schlanken Arme und Beine. Ich schaute sie an und dachte, sie hätten jedes Recht, sich so freizügig zu kleiden, wohingegen ich meine Reinheit verloren und somit dieses Recht verwirkt hätte. Mein Untergewand bedeutete insofern also Isolation. Damit war ich gekennzeichnet, nicht ausgezeichnet. An einem unvergessenen Abend erfuhr ich, wie weit diese Isolation ging.

In Florida angekommen, hatte ich eine Arbeit in einem Frauen-Fitneßclub als Assistentin angenommen. Amerika war damals noch nicht im Fitneßfieber, und das Studio war nichts Großartiges: ein paar nette Maschinchen, die die meiste Arbeit machten, ein luxuriöser Whirlpool und ein paar Duschen für die, die vielleicht doch ins Schwitzen geraten waren.

Ein paar Wochen lang war ich dort sehr beliebt. Ich mochte die violettblauen Hosen und weißen Hemden, die wir Assistentinnen jeden Tag trugen, mochte die in Rosa und Blau gehaltenen Räumlichkeiten des Clubs, den dicken Teppichboden in leuchtenden Farben. Es machte mir Spaß, mich nach Monaten des Zurückgezogenseins in Utah wieder mit Menschen zu unterhalten. Als Reaktion auf mein sichtbares Vergnügen an der Arbeit kamen die Stammkundinnen auch gerne zu mir, um eine Dauermitgliedschaft anzumelden.

Und dann kündigte das Reinigungsunternehmen. Ohne

Vorwarnung hieß es, daß wir abends, ehe wir nach Hause gingen, den Whirlpoolbereich saubermachen müßten.

An jenem Abend versammelten sich die anderen Mädchen und ich auf dem gefliesten Rand um den Whirlpool. Der Raum war nur wenig beleuchtet, und es roch schwülwarm nach Desinfektionsmittel und Schweiß. Eine der anderen Assistentinnen, ein Mädchen mit schwarzem Haar bis zu den Hüften und Beinen wie eine Barbiepuppe, steckte sich ihren Pferdeschwanz hoch und zog dann die blauen Hosen aus. Die anderen Mädchen taten es ihr nach, zerrten an den Hosen und schleuderten sie mit den Füßen davon, bis ich von lauter Mädchen mit bloßen Beinen umringt war. Dann zogen sie noch das Hemd über den Kopf. Wasserspeiende Schläuche schwingend standen sie da, Hüfte an Hüfte, nur in BH und Unterhose, quietschend und mit leuchtenden Augen: Alle waren bereit für die Wasserschlacht ihres Lebens.

Ich sah keinen Ausweg. Während meine Kolleginnen warteten, zog ich ganz langsam meine Hosen aus und stand vor ihnen in dem ausgebeulten knielangen Untergewand. Ich spürte, wie der Schlitz im Schritt meinen Hintern der stickigen Luft aussetzte. Vorne entblößte er meine Schamhaare, gut sichtbar für die anderen Mädchen.

»Was ist denn *das*?« fragte eine von ihnen in die plötzliche Stille hinein.

»Meine Unterwäsche«, murmelte ich, meine Hosen blind vor Panik wieder hochzerrend. Ich hielt sie am Bündchen fest, als könnten sie sich bösartigerweise entschließen, mich noch einmal bloßzustellen. Ich durchbrach den Kreis und flüchtete in die Umkleidekabinen, wo ich mich mit klopfendem Herzen auf einer der kleinen Bänke niederließ. Ich öffnete den Hosenbund und glitt mit meinen Händen in die Hosenbeine, um das Untergewand glattzustreichen, das sich zusammengezogen und verkrumpelt hatte und sich entsprechend durchdrückte, als trüge ich ein Tüllkleid unter der Hose. Ich verharrte dort, reglos, als die schrillen Schreie während der Wasserschlacht immer wilder wurden, bis sie verhallten und die Mädchen schnatternd in die Umkleidekabinen kamen und dann das Studio verließen. Danach wurde das Licht gelöscht, aber ich saß immer noch allein im Dunkeln, gedemütigt bis zur Unbeweglichkeit.

Meine Vorgesetzte hatte Spätschicht. Ein schwacher Lichtschein schimmerte unter der Tür hindurch, als ich als letzte den Club verlassen wollte. Schüchtern klopfte ich an und fand sie an ihrem ordentlichen Schreibtisch sitzend, den Kopf auf eine Hand gestützt. Unter dem Schein der Lampe lag der Schreibtisch wie eine beleuchtete Insel im Dunkel des Raumes.

»Ich muß Ihnen mitteilen, daß ich bei der Reinigung des Whirlpools nicht noch einmal mitmachen kann«, sagte ich ihr. »Das bringt mich in einen religiösen Konflikt.«

Wie oft hatte ich diesen Spruch in meinem Leben bereits verschiedenen Leuten gegenüber geäußert. Schon als Kind hatte ich den Eltern meiner Freunde erklärt, daß ich am Sonntag nicht mit ihnen im Restaurant essen könne, weil dies den Sabbat verletze. Im Tanzunterricht in der Unterstufe des Gymnasiums mußte ich darum bitten, ein längeres Trikot tragen zu dürfen als die anderen, weil mein Vater aus religiösen Gründen über die Vorstellung empört war, daß die jungen Mädchen dort halbnackt herumwirbelten. Ich hatte zahllose Einladungen zu einer Tasse Kaffee oder einem Glas Wein abgelehnt und mich nie meiner Überzeugungen geschämt, aber jetzt schämte ich mich. Verlegen und erschöpft stammelte ich eine gestraffte Version der Begebenheit. Im Gesicht meiner Vorgesetzten spiegelte sich Verwirrung wider.

»Die Mädchen putzen den Whirlpool in Unterwäsche; ich trage eine Art heilige Unterwäsche, die niemand sehen darf.

Also, was ich sagen will, ich begehe eine Sünde, wenn ich zulasse, daß sie jemand anderes sieht«, erklärte ich. Was übrigens wahr ist. »Heute abend konnte jeder meine Unterwäsche sehen, weil ich nicht wollte, daß Sie oder die anderen denken, daß ich mich drücke. Aber das kann ich nicht noch einmal tun.«

In ihren Augen und um den Mund zuckte Ungläubigkeit und Neugier und Beunruhigung. »Kannst du nicht normale Unterwäsche tragen, wenn ihr den Whirlpool putzt?« fragte sie schließlich sehr freundlich.

»Das *ist* meine normale Unterwäsche«, erwiderte ich. »Ich habe nichts anderes.«

Sehr schnell, mit dem Gesichtsausdruck eines Menschen, der um seiner selbst willen nichts mehr von einer bestimmten Angelegenheit hören will, befreite sie mich von der Putzarbeit. Aber das Kind war bereits in den Brunnen gefallen.

Ich bin nicht mehr in den Club gegangen, nur einmal noch, um meinen Scheck abzuholen. Nicht nur, weil ich den anderen Mädchen nicht noch einmal gegenübertreten wollte. Ich glaubte auch, dort nicht hinzugehören, zu ihnen, die ihr Leben eben nicht fortgeworfen hatten.

Nach vier oder fünf Monaten in Florida zog ich nach Phoenix um. Der vorgeschobene Grund für diesen Ortswechsel, das heißt, der Grund, den ich meinen Eltern gab, war mein plötzlich wiedererwachter Wunsch nach Bildung, welcher mir auch nicht verwehrt wurde. Den Eltern erschien es durchaus plausibel, daß mein Bildungshunger nur an der Staatsuniversität von Arizona in Tempe in der Nähe von Phoenix gestillt werden konnte. Vielleicht ahnten sie auch den wahren Grund meines Wunsches, nämlich etwas einigermaßen Vertrautes in einer Umgebung wiederzufinden, in der ich dennoch völlig unbekannt war und nicht mit der jungen Frau verglichen werden würde, die ich vor meiner Heirat gewesen war. Einen Ort, an dem ich mich selber nicht mit ihr vergleichen würde.

In meiner Anfangszeit in Arizona genoß ich es, allsonntäglich mit völlig fremden Menschen die Messe zu feiern. Diese gesegnete Anonymität hielt natürlich nicht ewig, was mich aber insofern nicht allzusehr störte, als es dafür zunächst einen netten Grund gab. Sobald meine Kirchenakten meinem neuen Bischof zur Überprüfung übersandt worden waren, kam Bischof Mercy auf mich zu und schlug vor, daß wir uns kennenlernen sollten. Er war ein gutaussehender, jugendlicher Mann um die fünfunddreißig und besaß ein einnehmendes, strahlendes Wesen, das es ihm ermöglichte, sich so selbstsicher durch das Foyer zu drängen, die Hände ankommender Gläubiger schüttelnd, als könnte er Wasser teilen. Als er wegen der Aussetzung meiner Tempelempfehlung ein regelmäßiges Beratungsgespräch vorschlug, war ich von dieser Idee recht angetan. Ich fühlte mich durch sein Interesse auf positive Art und Weise erwählt.

Wir führten diese Gespräche bei ihm zu Hause. Er und seine elegante, rothaarige Frau sowie deren sieben Kinder lebten in einem Haus, das in Größe und Stil einem Wohnsitz der Reichen in Dallas glich. Während der Mercy-Clan in der Küche herumtobte, versanken der Bischof und ich im Wohnzimmer in weichen Sofas, über uns Ölgemälde mit Western-Landschaften und Cowboys, die, so wurde mir von meinem Gastgeber erklärt, Originale von Frederic Remington waren. Mich schüchterte die Eleganz ein wenig ein, nicht nur die Eleganz des Zimmers, sondern auch die des Bischofs. Daheim trug er seidene Hosen mit Bügelfalte und erlesene Slipper aus glattem Leder in Silbergrau und Malve, die beinahe feminin wirkten. So etwas wie ihn oder dieses Haus hatte ich noch nie gesehen.

Mit Hochdruck machte er dort weiter, wo meine brieflichen Berichte aufgehört hatten, und überzeugte mich, daß meine Kirchenobersten solange Interesse an meinem Sexualleben hegen würden, bis ich wieder heiratete oder starb. Ob ich wieder mit jemandem ausging, wollte er wissen. Ging ich etwa mit einen Nichtmormonen aus? Wo durften meine Verehrer mich berühren? Weiter war es nicht gegangen? Er gab keine Erklärung dafür, weshalb seine Befragungen wesentlich häufiger waren und weiter gingen als die seiner Vorgänger, wahrscheinlich war er der Auffassung, eine einmal erweckte Frau bleibe immer eine Hedonistin und gehöre deshalb strengstens unter die Knute. Daß der Bischof es genießen könnte, vermutete Verwerflichkeiten und prickelnde Details aus mir herauszukitzeln, kam mir nicht in den Sinn. Nein, anfänglich ertrug ich sein Bohren wie die anderen demütigenden Befragungen, die ich seit meiner Scheidung durchgemacht hatte, als hätte ich nichts anderes verdient. Ich war ihm völlig ausgeliefert und die Gespräche wären möglicherweise solange weitergegangen, bis er mir endlich meine Tempelempfehlung erneuert hätte. Aber dann fragte er mich nach zwei oder drei Sitzungen, ob ich mich denn selbst befriedige.

Ich hatte keine so große Angst davor, es zuzugeben; Bischöfe haben einen gewissen Ermessensspielraum, innerhalb dessen sie selbst entscheiden können, mit wieviel Härte sie eine Sünde verurteilen, und ich hoffte, daß seine Einstellung gleichermaßen tolerant sein würde wie die Dr. Johnsons, der mich ja erst auf diese Möglichkeit gestoßen hatte. Immer noch war ich so naiv, Milde von einem Mann zu erwarten, dessen Routinefragen Eiszapfen glichen.

»Das muß aufhören. Das ist Sünde«, sagte Bischof Mercy streng. Da zeigte er keine Nachsicht.

Ich versprach es ihm halbherzig. Es war ein solch leidenschaftsloses Gelöbnis, daß ich keinerlei Anzeichen der Besserung zu vermelden hatte, als mich Bischof Mercy in der nächsten Woche nach der Sonntagsschule in sein Büro rief. Zu jenem Zeitpunkt meiner Rehabilitation war ich auch noch nicht so verzweifelt, als daß ich ihn angelogen hätte.

»Nehmen Sie das nicht auf die leichte Schulter!« schimpfte er, scheinbar außer sich. »Sie werden sich jede Woche bei mir melden, bis das aufhört. Ich könnte Sie dafür exkommunizieren.«

Diese Aussicht war so schockierend, so unvorstellbar, daß ich gar nicht wagte, mir die Einzelheiten auszumalen, ehe ich zu Hause war, allein, umgeben von den vertrauten Dingen wie meinen Büchern, die mir als Anker dienten. Exkommunikation war von den Kirchenautoritäten, die sie aussprachen, stets als Segnung dargestellt worden: Die mit der Kirchenmitgliedschaft verbundenen Pflichten wurden aufgehoben, damit der Sünder nicht mehr seine Schwüre besudelte und Gott beleidigte. Und doch hatten sich die wenigen Mormonen, die exkommuniziert worden waren und die ich kannte, keineswegs dankbar gezeigt. Entweder waren sie auf Nimmerwiedersehen aus der Kirche verschwunden, oder sie hatten während der Gemeindeversammlung kläglich Löcher in die Luft starrend oder eingehend ihre Fingernägel betrachtend ihre Exkommunikation hingenommen. Zwar wurden sie von den »guten« Kirchenmitgliedern, die noch an eine Besserung glaubten, stets freundlich behandelt, die Verbannten durften aber monatelang, manchmal jahrelang, während sie sich ihre Mitgliedschaft zurückverdienten, weder an den Sakramenten teilnehmen noch Kirchenämter innehaben. So lange schlichen sie mißtrauisch wie ein geprügelter Hund um das Gemeindehaus.

Exkommunikation war zwar nichts Angenehmes, konnte aber auch nicht aus einer Laune heraus einfach so ausgesprochen werden. Es gab wenige Missetaten, die eine Exkommunikation nach sich zogen, und im Gegensatz zu den anderen willkürlichen Regelungen des Mormonentums waren diese genau umrissen.

Ein Grund für Exkommunikation war Ehebruch, aber alles, was ich bislang in den Jugendgesprächskreisen gelernt hatte und im Herzen wußte, hatte mich davon überzeugt, daß meine stillen Momente der Lust nicht den Rang einer ehebrecherischen Sünde einnehmen konnten. Vielleicht hatte Bischof Mercy ja unrecht?

Daß ich mit dieser Frage nur zu einem einzigen Menschen gehen konnte, nämlich zu meinem Vater, dem ich vertraute, würgte mich. Wie gräßlich, ihm beichten zu müssen, daß ich am laufenden Band masturbierte. Andererseits sah ich in ihm immer noch die letzte Instanz in Fragen der Kirchenlehre und allem anderen auch.

Als ich ihn in Florida anrief, war seine Reaktion radikal, ernst und unglaublich ruhig. Er machte mir nicht einmal Vorhaltungen, eine willkommene Wandlung in unserer Beziehung seit meiner Scheidung. »Du kannst für den Rest deines Lebens zweimal täglich masturbieren, und niemand auf dieser Welt kann dir damit drohen, dich deswegen aus der Kirche zu werfen«, sagte er. Er fügte unnötigerweise hinzu: »Das heißt aber nicht, Deborah, daß ich das an deiner Stelle tun würde.«

Diese Aussage erleichterte mich zwar, ich war aber nicht gerade darauf erpicht, Bischof Mercy mit meiner Auffassung zu konfrontieren, daß er unrecht habe. Eine Zeitlang erschien es mir am einfachsten, ihm aus dem Weg zu gehen. Sonntags saß ich in der Kapelle in der hintersten Reihe, und ich in dem Moment, in dem das Abschlußgebet gesprochen war, huschte ich hinaus.

Aber eines Morgens, als ich mit ein wenig Verspätung auf Zehenspitzen in das Kirchenfoyer tippelte, sah ich mit Entsetzen, daß Bischof Mercy sich noch nicht von seinem Empfangskomiteeposten zurückgezogen hatte. Er entdeckte mich zuerst und kam zielstrebig auf mich zu. Eine Sekunde später holte er mich ein und umklammerte meine Schultern mit eiserner Hand.

»Wir haben uns zu unterhalten«, sagte er, ohne mich wieder loszulassen.

Merkwürdigerweise war ich weder gelähmt noch eingeschüchtert. Statt dessen spulte sich ein Film vor meinen Augen ab: Ich sah mich in Montys Armen, überwältigt von einem Gefühl der Hoffnungslosigkeit; als verzweifelte junge Frau in Bischof Rectors Büro, um die Geheimnisse einer harmonischen Ehe bettelnd; eine teilnahmslose Frau voller Scham in einem Krankenhausbett; eine Geschiedene, die gerade erst zwanzig geworden war.

Mich selbst so überdeutlich zu sehen, erfüllte mich plötzlich mit Unwillen gegenüber der mich gefangenhaltenden mormonischen Autorität. Vor meinem geistigen Auge sah ich mich mit einem Mal als völlig unterdrückter Mensch und verteidigte mich.

Wenn auch mit zittrigen Beinen. Die Furcht, auf ewig mißverstanden zu werden, flößte mir eine lähmende Erschöpfung ein. »Ich bin so müde«, sprach ich, mehr zu mir selbst als zu Bischof Mercy. »Und ich habe nichts getan, das Sie berechtigt, mich zu exkommunizieren. Wirklich nicht.«

»Ich *kann* Sie exkommunizieren«, sagte er mit einem triumphierenden Unterton, aber ohne weitere Erklärung. Seine Hände drückten noch einmal meine Schultern, ehe er mich freigab, dann machte er auf dem Absatz kehrt und schritt heiter zu seinem Platz auf dem Podium. Mich ließ er stehen, entlassen.

Später kam ich zu der Überzeugung, daß er nicht unbedingt durch und durch ein Despot war. Denn bald darauf verließ ich seine Gemeinde und wurde eines anderen Bischofs Problem. Aber Bischof Mercy verfolgte mich nicht und schwärzte mich auch nicht bei dem anderen an. Er hat einem neuen Anfang keine Steine in den Weg gelegt.

Mein nächster Richter, Bischof Addlemane, war ein viel nachsichtigerer Mensch. Trotz seiner haferfarbenen Haut und eines zu dieser Hautfarbe passenden, nachgiebigen Charakters war aber auch er nicht gewillt, meine Tempelempfehlung so mir nichts dir nichts zu erneuern. Dafür gab es allerdings keinen speziellen Grund, und die Einzelheiten meines Sexuallebens interessierten ihn überhaupt nicht. Bischof Addlemane war einfach der Auffassung, daß eine lange Zeit verstreichen müßte, ehe ich, eine Geschiedene, wieder den Fuß in einen Tempel setzen dürfte.

Ich akzeptierte diese Haltung und die Aufforderung zu weiteren Gesprächen, denn allmählich packte mich die Verzweiflung. Ich wollte meine Tempelempfehlung um jeden Preis wiedererlangen, wenn auch nicht aus dem Verlangen heraus, im Tempel meine Andacht zu halten. Der springende Punkt war, daß ich ohne diese Empfehlung nicht wirklich frei von Monty war. Die Zivilscheidung galt für die Kirche nur bis zum Tode, ab diesem Zeitpunkt würden aber wieder meine Tempelgelübde greifen, und ich wäre Montys Ehefrau für die Ewigkeit. Mein Schicksal konnte ich nur ändern, indem ich eine »Aufhebung der Ansiegelung« erwirkte, sozusagen eine Scheidung für das Leben nach dem Leben. Den Tempel wieder betreten zu dürfen, war nur erster Schritt auf dem langen Weg zu einer solchen Entsiegelung.

Tante Marie, die Schwester meines Vaters, war ein anderes Mitglied unserer Familie, das mit den Aussichten einer verwickelten Ewigkeit zu kämpfen hatte. Genaugenommen hatte nicht sie ein Problem, sondern Onkel Fred, ihr zweiter Ehemann und Gefährte seit dreißig Jahren. Tante Marie hatte ihren ersten Mann Howard, einen gutaussehenden jungen Piloten, der Ende des Zweiten Weltkrieges abgestürzt war, stets verherrlicht. Während ihrer kurzen Ehe war sie Howard »angesiegelt« worden, und sie wußte, daß sie im nächsten Leben bei ihm sein würde, er aber gleichzeitig Ansprüche auf die drei von Onkel Fred gezeugten Kinder geltend machen würde. Es war, als lebte Howard immer noch, wenn auch nur im Andenken, und in all den Jahren hatte der recht farblose Onkel Fred eigentlich nur die Vertretung für Howard übernommen, damit sein Platz nicht unbesetzt blieb.

Ich hatte die Verstrickungen in Tante Maries Leben immer witzig gefunden. Nicht, weil mir solch verwickelte Umstände lächerlich erschienen wären, ich akzeptierte ja die Konsequenzen einer mormonischen Ehe, sondern weil ich immer an das komische Durcheinander denken mußte, das für ihre Wiedervereinigung vorprogrammiert war. Diejenigen, die Marie als Braut gekannt hatten, sagten, sie sei ein nettes Mädchen mit strahlenden Augen und einem Sinn für Mode gewesen. Ich kannte sie jedoch lediglich als eine phlegmatische Frau ständig zunehmenden Körperumfangs mit einer schrillen, unnachsichtigen Art. Würde dieser verherrlichte tote Ehemann meine Tante immer noch anbeten und die Ewigkeit mit ihr verbringen wollen?

Jetzt erschien mir Howards Dilemma gar nicht mehr so witzig. Plötzlich erkannte ich, daß die Tempelsiegelungen einen nicht nur für immer verbanden, sondern einen regelrecht festnagelten, daß auch ich die Ewigkeit vielleicht mit jemandem verbringen mußte, den ich gar nicht liebte.

Als ich Bischof Addlemane in die Hände fiel, war mein Verlangen, Monty ein für allemal loszuwerden, zum Lebensinhalt geworden. Ich hatte wieder ein paar Verabredungen, nichts Ernstes, aber mich quälte das Gefühl, daß ich den mich interessierenden jungen Männern ohnehin wenig zu bieten hatte. Nicht nur, daß ich bereits meine Jungfräulichkeit verloren hatte, ich war außerdem nicht wirklich frei, denn kein Kirchenoberster konnte mir versichern, daß ich mein Nachleben nicht in der zuerst geschlossenen, von mir verabscheuten Ehe verbringen mußte. Ich konnte meinen Verehrern nicht die Ewigkeit garantieren, und die Ewigkeit war ihnen und mir wichtig, viel wichtiger als die etwa achtzig Jahre auf Erden, die dem viel bedeutenderen ewigen Leben vorgeschaltet waren. Also war ich auf der Suche nach Schlupflöchern.

Als Geschiedene lebte ich in einem Niemandsland, das aber nicht nur von Demütigungen gekennzeichnet war. Wenn ich wieder einmal gegen unglaubliche Bedingungen ankämpfte, überraschte mich manchmal ein Gefühl aufflackernder Freiheit, das ich aber noch nicht in vollen Zügen genoß, denn ich wußte noch nicht, daß sich so die Befreiung anfühlt.

Ich hatte mich mit meiner Zimmergenossin Madeline, mit der zusammen ich der Studentengemeinde an der Staatsuniversität von Arizona angehörte, angefreundet. Diese Studentengemeinde war so etwas wie der Mittelpunkt unseres gesellschaftlichen Lebens, und Madeline lernte dort ihren Freund kennen, einen geistreichen, kräftigen jungen Mann namens Daniel. Zumindest behauptete sie, Daniel sei ihr Freund, lange ehe man irgendwelche Anzeichen einer Beziehung ausmachen konnte. Monatelang verbrachten wir drei fast unsere gesamte Freizeit miteinander, als wären wir ein untrennbares Kleeblatt. Ich fühlte mich nie von den beiden ausgeschlossen.

Dies sollte sich jedoch drastisch ändern. Eines Abends kam ich spät von einer Vorlesung zurück und fand die Tür zum Schlafzimmer, das Madeline und ich teilten, verschlossen. Dahinter ertönte unmißverständliches Quietschen und

Kichern. Madeline und Daniel kreuzten nicht zum Abendessen auf, steckten nicht einmal den Kopf zur Tür heraus, um herauszufinden, ob ich Einwände gegen die Schlafzimmerbesetzung hatte. Als es Zeit zum Schlafengehen war, zog ich mein Kleid aus, legte mich in Unterwäsche auf das Sofa und deckte mich mit einem Laken aus dem Schrank zu. Manchmal konnte ich Madeline sogar aufschreien hören. Ich gebe zu, daß ich absichtlich gelauscht habe.

In Anbetracht der eisernen Keuschheit, die an der BYU gepredigt worden war und an die sich die jungen Leute, die ich kannte, auch hielten, war dies etwas völlig Neues. Mir war es peinlich, den Sex von zwei anderen so hautnah mitzubekommen. Warum sonst wäre ich in der Küche regelrecht herumgeschlichen, bemüht, weder mit dem Geschirr zu klappern noch die Schranktüren zuzuknallen, als störte ich sonst einen Gottesdienst. Primär aber war ich erleichtert. In den vergangenen Monaten hatten sich so viele mit meinem Sexualleben befaßt, daß ich mir wie die einzige Frau auf der Welt mit einem Verlangen nach Sexualität vorkam. Trotz meiner sexuellen Abstinenz hatte ich tief in mir schon angefangen zu glauben, daß mein Verlangen mich als einen für die Sünde anfälligen Menschen ohne Rückgrat brandmarkte. Als ich Madelines Stöhnen lauschte, wußte ich, daß ich zwar verdorben, damit aber wenigstens nicht allein auf der Welt war. Das nahm eine unglaubliche Last von mir.

Am nächsten Morgen behandelten wir uns am Frühstückstisch mit solch ausgesuchter Höflichkeit, als hätten wir gerade einen Streit beigelegt. Wir wurden nie mehr das alte Kleeblatt, aber die Befangenheit ließ nach. Wenn Daniel über Nacht blieb, schliefen die beiden auf der Couch. Und mit jedem Mal vertiefte sich meine Erleichterung und meine Überraschung über mich selbst.

Tief im Inneren war ich überzeugt, daß ich den Sexorgien im Nachbarzimmer, die sich dort mit beneidenswerter Häufigkeit abspielten, hätte Einhalt gebieten sollen, aber ich konnte mich nicht dazu aufraffen. Im Grunde genoß ich die sexuelle Spannung in unserer Wohnung. Ich mochte die verstohlene Art Daniels, wie er Madeline beim Fernsehen gelegentlich in den Hintern kniff oder über die Brust strich. Ich ging morgens gerne an ihnen vorbei, wenn sie noch schliefen, nackt, ineinander verschlungen, kaum vom Laken bedeckt.

Besonders liebte ich die Seufzer der Lust, die immer freier durch die Wand drangen, weil sich meine Freunde immer weniger gehemmt fühlten. Manchmal wartete ich regelrecht auf ihren Höhepunkt, ehe ich einschlafen konnte.

Ich sog gerne ihre unverhohlene Erotik auf, nicht nur, weil ich mich in ihrer Gegenwart meiner selbst weniger schämte, sondern weil ihr Liebesleben ein freiwilliges und so freudiges war, wie ich es nie erlebt hatte. Jetzt hatte ich wenigstens eine Vorstellung davon, wie es sein konnte. Vielleicht habe ich ihre Beziehung ebenso genossen, wie sie selbst, denn für mich war sie Vorbote einer neuen Zeit. Ein paar Wochen lang glaubte ich daran, daß sich mein leidenschaftsloser Zustand einmal ändern würde.

Aber meine mitempfundene Freude währte nicht lange. Als Madeline schwanger wurde, strömte unser aller Glück augenblicklich zur Tür hinaus. Sie war fünfundzwanzig und wollte unbedingt heiraten, Daniel aber war erst neunzehn und spielte noch mit dem Gedanken, auf Mission zu gehen. Der Bruch war unvermeidlich und wurde durch die Anschuldigungen, die Madeline ins Telefon schrie, weil Daniel nicht mehr kam, nur noch beschleunigt.

Sie zog wieder zu ihrer Mutter nach Phoenix, und unmittelbar vor der Geburt ihres Sohnes Geoffrey stattete ich ihr einen Besuch ab. Falls ich noch irgendwelche Illusionen über ihre ekstatische Beziehung gehegt hatte, jetzt verflüchtigten sie sich im Handumdrehen. Im Nu fühlte ich mich wieder wie eingeschnürt vom Groll und der greifbaren Verzweiflung, die mich gefesselt hatten, ehe ich sie kennenlernte.

Madeline hatte sich in dem gemütlichen Haus ihrer Mutter ein Nest gebaut. Die geschwollenen Beine hatte sie auf den Sofatisch gelegt, die Hände ruhten auf ihrem riesig gewölbten Leib. In der letzten Phase vor der Geburt hatte sie eine Schwangerschaftsdiabetes bekommen, weshalb es ihr nicht sehr gut ging, aber sie fühlte sich keineswegs aufs Abstellgleis geschoben oder ausgestoßen, wie ich das bei einer unverheirateten mormonischen Mutter erwartet hätte. Es sprudelte aus ihr heraus, daß die ganze Gemeinde sie emotional unterstütze, wie großzügig sich ihr Bischof zeige, der sich ständig telefonisch erkundigte, ob sie finanzielle Hilfe benötige oder ob sie vielleicht den Stubenwagen seiner Frau ausleihen wolle. Ihr Baby würde fünfhundert Eltern haben, alle aus der Gemeinde, die sich ständig nach dem Befinden der Mutter erkundigten.

»Hast du denn von keinem irgendwas Unverschämtes zu hören gekriegt?«, konnte ich mich dann doch nicht zurückhalten zu fragen. »Hat dir nicht einmal der Bischof die Leviten gelesen?«

Diese Frage schien sie ehrlich zu überraschen. »Aber nein«, sagte sie. »Die sind doch alle ganz aus dem Häuschen. Jeder redet nur von dem Baby.«

Die Mormonen ehren die Mutterschaft, erfüllt sich ihrer Meinung nach hierin doch der Lebenszweck der Frau. Vielleicht akzeptierte man Madeline deshalb trotz der Art und Weise, wie sie in diesen Zustand geraten war. Oder vielleicht war sie auch nur in einer schwierigen Situation, und der Mensch liebt es nun einmal, sich nützlich zu machen und jemanden aufzurichten. Oder Madeline hatte das Glück einer Heimatgemeinde freundlicher, liberal denkender Menschen. Wie auch immer, als ich an jenem Abend wieder nach Hause fuhr, tobte in mir die Wut, daß Madeline für ihren Zustand gefeiert wurde, wohingegen ich ständig beargwöhnt und verurteilt wurde für etwas, das nicht annähernd so sündig war.

Bei meiner nächsten Verabredung mit Bischof Addlemane war meine Verwirrung und meine Streitlust noch nicht verraucht. »Warum behandeln Sie mich eigentlich wie ein gefallenes Mädchen«, begehrte ich auf. »Ich will wissen, warum Sie mir die Tempelempfehlung und die Ansiegelungsaufhebung verweigern, wenn ich doch ohne Sünde lebe. Warum muß ich diese ganzen Briefe schreiben und diese Kreuzverhöre über mich ergehen lassen, wenn meine einzige sexuelle Aktivität sich auf den Beischlaf mit meinem Ehemann beschränkt, als er noch mein Ehemann war.«

Ich hatte gehofft, ihn mit diesem Angriff aus der Reserve zu locken, aber meine Aggression perlte an ihm ab. Mit einer Selbstgefälligkeit, wie ich sie allmählich an allen Männern entdeckte, die mir Rat bezüglich meiner Zukunft erteilten, erwiderte er, daß die von mir beanstandeten Maßnahmen doch nur meinem Schutz dienten. Die Gelübde, die ich im Tempel vor Gott abgelegt hätte, darunter eben auch sexuelle Treue, seien so wichtig und die Konsequenzen einer Zuwiderhandlung so schwerwiegend, daß man mich zu meinem eigenen Schutz überwachen müsse.

Wieder einmal strömte die Enttäuschung schwerflüssig durch meine Adern, und ich wurde gewahr, daß der Bischof meinen Zorn gar nicht verstand. Wie sollte ich meine Würde während dieser Phase des »Vergebens« aufrechterhalten, wie jemals aus dieser entwürdigenden Situation herauskommen?

Wahrscheinlich erkannte Bischof Addlemane meine Hoffnungslosigkeit und machte deshalb ein Zugeständnis. Er verschaffte mir einen Termin bei seinem Vorgesetzten, dem »Pfahlpräsidenten« Randall Wainwright. (Bei einem »Pfahl« handelt es sich um den geographischen Raum mehrerer »Gemeinden«.) Falls Präsident Wainwright zu dem Entschluß komme, daß ich wieder würdig sei, so sagte Bischof Addlemane, könne er seinen Einfluß bei den Kirchenautoritäten in Salt Lake City geltend machen, die letztlich über die Neuerteilung der Tempelempfehlung befanden.

Als ich am darauffolgenden Abend zu Präsident Wainwright fuhr, hielt ich von vornherein jedwede Hoffnung in Schach. Vielleicht war es leichter, wieder so ein Gespräch durchzustehen, wenn ich das, was gesagt werden würde, nicht so nah an mich heranließ.

Als ich in die Einfahrt des Hauses einbog, betrachtete ich sehr bewußt alles um mich herum, um meinen Geist mit etwas zu beschäftigen, was mir nicht zu nahe ging. Das Haus war strahlend weiß gestrichen, der Rasen des Vorgartens war bräunlich, und das kahle Gestrüpp vermittelte den Eindruck, das Haus sei verlassen.

Eine kleine, sehr korpulente Frau mit ungepflegter Frisur öffnete in einem lila Kaftan die Tür. Sie führte mich in ein kleines Schlafzimmer, das gleichzeitig als Büro ihres Mannes diente. Präsident Wainwright erhob sich hinter seinem resopalbeschichteten Schreibtisch. Er war ein sagenhaft großer Mann um die sechzig mit Händen so groß wie Topflappen. Sein Gesicht wirkte liebenswürdig.

Er befragte mich etwa eine Stunde lang, die Fragen kamen jedoch so stockend, daß ich ständig den Faden verlor und auch gar nicht wußte, auf was sie abzielten. Er fragte, wie lange ich Monty gekannt hatte, bevor wir heirateten, was mich verwirrte, denn das hatte noch nie jemand wissen wollen.

Er stellte eine Reihe von Fragen über »moralische Reinheit«. Jede Antwort erwartete er mit dem gleichen Ausdruck relativer Geistesabwesenheit und nickte rhythmisch, wenn ich sprach, ohne daß er wirklich zuzuhören schien.

Einmal nahm sein Gesicht einen Ausdruck außerordentlich angestrengten Nachdenkens an. Wieder trat eine der unendlich langen Pausen ein, so daß ich dachte, die Befragung sei vorüber, und er habe seinen Entschluß gefaßt. Er hub an, als wolle er mir seine Schlußfolgerung mitteilen.

Er fragte: »Hat Ihr Ehemann Sie jemals *oral stimuliert*?«

Ich bin jetzt fast vierzig Jahre alt, habe einiges von der Welt gesehen und mit Freunden und Fremden über Sex gesprochen, manchmal auch in Bars, wo die Sitten ohnehin etwas lockerer sind. Aber der einzige, der mich jemals gefragt hat, ob ich oral-genitale Praktiken pflegte, war Präsident Wainwright.

»Nein«, antwortete ich. Das entsprach zwar nicht der Wahrheit, aber mittlerweile war ich nicht mehr, wie noch vor zwei Jahren, ein Mädchen, das in Tränen ausgebrach, wenn es einen Kirchenobersten anlog.

Präsident Wainwright schüttelte betrübt den Kopf. »Ich meine Frau auch nicht.«

Das war der letzte Gedanke, der uns beschäftigte. Zu meiner Tempelempfehlung verlor er kein Wort; wahrscheinlich hat sie ihn nie interessiert.

Wie es Monty erging, ob er auch so in die Enge getrieben oder ob er geliebt wurde, hatte mich nie interessiert. Zu Beginn unserer Trennung glaubte ich jedoch, daß er ebenfalls so grauenhaft häufig zu seinem Bischof pilgern und jeden Augenblick beichten mußte, in dem er davon träumte, die Brüste einer Frau zu berühren oder es sogar tat. Ich ging davon aus, daß wir beide gleichlang und gleich mühsam um die neue Tempelempfehlung kämpfen mußten und daß er genauso darauf erpicht sein würde, die Ansiegelung zu widerrufen wie ich.

Statt dessen wurde mir nur ein Jahr später zugetragen, daß er erneut im Tempel geheiratet hatte. Er hatte seine Empfehlung ohne Schwierigkeiten wiedererhalten, und er durfte auch eine neue »Siegelung« schmieden, ohne die unsrige gelöst zu haben. Als die Regierung der Vereinigten Staaten im neunzehnten Jahrhundert die Polygamie verbot, beugten sich die mormonischen Männer nur zögerlich und nur für begrenzte Zeit dieser Regelung. Sie kamen ihrem Verlangen nach Vielweiberei auf Umwegen nach: Der Mann kann zwar durch Tod und Scheidung in diesem Leben von der ihm Angetrauten getrennt werden, auf diese Weise jedoch in das Nachleben im Himmel investieren. Die Zahl der Ehefrauen im Leben danach unterliegt keiner Beschränkung, wohingegen Frauen immer nur zu einem Mann gehören.

Über ein halbes Jahr nach meinem Gespräch mit Präsident Wainwright rief mich mein Bischof endlich an, ohne mir jedoch mitzuteilen, ob die Autoritäten in Salt Lake City meine Tempelempfehlung erneuert hatten. Als ich ihn fragte, wie ich denn jetzt eine »Entsiegelung« erreichen konnte, erwiderte er, die Zeit für solch einen Schritt sei noch nicht reif. Ich sollte nie einen Bischof kennenlernen, der der Auffassung war, jetzt sei die Zeit dafür reif.

Bischof Addlemane hatte mich morgens angerufen. Danach ging ich wieder ins Bett und schlief bis zum Anbruch der Nacht, etwas, das ich seit der Zeit mit Monty, als die Tage zu lang waren, um sie zu ertragen, nicht mehr getan hatte.

Sieben

Als ich wieder heiratete, erfolgte dies so zwangsläufig wie das Händewaschen, nachdem man einen Hund gestreichelt hat. Ich entledigte mich so gut wie möglich des Makels der Scheidung. Aus Enttäuschung darüber, daß es mit meiner »Entsiegelung« nicht vorwärtsging, erlag ich einem Angebot, das ich ein, zwei Jahre zuvor nicht einmal in Erwägung gezogen hätte – ich nahm den Antrag eines Nichtmormonen an.

Ich lernte Lowell bei einer Wasserballpartie in dem Wohnblock für Singles kennen, in dem wir beide in Phoenix lebten. Ich trug einen rosa Bikini, und er war damals noch viel schlanker. Ich mochte sein Minenspiel und seinen Witz, fand seinen außergewöhnlichen Kopf mit dem tiefschwarzen, glatten Haar attraktiv, am wenigsten konnte ich jedoch seiner körperlichen Größe widerstehen: Er war so groß, daß ich ihm kaum bis zur Schulter reichte, und endlich wirkte ich einmal zierlich und klein.

Nach außen hin spielte ich die Freundschaft herunter. In der Zeit, nachdem Madeline weggegangen war und ich mein Aufbaustudium beendete, lebte ich mit einer Gruppe mormonischer Schullehrerinnen, alle miteinander lebhafte, hübsche, hingebungsvolle junge Frauen, die nicht einmal im Traum mit einem Nichtmormonen ausgegangen wären. Da ich aber um ihre Anerkennung buhlte, tat ich eine Weile so, als handelte es sich bei der Freundschaft mit Lowell, einem geschiedenen Techniker, der nicht einmal an Gott glaubte, um etwas ganz Lockeres. Mir selber machte ich vor, daß aus einer Beziehung mit einem Mann, der nicht meinem Glauben angehörte, der zwanzig Jahre älter war als ich, dessen erste Ehe turbulent gewesen und der erst kürzlich unglücklich geschieden worden war, gar nichts werden konnte. Ich redete mir ein, allein der Gedanke an eine Ehe mit Lowell sei absurd.

In Wahrheit befand sich unsere Beziehung jedoch unausweichlich und mit aller Macht auf der Zielgeraden zum Altar. Dazu trug ich insofern bei, als ich, gleichgültig was ich mir nun vormachte, in einem Mann stets nur den potentiellen Ehemann sah und unbedingt zu jemandem gehören wollte. Da man mich mängelbehaftet zurückgegeben hatte, war ein Teil meiner selbst bereit, jetzt ein ehrwürdiges Leben mit jemandem aufzubauen, der mich begehrte, auch wenn er kein Mormone war – den ich dann aber bekehren konnte.

Zweifelsohne begehrte mich Lowell wie noch kein Mann zuvor, und dieses Begehren verzehrte ihn. Das äußerte sich nicht nur darin, wieviel Zeit er mit mir verbringen wollte und wie unwirsch er war, wenn ich keine Zeit für ihn hatte, weil ich lernen mußte oder mit meinen Freundinnen ausgehen wollte. Auch stellte er mich schon sehr bald seinen vier beinahe erwachsenen Kindern vor, und die besitzergreifende Art, wie er seine Arme um meine Taille schlang und mich an sich zog, als wollte er uns vor allen für ihn wichtigen Leuten physisch verschmelzen, sprach Bände.

Ob wir heiraten sollten, diskutierten wir in seinem riesigen Himmelbett, wobei ich mich stets fragte, wie er es wohl durch die Wohnungstür bugsiert hatte. Wir verbrachten viel Zeit in seinem Bett, denn ich liebte das Gefühl, Lowells Hände auf mir zu spüren. Wie wenig sich aber in diesem Bett abspielte, hätten sich viele von Lowells Kumpanen, teilweise selbst gerade geschieden und auf dem in den siebziger Jahren üblichen sexuellen Befreiungstrip, nicht träumen lassen. Es überraschte mich, daß ein erfahrener Mann bereit war, sich mit dem wenigen zufriedenzugeben, das ich ihm sexuell bot.

Zunächst erlaubte ich Lowell nur, ausgestreckt neben mir zu liegen und mich keusch im Arm zu halten, denn immerhin mußte ich ja noch Briefe nach Salt Lake City schicken. Nach einer gewissen Zeit ließ ich es zu, daß er seine Hände herumwandern ließ, aber niemals unterhalb der sprichwörtlichen Gürtellinie. Seine große Liebe, die es ihm offensichtlich ermöglichte, meine Prüderie klaglos hinzunehmen, erfüllte mich mit Dankbarkeit.

Lowell mußte in dem Maße, in dem unsere Beziehung intensiver wurde, immer mehr Selbstbeherrschung aufbringen. So ein Stelldichein über Nacht hielt ich bereits für wagemutig, und ganz wohl war mir dabei auch nicht, für Lowell hingegen müssen sie grausame Desillusionierung gewesen sein, auch wegen des Nachthemdes, das ich stets trug und das furchtbar aussah: Es war bodenlang aus dickem gelbem Flanell, mit Stehkragen und an den Ärmeln Bündchen mit der Elastizität eines Schraubstocks. Die rumpfgroße Applikation eines riesigen roten Apfels auf diesem Nachthemd taxierte Lowell oft aus den Augenwinkeln heraus mit eindeutigem Mißfallen angesichts meines Entzükkens über den Symbolcharakter desselben.

Mich in diesem Ding des Nachts im Arm zu halten, muß so erotisch gewesen sein, wie mit einem Ballen Baumwolle zu schlafen. Auch mußte er sich mit meinem Untergewand arrangieren, allerdings versuchte er höflich und subtil, eine Veränderung herbeizuführen. Darin war er äußerst geschickt: Mit nur ein paar Worten oder einem Seufzer im richtigen Moment bewirkte er, daß ich meinen Aufzug mit neuen Augen sah.

»Wirst du das immer anhaben?« fragte er einmal nachdenklich, als seine Hand unter meiner Bluse ruhte, er aber meine Brust durch das ganze Nylon hindurch immer noch nicht fühlen konnte. Ein andermal sagte er: »Weißt du, das ist doch alles nur *Stoff.*«

Diese beiläufigen Bemerkungen setzten sich fest wie Birkensamen. Als ob ich jemals daran gedacht hätte, meine Wäsche *nicht* immer zu tragen. Nie war mir in den Sinn gekommen, den heiligen Schutz anzuzweifeln. Aber Lowells Aussagen verursachten kleine Risse in meiner moralischen Rüstung, durch die das Begehren drang, und das Begehren glühte. Mit der Zeit wurde das Verlangen, das Untergewand abzulegen, so groß, daß ich mir Unvorstellbares vorstellte.

Zu Beginn zog ich es nur aus, wenn ich bei Lowell schlief; ich schlüpfte hinaus und zog mein Nachthemd über, dann faltete ich es sauber zusammen und bedeckte es sorgfältig mit einem Handtuch im Badezimmer. Anfänglich schreckte ich im Schlaf noch hoch und dachte schuldbewußt an mein Gewand, das sich ein paar Meter von mir entfernt befand; ich hoffte, es würde mich immer noch schützen, denn im Grunde lag es ja im selben Zimmer. Manchmal gewann das Schuldgefühl jedoch in der Nacht wieder die Oberhand. Dann stahl ich mich ins Bad, um das Untergewand wieder anzuziehen, so daß ich wenigstens die letzten Stunden vor Tagesanbruch friedlich und sicher verbringen konnte. Einmal schlüpfte ich nachts wieder hinein, weil ein Gewitter tobte, und ich hatte Angst, bar des Schutzes vom Blitz getroffen zu werden.

Sehr bald schlief ich aber nachts durch und traute mich, es auch tagsüber einmal auszulassen. Noch heute erinnere ich mich an das Gefühl, wie meine befreiten Beine federnd über das Universitätsgelände schritten, wie die Bündchen meines Schlüpfers einschnitten, weil ich die falsche Größe gekauft hatte.

In der Vorlesung war ich jetzt von Frauen umgeben, die die gleiche Unterwäsche wie ich trugen, und endlich war ich keine Außenseiterin mehr. Danach nahm ich die Sünde nicht mehr so schwer.

Ich trug mein Untergewand immer seltener und kaufte immer freizügigere Kleidung. Mich überwältigte die Lust an meiner zurückgewonnenen Jugend, aber immer noch schlüpfte ich nach diesen Ausflügen zurück in mein Untergewand. In dem Moment, als ich es nicht mehr ständig trug, war es mir wieder ein wenig lieb geworden, ähnlich wie ein Liebhaber im Wert steigt, wenn er sich rar macht. Außerdem verehrte ich es aus Angst – Angst, daß Gott mich fallenlassen könnte, wenn ich das Untergewand völlig ablegte. Mir war klar, daß ich mich Schritt für Schritt auf eine gefährliche Grenze zubewegte, und manchmal hatte ich schreckliche Angst.

Das Untergewand nicht mehr zu tragen, war etwas Schwerwiegendes; für mich wog dieses Vergehen schwerer als meine Scheidung. In meiner Familie war die Kleidungsvorschrift stets sehr streng beachtet worden, außerdem war das Untergewand unauflöslich mit den mir im Tempel abgerungenen Gelübden verbunden, auf deren Bruch herausgerissene Gedärme und ein aufgeschlitzter Hals stand. Wenn ich es ablegte, würde ich schlimmstenfalls wohl getötet werden. Aber von was? Von wem? Zumindest, dachte ich, mußte ich nun ungeschützt durch die Welt zu laufen, so als hätte ich einen Zauberschild weggeworfen.

Als Lowell und ich uns verlobten, hatte ich mir eine Denkweise hingebogen, die Gottes Hierarchievorstellungen nicht widersprechen konnte. Egal, ob Lowell nun Mormone war oder nicht, er war Erbe einer patriarchalischen Ordnung und würde der Haushaltsvorstand sein. Also mußte ich mich meinem Ehemann in jeder Hinsicht unterwerfen, auch in der Kleiderfrage.

An dem Tag, als mein Untergewand endgültig zu einem Teil meiner Vergangenheit wurden, fühlte ich mich nicht wohl in meiner Haut. Ich erging mich in einer Gebets- und Woduzeremonie, von der ich hoffte, sie würde meine himmlischen Beobachter beschwichtigen. Zu diesem Zeitpunkt besaß ich mehrere Dutzend solcher je nach Alter schneeweißen bis vergilbten Untergewänder, viele davon waren an den Stellen, an denen das Nylongewebe verschlissen war, ganz aufgerauht. Ich trug alle zusammen und brachte sie auf die kleine Veranda neben meinem Appartement. Ich häufte sie auf dem Betonboden auf und hockte mich mit einer Schere sowie einem Streichholzbriefchen daneben.

Ich schnitt die Tempelsymbole und Sprüche, die heiligen Stellen der Gewänder, heraus. Jetzt sahen sie aus, als hätte der Mottenfraß im Stoff gewütet. Ohne ihre heiligen Zeichen waren sie nur noch weltlicher Stoff und trugen keinerlei Bedeutung mehr. Meine Eltern hatten ihre aufgetragenen Untergewänder nach der Wäsche zu Putzlumpen degradiert und hatten so die Neugier manch eines Hausmädchens, das damit die Möbel polieren sollte, erregt.

Entsprechend der Kirchenlehre mußte ich jetzt die Symbole und Sprüche ordnungsgemäß entsorgen, obwohl ich mich nicht erinnere, ob es dafür eine vorgeschriebene Zeremonie gab. Also improvisierte ich, indem ich sie anzündete und über der ersterbenden Flamme und der Asche Gebete sprach. »Vater im Himmel, hoffentlich erkennst du, daß ich nicht allem, was uns verbindet, den Rücken gekehrt habe, bloß, weil ich diese Untergewänder nicht mehr tragen werde«, betete ich zu Ihm. »Mögest du trotz meines Tuns meinen tiefen Glauben erkennen.«

Mein Herz pochte. Ich sammelte die Asche mit den Händen auf und warf sie über das Geländer auf den Rasen hinunter.

Es war vollbracht, und mich durchströmte ein unvorstellbares Hochgefühl. Mein Herz und meine Lenden pochten mit einer gefährlichen, schon an Ekstase grenzenden Wildheit. Aber ich fühlte mich auch höchst hilflos und ungeschützt wie ein frisch gesetzter, junger Baum, dessen Stamm sich noch von zwei kräftigen Händen umknicken läßt. Dieses Gefühl der Verwundbarkeit beherrschte mich jahrelang.

Als mich Lowell an diesem Abend zum Essen ausführte, fühlte ich meine kleinen Brüste direkt im Büstenhalter. Dieses prickelnde Gefühl verwechselte ich mit Zuneigung zu Lowell: Überraschung und Verwunderung erfüllten mich den ganzen Abend bis hin zum Nachtisch.

Ich war ein nachgiebiger Mensch und wollte nie jemandem weh tun. Darum heiratete ich zweimal, ohne die betreffenden Männer wirklich zu lieben. Außerdem gab es für mich überhaupt keine andere erstrebenswerte Lebensform. Meine mormonische Erziehung ließ keinerlei Vorstellungen zu, wie man auch unverheiratet glücklich werden konnte. Also wurde ich sehr bald zu Mrs. Lowell Bateman.

Warum liebte ich Lowell eigentlich nicht? Er war ein recht attraktiver Mann und hatte liebenswerte Eigenschaften: Er war intelligent und unterhaltsam, besonders wenn er mit Anekdoten über seine Studienzeit in Deutschland unter der Obhut eines brillanten Mentors aufwartete. Die Kunst, Geschichten zu erzählen, war für mich schon immer ein wichtiges Maß zur Beurteilung meiner Verehrer gewesen.

Er liebte mich mit unerschütterlicher Hingabe, die Ausdruck fand in Seidenschals, die unvermittelt in meinem Wäscheschrank auftauchten, oder in Schallplatten, die plötzlich lautstark in der Wohnung gespielt wurden, nur weil ich einmal geäußert hatte, daß mir ein Stück gefiel. Er hörte mir unermüdlich zu, und im Gegensatz zu Monty fuchtelte er auch nicht mit einer langen Liste von Verhaltensmaßregeln herum, denen ich mich gefälligst zu fügen hätte.

Er war aber auch ein verzweifelt einsamer Mann; instinktiv wollte ich nicht in der Höhle seiner inneren Leere leben. Lowells Eltern waren bereits gestorben, als er noch ein Kind war, und seine beiden kleinen Schwestern und er wurden danach in getrennte Heime gebracht, woraufhin sie sich aus den Augen verloren. Seine erste Frau, eine Bildhauerin, hatte sich so sehr in ihre Kunst vergraben, daß sie die Scheidung ohne Regung hinnahm, wenn sie sie überhaupt bemerkte. Nach diesen Erfahrungen des Verlassenwerdens war seine Seele vergiftet: Ein bodenloser Brunnen der Bitterkeit und des Mißtrauens lag unter dem Spiegel humorvoller Liebenswürdigkeit.

Manche Nacht kam er nicht ins Bett, und wenn ich dann nach oben ging, fand ich ihn trinkend in seinem Sessel, das Gesicht eine Landschaft nicht faßbaren Kummers und Grams. Als er am Ende unseres ersten gemeinsamen Jahres nicht erwartungsgemäß befördert wurde, konfrontierte er seinen Vorgesetzten mit der Anschuldigung, daß man ihn ja immer übergehen würde. Daraus sprach nicht die verständliche Empörung darüber, ungerecht behandelt worden zu sein, sondern ein krankhafter Wahn. Instinktiv fühlte ich, daß ich seine Erwartungen an mich nicht würde erfüllen können, auch wenn ich das zu diesem Zeitpunkt noch nicht klar fassen konnte.

Durch meine Scheidung hatte ich erfahren, was es bedeutete, einsam zu sein und sich dem Untergang nahe zu fühlen. Meine neue Rolle als Ehefrau gefiel mir, und ich mochte das Gefühl, zu jemandem zu gehören. Abgesehen von seinen Kindern aus erster Ehe brachte Lowell keinen Rattenschwanz nahestehender Verwandter und daran geknüpfte Verpflichtungen mit, weshalb er sich mir voll und ganz widmen konnte. Wir verbrachten viel Zeit zusammen, werkelten gemeinsam herum und spielten miteinander. Insgesamt erfüllte mich diese Ehe keineswegs mit Verzweiflung, zumindest nicht am Anfang.

Lowell kaufte uns ein großes, altmodisches Haus in Tempe, ganz in der Nähe der Universität, so daß ich mein Studium dort fortsetzen konnte. Die großen Zimmer waren überwiegend in einem blassen Gelb gestrichen, das an ein Krankenhaus oder ein Gefängnis erinnerte. Es brauchte ewig, bis wir uns an die Renovierung begaben und nicht mehr wie im Hospital lebten.

Aber gleichgültig, welche Macken das Haus aufwies, es war mit einem so luxuriösen Teppichboden ausgestattet, daß wir fast immer barfuß liefen. Ich hatte mein eigenes kleines, sonnendurchflutetes Arbeitszimmer, das ich mit Flügeltüren verschließen konnte.

Das Haus hatte einen Garten voller Apfelsinen- und Zitronenbäume, und Lowell erwies sich als Meistergärtner. In meinen Jahren mit Lowell lernte ich unter der Anleitung der Frauen aus dem Wohltätigkeitsverein, unsere kleinen Tomaten einzuwecken und Riesentöpfe voll Marmelade zu kochen; die Früchte meiner Arbeit sortierte ich dann in Gläser portioniert im Vorratsschrank ein. Manchmal trat ich einen Schritt zurück und ließ meinen Blick über die vielen Reihen von Weck- und Marmeladengläsern schweifen, wie sie dort sauber etikettiert in Reih und Glied standen, und hatte zum erstenmal das Gefühl, es zu etwas gebracht zu haben, zumal die Kunst des Einweckens und Einkochens eine mormonische Frau ziert.

So gedankenlos, wie ich geheiratet hatte, traf ich mich auch wieder mit Michael Clark.

Er war ein alter Freund, jemand, mit dem ich ausgegangen war, als ich Lowell kennenlernte. Ein Mormone, groß und kräftig, mit buschigen Augenbrauen und ausgeprägtem Unterarmschweiß. Seine Küsse hatten in mir ein leichtes Ekelgefühl hinterlassen, weil sich seine Lippen wie Gummi anfühlten. Ich war nie sonderlich verliebt in ihn gewesen, aber irgend etwas faszinierte mich an ihm.

Er war der erste religiöse Mann, den ich kannte, der ohne Umschweife die Ansichten der Generalautoritäten in Frage stellte, und der burschikose, lustige Frauen den unterwürfigen Hausmütterchen vorzog. Anstatt sich durch meine Scheidung und mein Theater mit den Kirchenobersten, die mir das Leben nach der Scheidung zur Hölle machten, abschrecken zu lassen, bestätigte ihn meine Reaktion auf die Stolpersteine des Lebens darin, daß ich durchaus zu den göttlich inspirierten Menschen gehörte.

Bei den Malen, die wir uns trafen, hielten wir uns nicht gerade in einem exquisiten Ambiente auf. Michael entwarf Teile für Waschmaschinen, sein beruflicher Werdegang verdiente jedoch kaum die Bezeichnung Karriere. Er hatte in einem alten Gebäude ein staubiges Büro gemietet und dieses mit allem möglichen Krempel von Drähten bis zu Blechen vollgestopft, die in flachen Kartons und auf offenen Regalen ihr chaotisches Dasein fristeten.

Oft verbrachten wir ein paar Stunden miteinander, während er auf dem Boden herumrutschte und mit einer Zange diverse Formen schuf, die einem vom Meer angespülten Wrack manchmal nicht unähnlich waren. Bei der Arbeit war er stets ein wenig zerstreut und kritisierte die aus den Lautsprechern schallende Musik oder die Wortbeiträge, die wir dann gemeinsam diskutierten. Üblicherweise ging er früh nach Hause.

Mich durchflutete während dieser geruhsamen Nachmittage zwar ein süßes Gefühl der Freundschaft, Michaels Zukunft erschien mir jedoch zu unsicher, als daß ich ihn als Verehrer wirklich ernst genommen hätte. Daher war ich über seine heftige Reaktion überrascht, als ich ihm von Lowell erzählte. »Ich glaube nicht, daß du auf lange Sicht mit ihm glücklich wirst«, sagte er in überzeugtem Ton. »Du wirst keine Befriedigung erfahren, wenn du ein Leben mit einem Mann außerhalb der Kirche lebst.«

Ich ärgerte mich über seine ungebetenen Ratschläge, aber Michael ließ nicht locker. »Du solltest unserer Beziehung eine Chance geben. Versprich mir, daß du darum betest.« Er erklärte, mich heiraten zu wollen.

Ich versprach zwar zu beten, tat es aber nicht. Mein Glaube an göttliche Offenbarungen war durch meine Scheidung erschüttert worden. Außerdem überwog der Widerwille gegen einen Mann zum erstenmal das Gefühl, einen guten Mormonen heiraten zu müssen, nur weil er mir einen Antrag gemacht hatte.

Als er mich ein paar Tage später wieder aufsuchte, saß ich gerade im Schlafzimmer. Durch das Fenster konnte ich die Haustür einsehen, und auf den geschlossenen Vorhängen zeichnete sich seine Silhouette ab, wie er den Arm hob, um anzuklopfen. »Deborah!« rief er mehrere Male. Sicherlich wußte er, daß ich da war, aber nicht aufmachte. Ich sah ihn erst wieder, als ich schon über ein Jahr mit Lowell verheiratet war.

In diesem Jahr lebte ich bereits in dem Aufruhr, den Michael mir für meine Beziehung mit Lowell prophezeit hatte. Ich kroch zu ihm, wie alle Abtrünnigen auf der Suche nach dem, was sie vermissen: mir fehlte ein Mann mit Sinn für die Religion, der meinen Glauben teilte. Ich machte mir und ihm vor, daß dies das einzige war, was mich zu ihm zog, aber das gelang mir nicht lange.

Mit einem Nichtmormonen verheiratet zu sein, warf anfänglich keine Probleme auf. Im Laufe der Monate wurde aber immer deutlicher, daß ich die einzige verheiratete Frau der Gemeinde war, die stets ohne Ehemann zum Gottesdienst kam.

Noch schwerer wog jedoch, daß ich ständig mit der Nase darauf gestoßen wurde, daß mein Heim vom religiösen

Standpunkt aus gesehen Ödland war, denn im Mormonentum beleben erst Priester ein Heim durch die Ausübung der Macht Gottes. Wenn der Bischof in der Kirche predigte, wie wichtig es doch sei, daß der Vater die Familie für das gemeinsame Gebet versammele, saß ich da und betrachtete meine gefalteten Hände. Als eine der Frauen in der Hilfsorganisation davon erzählte, wie ihr Mann der kranken Tochter einen priesterlichen Segen hatte zuteil werden lassen und sie dadurch geheilt hatte, pochte es plötzlich in meinem Hals.

Wenn die »Hauslehrer« einmal monatlich bei uns vorbeikamen, Männer der Gemeinde, deren priesterliche Pflicht es war, Lowell und mich und andere Familien zu besuchen und zu ergründen, ob wir Hilfe benötigten, saß ich wie ein Häufchen Elend da. »Läuft alles gut in eurer Ehe?« wollten sie wissen. »Habt ihr finanzielle Schwierigkeiten? Religiöse Probleme?« Während Lowell ihren wohlmeinenden Fragen mit einer schweigenden Feindseligkeit begegnete, die keinen Zweifel daran ließ, was er von ihnen und ihren Schnüffeleien in seinem Privatleben hielt, sehnte ich mich mehr und mehr nach einem Ehepartner, der begriff, was Gott von einem Mann erwartet.

Ich hatte ihn in dem Gefühl geheiratet, daß kein verdienstvoller Mormone mit mir geschlagen sein sollte, aber nie bedacht, wie es mich belasten würde, nicht mit einem verdienstvollen Mormonen zu leben. Es kam der Zeitpunkt, an dem mich Michaels Aussehen nicht mehr störte. Das erstemal, als er mich in die Arme nahm, dachte ich sogar, seine Umarmung könne gerechtfertigt sein, Gott könne meine Untreue verstehen, da sie ja in Seinem Namen geschah.

Nachdem wir uns wieder trafen, waren Michael und ich sehr darauf bedacht, nie miteinander zu schlafen. Unsere leidenschaftlichste Zeit bestand aus ein paar Nachmittagen, an denen ich auf seinem Sofa im Büro lag, und Michael mein Gesicht und meinen Hals mit nassen Küssen bedeckte und mit seinen wurstfingrigen Händen meine Brüste unter der Bluse umspannte. Wie köstlich diese Küsse waren; ihr Wohlgeschmack drang in meinen Mund und kroch die Kehle hinunter direkt in mein Herz. Michael war nicht mehr der übergewichtige, zerzauste Mann, vor dessen Küssen ich mich einmal geekelt hatte. Jetzt war er ein Mann Gottes.

Solange sich unsere Genitalien nicht berührten, konnte ich mir immer noch vormachen, daß ich den moralischen Normen der Kirche nicht zuwiderhandelte. Moral bezog sich stets nur auf den eigentlichen Geschlechtsverkehr, das Drumherum zählte nicht.

Dieser Auslegung frönte nicht nur ich. Jedes Wochenende brachten es die jungen Liebenden von Salt Lake City, die im Schatten des Tempels lebten, fertig, sich vor dem Kamin nackt aneinanderzuschmiegen und mit Hand oder Zunge zum Orgasmus zu bringen. Danach zogen sie sich seelenruhig wieder an und küßten sich zum Abschied vor der Tür im sicheren Glauben, auch diesmal die Gebote Gottes geachtet zu haben. Auf solche abstrusen Haarspaltereien zur Bewertung dessen, was gut und was böse ist, kommen nur Menschen, denen es nicht gestattet ist, ihrer Natur zu folgen. Und so zimmerten auch Michael und ich uns unsere Rechtfertigungen.

Unser Stelldichein war jeweils dann zu Ende, wenn ich nach Hause mußte, um meinem Mann das Abendessen zuzubereiten. Zu Hause würfelte ich dann Zwiebeln, briet Fleisch für Hamburger an, dessen appetitlicher Duft die Wohnung durchzog, kochte Nudeln und rührte eine Fertigsuppe an. Ich beobachtete meine Hände, während ich arbeitete: junge hübsche Hände, ein wenig knorrig von einer beginnenden Arthritis, die Charakterfestigkeit zu verraten schienen. Ich analysierte aber nie genauer, ob ich wirklich charakterliche Stärke besaß. Der Anblick meiner Hände gefiel mir ebenso wie mein Schaffen in der Küche. Abend für Abend war ich die perfekte Ehefrau.

Ich weiß nicht, wie Lowell meinen Betrug entdeckt hatte, aber seine Reaktion war erschreckend. Eines Tages kam ich nach Hause und fand ihn versteinert vor: das wächserne Gesicht war grauenhaft verzerrt, die Nase zu lang, die Lippen zu dünnen Strichen zusammengepreßt, die Wangen schienen bis hinunter zum Hals zu hängen und hatten das Gesicht zu einer Fratze entstellt. Als ich hereinkam, stand er gerade an der Flurwand zur Küche und schrieb mit einem dicken, blauen Filzstift etwas auf die gelbe Wand. Seine Knabenschrift war völlig aus den Fugen geraten; die Buchstaben tobten durcheinander und standen in groteskem Winkel zueinander, während er immer und immer wieder schmierte: »Deborah liebt Michael, Deborah liebt Michael.«

Er wurde nicht gewalttätig, aber für eine Weile war er völlig außer sich. Der Schmerz hatte ihn überwältigt. Im einen Augenblick küßte er meinen Hals wie ein bettelndes kleines Kind, im nächsten stand er über mir, während ich versuchte zu schlafen, und heulte wie eine Sirene: »Ich habe dich geheiratet, weil ich dachte, du wärest eine religiöse Frau! Ich dachte, du wärest anders! Ich glaubte, du wärest treu!«

Meine anfängliche Keuschheit hatte er also nicht deshalb akzeptiert, weil er meinen Glauben achtete, sondern weil meine Prüderie ihn beruhigte. Er glaubte, mein Glaube sei Garant dafür, daß er mich nie verlieren würde. Er glaubte, ich könne all das, was er in der Vergangenheit erlitten hatte, wieder gutmachen.

Die Gewalt von Lowells Kummer überwältigte uns beide schon bald. Wenn er mich nicht beschimpfte oder um meine Liebe bettelte, trank er. Wenn ich nicht gerade auf stur schaltete oder heulte, verzog ich mich in eine Ecke unserer Couch. Dort hockte ich fast jeden Tag und arbeitete an einer Häkeldecke in Rot, Weiß und Blau. Ich besaß mittlerweile große Fingerfertigkeit im Umgang mit der Häkelnadel. Ich häkelte während Lowells Tobsuchtsanfällen, während seiner Liebesbeteuerungen, manchmal die ganze Nacht hindurch. Das Häkeln konnte mich vielleicht zusammenhalten, während Lowell auseinanderbrach.

Es erwies sich aber als eine schwache Verteidigungsstrategie, und ich fiel sehr bald in eine Depression, wie sie mich erfaßt hatte, als ich mich für das Ende meiner ersten Ehe gestählt hatte. Diese Depression war jedoch viel tiefer. Es gab so vieles, für das ich mich verachtete.

Seelische Grausamkeit ist ein Phänomen, das erst später, nachdem ich all das durchgemacht hatte, als Problem anerkannt wurde. Sie wird in Zeitschriften und Fernsehsendungen diskutiert, so daß auch isoliert lebende Frauen die Chance haben, sie zu erkennen, wenn sie ihr ausgesetzt sind. 1976 sprach kein Mensch davon. Ohne zu verstehen, was sich da abspielte, und in der durch Lowells Wut verursachten Verzerrung von Raum und Zeit bekam ich morgens kaum noch die Augen auf. Bleiern lag die Scham auf mir.

In mir blühte eine tiefe Liebe zu ihm auf; mit meiner heutigen Erfahrung weiß ich aber, daß das eine Liebe war, die auch einem Gefängnisaufseher zuteil werden kann. Ich schrieb ihm viele Briefe, obwohl wir in demselben Haus lebten. Ich schrieb, nachdem er eingeschlafen war, auf Blümchenbriefpapier und ließ die Briefe auf seinem Schreibtisch liegen, damit er sie am Morgen fände. Immer und immer wieder kasteite und beglückwünschte ich mich für die Reinheit seiner Zuneigung zu mir und für seine Freundlichkeit.

Wenn ich die Energie dazu aufbringen konnte, unternahm ich etwas, um ihm zu gefallen. Er hatte sich darauf versteift, daß ich eine bestimmte Shorts besonders oft getragen hatte, wenn ich bei Michael gewesen war. Also machte ich mich eines Nachmittags daran, diese Shorts kleinzuschneiden und die Fetzen den Müllmännern mitzugeben. Davon berichtete ich des Abends dann so strahlend, als überreichte ich ihm ein zärtlich gebasteltes Geschenk.

Manchmal erkannte ich sogar selber, daß ich mich sehr merkwürdig verhielt. Und selbst Lowell hatte keine Einwände, als ich beschloß, einen Therapeuten aufzusuchen. Ich fand einen gewissen Dr. Pointer, wieder ein mormonischer Psychotherapeut, der wie sein Vorgänger Dr. Johnson vorzugsweise in Geschichten darüber schwelgte, wie glücklich mormonische Paare doch waren, die ihre Ehe nach mormonischen Vorstellungen führten. Doch bezeugte Dr. Pointer ein gewisses Mitgefühl, als er vorschlug, ich solle doch einmal aus der mich traumatisierenden Umgebung heraus. Er schlug vor, mich in eine Klinik einzuweisen. Kaum ausgesprochen, konnte ich es gar nicht mehr abwarten, dorthin zu gehen.

Zwar war ich erleichtert, getrennt von Lowell schlafen zu können, fand aber bald heraus, daß ich statt dessen in einer rückständigen psychiatrischen Anstalt gelandet war, in der depressive Hausfrauen mittleren Alters aufbewahrt wurden. Ein paarmal am Tag wurde jeweils eine der Patientinnen in einen engen Raum am Ende des Korridors gebracht, stets begleitet von einem großväterlich wirkenden Psychiater, der dort das Regiment führte. Wenn die grau-grünen Türen beim Eintreten oder Hinausgehen der Schwestern aufschwangen, glaubte ich sehen zu können, wie meine Leidensgenossinnen auf einen Tisch geschnallt dalagen und so etwas wie Elektroden an ihrem Schädel befestigt war. Dieser »Kopfschmuck« nahm sich über den wartenden, abgestorbenen Gesichtern der Frauen wie Lockenwickler aus. In dieser gefühllosen Klinik war selbst die Gewalt der Schocktherapie so gedämpft, daß sie keinen Schrecken mehr auslöste.

Solche Behandlungen hatte ich jedoch nicht zu erleiden. Ich war allerdings ständig durch Antidepressiva außer Gefecht gesetzt und stand nur dann auf, wenn Dr. Pointer oder Lowell zu Besuch kamen. Im Grunde wartete ich teilnahmslos darauf, nach Hause gehen zu dürfen, wobei ich es auf der anderen Seite aber gar nicht wollte und schon gar nicht wußte, auf was für eine Verbesserung meines Gemütszustandes der Arzt denn eigentlich wartete, ehe er davon überzeugt sein würde, daß ich entlassen werden konnte. In der ganzen Zeit ereignete sich nichts, bis ich durch einen Anruf bei Michael aktiv wurde.

Michael hatte ich, seit Lowell unsere »Affäre« entdeckt hatte, nicht mehr gesehen, und der Anruf war keineswegs ein leidenschaftlicher Liebesruf. Ich wußte lediglich, er würde kommen, wenn ich ihn darum bäte, und er würde wie immer lieb zu mir sein. An ihm war alles kalkulierbar, während sich alles andere um mich herum seit Wochen in Ungewißheit auflöste.

Ich saß vor meinem Zimmer und häkelte an meiner Dekke, als ich erkannte, daß da mein Freund vor mir stand. Die Häkeldecke hatte bereits enorme Ausmaße angenommen und floß in dicken Falten von meinem Schoß. Als ich aufblickte und Michael ansah, brachte mich das so sehr aus dem Gleichgewicht, daß ich die ganze Decke auf meinen Schoß raffte, sie umklammerte und nervös daran herumzupfte, bis er sich zu mir herunterbeugte und mich beruhigte, indem er meine Hände in die seinen nahm.

Während des ganzen Besuches waren wir nicht allein, aber ich konnte ihm eine Frage stellen, die ich schon so lange jemandem stellen wollte, ohne mit der Antwort bestraft zu werden: War mein Klinikaufenthalt Beweis dafür, daß ich verrückt war?

»Von solchen Dingen verstehe ich nicht so viel, aber ich brauche dich bloß anzugucken, um zu wissen, daß du nicht verrückt bist«, sagte er. »Und egal, warum du hier bist, mich schreckt das nicht ab. Deshalb wünsche ich mir nicht weniger, mit dir zusammen zu sein.« Nach dieser Versicherung ließ die Spannung in meinem Körper etwas nach.

Die Schwestern taten nicht viel zu meiner Gesundung, waren im Spionieren und Berichterstatten jedoch nicht zu übertreffen. Noch ehe Lowell am nächsten Tag mein Zimmer betrat, wußte er bereits alles über meinen Besucher. Er tobte und machte mir Vorwürfe und ging dann schließlich. Ich besah mich in dem trüben Spiegel. Mein glattes Haar klebte an meinem Hals, meine Augen waren so rot und geschwollen wie aufgeworfene Lippen. Ich starrte mir ins Gesicht und fragte mich, was an mir weder Lowell noch Michael aufgeben wollten.

Als Lowell am nächsten Abend kam, schob er mich in einen großen, kalten Raum am anderen Ende des Ganges, in dem die Wände olivgrün gestrichen waren. An allen Wänden waren Pinnbretter aus Kork angebracht, die die trübe Tarnfarbe durchbrachen. Diese Pinnwände waren so oft von Heftzwekken bearbeitet worden, daß die Flächen ganz löchrig aussahen. Die übrige Einrichtung bestand vornehmlich aus Metallstühlen, die in unordentlichen Reihen aufgestellt waren oder entlang der Wände gestapelt dastanden. Außerdem hatte man ein paar hölzerne Sessel zur Seite geschoben. Es handelte sich um einen Raum für Vorträge, so grell erleuchtet wie ein Operationssaal.

In einem Halbkreis standen dort mein Bischof und zwei seiner Assistenten und grinsten mich so unbewegt an, als schüttelten sie einer Fremden die Hand. Es handelte sich um drei Männer mittleren Alters in drei verschiedenen Größen: klein, mittel und groß. Alle drei trugen ähnliche graue Anzüge und glänzende braune Schuhe mit runder Kappe. Die

Klimaanlage blies so ungehemmt aus einem Loch in der Decke, wo die Verkleidung heruntergefallen war, daß den Männern die Haare zu Berge standen, als stünden sie unter Strom. Es überraschte mich, sie zu sehen.

»Wir sind hier, um herauszufinden, ob irgend etwas vorgefallen ist, das vor das Exkommunikationsgericht gehört, Schwester Bateman«, sagte mein Bischof John Lawton, ohne daß sein Grinsen auch nur einmal nachgelassen hätte.

Wir setzten uns in die Sessel, die jederzeit auseinanderbrechen konnten. Die Schaumstoffkissen waren einst mit orange-braun gestreiftem Stoff bezogen gewesen, jetzt war der Bezug jedoch voller Risse und völlig verschlissen. Als ich mich wieder erhob, klebten mir Schaumstoffbröckchen an dem genoppten Bademantel, den ich zwei Wochen lang jeden Tag getragen hatte, was meinen leicht verkommenen Aufzug noch unterstrich.

Die drei Männer saßen in gerader Reihe Lowell und mir gegenüber. Lowell hatte unsere beiden Stühle dicht zusammengezogen, als wollte er sein Bündnis mit mir symbolhaft darstellen.

»Ihrem Mann ist es sehr wichtig, daß Sie unsere Fragen beantworten«, fuhr John Lawton mit seinem festgefrorenen Grinsen fort. »Er hat uns diese Angelegenheit zur Kenntnis gebracht. Sie fällt in unsere Richtkompetenz, da wir die Gemeindevorsteher sind.«

Lowell hielt während dieser redeähnlichen Eröffnung meine Hand. Ich war mir nicht sicher, ob ich das überhaupt wollte, also ballte ich meine Hand in der seinen, entspannte mich dann aber doch etwas. Ich zog die Hand nicht weg, denn ich wollte keine Zweifel daran schüren, daß ich seine Ehefrau bleiben wollte.

»Wir müssen Sie über Ihre Beziehung zu Michael Clark befragen«, sagte John Lawton, dessen Gesicht immer noch zu einem fratzenhaften Lächeln verzerrt war, das wohl

Freundlichkeit signalisieren sollte. »Wir müssen erfahren, was genau sich da abgespielt hat.« Angesichts seines unablässigen Lächelns fing ich an zappelig zu werden. Ich war mir sicher, daß diese Männer, die über meine Zukunft bestimmen sollten, eine falsche Vorstellung von dem hatten, was vorgefallen war.

Ich versuchte die Geschichte meiner Freundschaft zu Michael so kohärent wie möglich zu erzählen. Zunächst war ich verlegen, die Beichte entwickelte dann aber eine Eigendynamik und floß mit wütender, heilender Energie aus mir heraus. »Wir haben uns über einen langen Zeitraum getroffen«, sagte ich. Auf einmal wollte ich meine Seele reinigen.

John Lawtons Augen aber hielten mich davon ab; sie reflektierten keinerlei Verständnis, kein Aufflackern zum Zeichen, daß er mich hörte. Es war, als säße er von mir getrennt in einer schalldichten Kabine und grinse mich durch die Glaswand hindurch an. Diese Grimasse wurde zur Bedrohung.

Als die Berichterstattung über meine Untreue versiegte, stellte John Lawton die entscheidende Frage: »Ist es jemals zum Geschlechtsverkehr gekommen?«

»Wir haben uns nur manchmal geküßt«, sagte ich.

Er nickte und lächelte. »Bist du gewillt, diese Beziehung aufzugeben?«

»Ich habe Lowell bereits erklärt, daß ich das tun werde.«

Er lächelte und nickte und erhob sich. Seine schweigsamen Berater standen daraufhin auch auf, und alle drei kamen auf uns zu. Automatisch erhoben sich Lowell und ich ebenfalls, der Bischof und seine Berater schüttelten uns nacheinander mit kräftigem Druck die Hand, als wollten sie uns gratulieren. Ich war schrecklich verwirrt.

»Hier ist einiges geschehen, was nicht sehr weise war. Ich sehe aber nichts, weshalb die Sache dem Exkommunikationsgericht vorgelegt werden müßte,« sagte John Lawton. Einen Augenblick lang begriff ich gar nicht, was er meinte, erkannte dann aber, daß ich nur hätte exkommuniziert werden können, wenn ich tatsächlich mit Michael geschlafen hätte. Alles andere, mein Verrat an Lowells Gefühlen, die Tatsache, daß unser Eheleben wegen mir so sehr litt und ich mich ihm durch Einweisung in die Psychatrie entzogen hatte, all das erfüllte nicht den Tatbestand, der eine Exkommunikation nach sich gezogen hätte, all das zählte nicht. Wie ich ja schon während der Zeit meiner Treffen mit Michael wußte, galt nur der eigentliche Geschlechtsverkehr als Sünde.

»Das geht alles vorüber«, sagte John Lawton und klopfte mir zärtlich auf die Schulter, obwohl ich erst seit einem Jahr in seiner Gemeinde war und ihn gar nicht so gut kannte. »Seid einfach gut zueinander.«

Ich hatte Angst, Lowell bei diesen Worten direkt in die Augen zu sehen. Als wir Lawton gemeinsam gegenübersaßen, war meine Hand so fest in der Lowells verankert gewesen, daß ich mich eingesperrt fühlte.

Dann dämmerte mir durch den medikamentös herbeigeführten Schleier, durch den alles nur mit zeitlicher Verzögerung zu mir vordrang, welche Motivation Lowell getrieben hatte. Er hatte wohl entdeckt, daß ich ihn nicht wirklich achten konnte, weil er kein Priester war. Also hatte er dafür gesorgt, daß ich vor Männern, die ich achtete, erzählen mußte, wie tief ich ihn verletzt hatte. Jetzt war er erfüllt von dem Verlangen nach Absolution für sein Tun, und ich hatte Angst davor, was geschehen würde, denn ich erteilte sie ihm nicht.

Wir begleiteten die Kirchenobersten bis zum Eingang der Station, auf der ich lag. Unterwegs plauderten sie mit uns, machten aber keinerlei Anspielungen auf die Umgebung, in der wir uns befanden. Sie nahmen die abgestumpften, in ihren Bademänteln in sich zusammengesunkenen Patientinnen auf den Stühlen entlang der Wände einfach nicht wahr, auch nicht, daß ich eine von ihnen war.

John Lawton lebte am Ende unserer Straße in einem Haus, in dem immer das Chaos zu herrschen schien. Zu jener Zeit liefen dort Arbeiter im farbbekleckſten Blaumann über den Rasen, und ein Anbau wuchs allmählich in die Höhe.

Wenn ich im richtigen Winkel auf unserer vorderen Veranda saß, hatte ich beinahe das ganze Haus Lawtons im Blick. Ich beobachtete das Haus oft, nachdem ich aus der Klinik entlassen worden, aber noch zu wirr war, um irgend etwas anderes zu tun. Ich sah, wie Fertigwände von einem Laster abgeladen wurden, oder manchmal, wie John Lawtons pummelige Frau Loretta mit ihrem großen Auto voller Kinder, teils den eigenen, teils denen der Nachbarn, vorfuhr. Wenn Loretta und die Kinder an den Arbeitern vorbei ins Haus strömten, verschwand der Teil des Hauses, den ich sehen konnte, hinter einem Gewimmel von Menschen.

Eines Abends, als Lawton nach der Arbeit seine Einfahrt hochfuhr, bemerkte er, wie ich ganz alleine auf unserer Veranda saß. Es war noch nicht dunkel und auch noch nicht ganz Abendbrotzeit, so kam er zu mir herüber. Er zog sich einen Gartenstuhl ganz dicht neben meinen. Ich erinnere mich noch, daß er stark nach Seife roch, als habe er sich intensiv die Hände geschrubbt, ehe er sein Büro bei der Versicherung in der Stadtmitte verlassen hatte.

Hinter mir spürte ich, wie mich mein eigenes Haus bedrängte. Lowell und ich hatten die Wand mit den Filzstiftschmierereien, Ausdruck des Martyriums, durch das wir gegangen waren, überstrichen. Die äußeren Anzeichen unserer Qual waren also verschwunden, die inneren jedoch nicht überwunden. Ich hatte eine neue Häkeldecke in Angriff genommen, diesmal in Braun und Gelb, und ich lebte immer noch hauptsächlich auf dem Sofa, wenn ich mich im Haus befand. Lowells Tiraden hatten nachgelassen, aber wenn sie hervorbrachen, dann mit neuer Kraft. Dieser Zustand änderte sich in all den Jahren, bis wir die Scheidung einreichten, nicht.

Er hatte es nie zugegeben, aber ich vermutete, daß er mich in der Klinik bloßstellen wollte, und als die Angelegenheit von den nur am äußeren Schein interessierten Männern übertüncht wurde, verstärkte sich sein innerer Aufruhr, bis er damit das ganze Haus auszufüllen schien. Der Eindruck, daß ich den Kummer in unserem Haus hinter mir deutlich spüren konnte, bedrängte mich so sehr, als nähme ich die Anwesenheit eines kranken Tieres im Gebüsch war.

»Das kommt alles in Ordnung, wenn Sie Ihren Mann nur mehr unterstützen«, sagte Lawton. Der Sittenkodex der Kirche hielt an jenem Abend diese magische Formel parat, so wie er dem Bischof zuvor geholfen hatte, die Stuation zu entschärfen, als er mich in der Klinik verhörte. Sein Gesicht strahlte Sanftheit und Selbstsicherheit aus, als er mir den vermeintlichen Schlüssel zur Lösung meiner Schwierigkeiten darbot.

»Ich bin ganz sicher, daß das helfen würde, Bischof«, antwortete ich.

Ich bin oft gefragt worden, warum ich mich mit Mitte zwanzig vom Mormonentum abwandte, obwohl ich doch bis dahin mein ganzes Leben danach ausgerichtet hatte. Eine einzige Antwort darauf gibt es nicht, so wie auch nichts geschehen ist, das der alleinige Auslöser gewesen wäre. Es war eher all das, was nicht geschehen ist. Ich habe diese Kirche, die mich beschützt und bedroht hat, nicht mit fliegenden Fahnen verlassen. Ich habe niemanden mit meinem Zorn überschwemmt. Habe keinen gehaßt, der mir wohlmeinende Ratschläge gegeben hat. Es ist nie zu einer Szene gekommen.

Es gab nur diesen kurzen Augenblick, als ich John Lawton nachsah, wie er auf der stillen Straße zurück nach Hause ging, und erkannte, daß es ihm einfach nicht gegeben war, die Vielschichtigkeit meines Lebens und meines Kummers zu begreifen. Die Regeln unserer Religion waren die einzigen Regeln, die wir kannten, er und ich, aber es waren Regeln, die auf einer gewissen Kalkulierbarkeit der Tage und Nächte, der Ehemänner und Ehefrauen beruhten; auf meine Lebenserfahrungen trafen sie einfach nicht zu.

Ich war nicht sonderlich für das Alleinsein gerüstet, aber jetzt war ich ganz allein.

Acht

Als ich bei Lowell auszog, den vielen Einweckgläsern auf den Regalen in der Vorratskammer den Rücken kehrend, brach ich endlich aus der Enge der mir vorgegebenen Welt aus. Es war eher eine intuitive Handlung als eine bewußte Entscheidung. Außerdem erfüllte mich dieser Schritt mit Schrecken, denn ich hatte die Erfahrung, daß Unerwartetes oder Unbekanntes durchaus Wunderbares bergen kann, bis dahin nie gemacht. In meinem bisherigen fremdbestimmten Leben hatte ich von dieser Möglichkeit nichts geahnt.

Ganz im Gegenteil: Mir war beigebracht worden, meinen vorgeschriebenen Weg als mormonische Hausfrau nicht als Zwangsjacke zu empfinden, sondern ihn als einzigen Weg zum Glück zu betrachten. Aber als ich Monty verlassen hatte, war mein Zug in die Zukunft entgleist, und ich hatte auf den Schrotthaufen gestarrt und darüber gegrübelt, wie ungerecht das Schicksal doch mit mir umging. Ich hatte versucht, wieder auf die Schienen zu kommen, und ich hatte jede nicht auf der mormonischen Landkarte verzeichnete Meile meines Lebens als Sühne für Sünden betrachtet, die ich gar nicht bewußt begangen hatte.

Wann immer es um Entscheidungen ging, handelte ich mehr aus Zwang denn aus eigenem Antrieb: zuerst, als ich mich gezwungen sah zu heiraten, dann, als ich so hoffnungslos war, daß ich die Scheidung einreichte, später so verzweifelt, daß ich wieder heiratete und dann in meiner Ausweglosigkeit meine eigene Form der Untreue schuf. Ich war wie ein Querschläger, der, anstatt geradewegs sein Ziel zu treffen, irgendwo abprallte, um in eine völlig andere Bahn gelenkt zu werden und dann unsanft zu landen.

Ich zog wieder nach Salt Lake City, vornehmlich, um in Hannies Nähe zu leben. Auch spürte ich, daß ich dem Mormonentum mehr und mehr entglitt, und zurück ins Zentrum der Religion zu ziehen, war ein letztes Aufbäumen, um nicht völlig abzugleiten. Aber dies war von vornherein zum Scheitern verurteilt, weil ich mich der Kirche gar nicht mehr öffnen konnte. Ich hatte meinen Glauben verloren. Mit Lowell hatte ich einen so tiefen seelischen, an Wahn grenzenden Schmerz durchlebt, daß ich keine Energie mehr hatte, mormonischen Regeln zu entsprechen. Dafür braucht man unverbrauchte Kräfte und unerschütterlichen Glauben. Statt dessen bewegte ich mich in einem Kreis von Mormonen, die sich von ihrer Religion zwar noch nicht abgewandt hatten, aber auch nicht mehr in der Kirche aktiv waren und die mormonischen Grundsätze nicht so strikt befolgten. Das war für mich der Weg des geringsten Widerstandes.

Ohne es wirklich zu erkennen, hatte ich mich für diese Umbruchphase schon seit einiger Zeit gewappnet. Sie hatte im Grunde in dem Moment begonnen, als ich John Lawton mit klaren Augen gesehen und erkannt hatte, daß die meine Welt bestimmenden Tabus eins nach dem anderen ihren Sinn verloren hatten. Schon als ich noch mit Lowell zusammenlebte, war der Tag gekommen, an dem ich ihm seine Zigaretten nicht mehr übel nehmen konnte. Die kirchliche Indoktrination in Form unnachgiebiger Vorschriften zur Erhaltung der Gesundheit wich der Einsicht, daß Rauchen zwar niemandes Gesundheit fördert, Gott solch eine weltliche Unsitte aber sicherlich nicht gleich als Sünde bewertet.

Ein andermal entdeckte ich während eines Abendessens mit Bekannten von Lowell, einem Notarzt und dessen Freund, einem gertenschlanken skandinavischen Architekten, daß zwischen den beiden ein würdigeres Band spürbarer gegenseitiger Zuneigung und Achtung geknüpft war als das eheliche Band, das Lowell und mich in einem Netz verzwickter Heimzahlungsversuche gefangenhielt. Plötzlich setzte sich die Erkenntnis in mir durch, daß der Geschlechtsakt eine vom Herzen bestimmte Vereinigung sein muß, und diese Entdeckung prickelte in mir und ängstigte mich zugleich.

Eines Abends, als Lowell wieder einmal unsere Ehe und die Welt nicht mehr ertrug, beobachtete ich ihn, wie er von seinem Whiskeyrausch in den Schlaf hinüberdämmerte. Da ging ich in die Küche und mixte mir den ersten Drink meines Lebens.

Die Schuld dafür, daß ich mich über ein mormonisches Verbot hinwegsetzte, schob ich meinem Mann zu und redete mir ein, daß ich das Trinken eben lernen mußte, wenn ich mit ihm zusammenbleiben wollte. Aber es schwante mir bereits, daß das eine reichlich fadenscheinige Ausrede war. In Wahrheit kribbelte die Aufregung in meinem Bauch, als ich mir Lowells stark riechenden Scotch einschenkte. Wie würde ich mich wohl in ein paar Minuten fühlen? Abgesehen von den Beruhigungstabletten, die ich hinuntergewürgt hatte, als ich Monty verlassen wollte, hatte ich nie Drogen genommen. Ich war nicht einmal auf ihre Wirkung neugierig gewesen. Aber offensichtlich hatte ich meine Neugier zu lange bezwungen, weshalb sie sich jetzt Bahn brach. Wie würde mein mit Drogen völlig unerfahrener Körper auf den Alkohol reagieren? Vielleicht mit stunden- oder tagelangen Halluzinationen, daß ich von Insekten bedeckt sei, wenn nicht Schlimmerem? Aber meine Neugier machte diese Ängste nieder.

Ich war so unbedarft, daß ich mir ein Becherglas halb und halb mit Wasser und Scotch füllte und es runterkippte wie Medizin. Eine gewisse Einwirkungszeit wartete ich gar nicht erst ab. Als ich nicht sofort etwas spürte, stürzte ich das zweite Glas hinterher. Die nächste Viertelstunde war ich hoch über meine alltäglichen Sorgen emporgehoben. Das Gefühl übertraf alle meine Vorstellungen und alles, was andere mir über ihre Glücksgefühle erzählt hatten. Danach wurde ich ohnmächtig. Als ich sechs Stunden später zu mir kam, war ich einigermaßen zärtlich ins Bett gesteckt worden. Aus irgendeinem Grund hatte sich Lowell wohl noch einmal hochgezwungen, um nach mir zu sehen. Er hatte mir sogar ein Handtuch wie eine Serviette in den Nachthemdausschnitt gestopft, damit ich, wenn ich mich übergeben mußte, nicht alles schmutzig machte. Merkwürdigerweise packte mich beim Aufwachen kein Brechreiz. Aber eine Erkenntnis traf mich wie ein Hammerschlag. Ich begriff auf einmal, daß das Verlangen zu trinken eine Sehnsucht nach Erlösung sein kann, daß weniger der Teufel als vielmehr eine zutiefst menschliche Verzweiflung zum Trinken verführt.

So war ich in der Zeit, als ich in Salt Lake City neue Bekanntschaften schloß, schon keine praktizierende Mormonin mehr, obwohl ich nicht bereit war, dies zuzugeben. Immer noch ging ich ein paarmal im Monat, manchmal zusammen mit Hannie, in den Gottesdienst. Ich erzählte meinen Eltern weiterhin von den Perlen der Weisheit, die den Kirchenobersten während der Sakramentsgottesdienste entsprangen, nicht, weil ich sie an der Nase herumführen wollte, sondern weil ich mit ihnen verbunden sein wollte. Gelegentlich blätterte ich auch im Buch Mormon herum in der Hoffnung, auf für mich gültige Anweisungen zu stoßen. Und ich betete immer noch. Ich war dem Mormonentum nicht mehr völlig verbunden, hatte es aber auch noch nicht ganz verlassen. In diesem Schwebezustand blieb ich stekken, bis ich Adam Goody traf, durch den sich mir eine neue Welt eröffnete, ohne alle Verbindungen zu der alten abbrechen zu müssen.

Ich traf ihn am Arbeitsplatz. Zum erstenmal in meinem Leben konnte ich erzählen, ich hätte jemanden am Arbeitsplatz kennengelernt. Als ich nach Utah zurückgekommen war, hatte sich mir die Möglichkeit geboten, mehr mit meiner Zeit anzufangen, als mich bloß nach einer neuen Ehe umzusehen, was sich ja ohnehin als äußerst unzuverlässige Lebensgrundlage herausgestellt hatte. Die recht angenehme Beschäftigung, die ich fand, war allerdings auch nicht wesentlich zuverlässiger. Für 750 Dollar im Monat arbeitete ich in der Redaktion eines kleinen Stadtmagazins, das für seine relative Objektivität bekannt war, mit der es über Utahs heilige Kühe, einschließlich der Kirche, berichtete.

Obschon ich diese Arbeit als etwas Vorübergehendes betrachtete – mir kam nicht im entferntesten der Gedanke, daß ich damit eine berufliche Laufbahn eingeschlagen haben könnte –, fand ich großes Interesse an dem Job. Abgesehen von dem nicht zu verachtenden Vergnügen, mein eigenes Geld zu verdienen, entwickelte ich große Freude daran, über politische und soziale Fragen zu diskutieren, von Dingen zu lesen und zu schreiben, die auch mein Leben bestimmten, über die ich bislang jedoch wenig nachgedacht hatte. Meine Arbeit in der Redaktion half mir auch, so in dieser Umbruchphase zur Ruhe zu kommen. Der Redakteur war ein runder, aufmüpfiger, nachdenklicher Mittvierziger, ein von Zweifeln heimgesuchter, praktizierender Mormone. Wir saßen im selben Büro, und bald blühte eine Freundschaft zwischen uns auf. Viele Stunden am Tag diskutierte ich mit einem Mann, der einmal nicht so tat, als habe er die Antworten auf alle uns quälenden Fragen parat. Solche gleichberechtigten Diskussionen waren mir völlig neu, doch sehr bald schon sollten sie mir ganz vertraut werden. Die meisten unserer Redakteure waren lebhaft und intelligent und entfernten sich immer mehr von dem Gedankengut der Kirche, so daß wir nach der Arbeit in der Kneipe interessante Diskussionen führten. Nach meinem Besäufnis konnte ich dem Trinken zwar nicht mehr so sehr viel abgewinnen – ich vertrug nicht viel und Scotch rührte ich nie wieder an –, saß aber gerne mit den neuen Bekannten zusammen. Dort traf ich auch Adam inmitten seines Freundeskreises.

Als ich ihn zum erstenmal zur Kenntnis nahm, hatte ich ein oder zwei Gläser Wein getrunken, so daß ihn eine besondere Aura zu umgeben schien. Obwohl dieser visuelle Eindruck mit zunehmender Nüchternheit verschwand, hielt sich der Gesamteindruck doch ein Jahrzehnt lang, daß dies ein überaus romantischer Mann war.

Bei Tageslicht betrachtet war er nicht besonders attraktiv, er war recht klein und leicht untersetzt, hatte wie ich eine blasse Haut voller Sommersprossen und sein Kopfhaar war, gelinde gesagt, ziemlich gelichtet. Aber all dies nahm ich weder damals noch später so richtig zur Kenntnis. Bei mir zählte immer nur seine gesamte Erscheinung. Ich schrieb ihm, von dem ich glaubte, er sei ein Radikaler, vielleicht auch deshalb eine so große persönliche Kraft zu, weil er nach seinem Harvardabschluß vor mehr als zehn Jahren zusammen mit anderen in einem Kleinbus durch das Land gereist war, um den Menschen das Bewußtsein zu schärfen, und weil er sich zu den Aktivisten des Landes zählte. Er war der erste, der mich mit den Strömungen der sechziger Jahre vertraut machte.

Vielleicht dachte ich ja auch, er entstamme einer aristokratischen Familie, weil seine Eltern in einer so reichen Wohngegend der Stadt lebten und altes Familiensilber besaßen und weil sein Vater auch schon zur Harvard University gegangen war. Ich hatte noch nie jemanden aus solchen Familienverhältnissen kennengelernt. Möglicherweise fand ich ihn aber auch deshalb attraktiv, weil er mir gleichzeitig verständnisvoll und völlig befreit vorkam: Die Familie seiner Mutter war mormonisch, weshalb er wußte, womit ich kämpfte, er selbst war jedoch nicht religiös erzogen worden. Sicherlich habe ich nicht in ihm gesehen, was er war und ist: ein kluger, mitfühlender Mensch, dem jedwede Oberflächlichkeit abgeht und der durch das in Utah alles bestimmende Mormonentum genauso gefangen ist, als wäre er selbst praktizierender Mormone. Ganz sicherlich habe ich nie begriffen, daß ich die Abtrünnige war.

Wir paßten so gut zusammen und ähnelten uns in unserer Auffassung über das Schicksal so sehr, daß meine Angst, die ich in eine weltliche Beziehung hineinprojiziert hatte, niemals auftrat, die Angst nämlich, eine grundlegende sexuelle Entscheidung treffen zu müssen, woraufhin ein für alle Male die Rückkehr zur Kirche verbaut gewesen wäre. In Anbetracht unserer intensiven Gefühle kam es aber gar nicht in Frage, nicht miteinander zu schlafen, wobei ich nicht so weit ging, Sex zwischen Unverheirateten als etwas völlig Normales zu betrachten. Als wir das erste Mal miteinander schliefen, wußte ich unterschwellig, daß ich nie zuvor einem geliebten Menschen so nahe gewesen war. Ein anderer Teil von mir schämte sich aber dafür, daß Adam nicht mein Ehemann war, weshalb ich anschließend zwischen diesen beiden extremen Gefühlen hin- und herpendelte. In den frühen Morgenstunden küßte ich meinen ersten Liebhaber zum Abschied, als wollte ich ihn verschlingen, danach nahm ich tagelang seine Anrufe nicht entgegen. Als ich ihn dann wiedersah, erklärte ich, daß unsere Intimitäten ein Fehler gewesen seien und ich keine Frau für Affären sei. Ein paar Minuten später zog ich ihn aufs Bett.

Dieses widersprüchliche Verhalten ließ aber nach, als ich erkannte, daß ich ungeachtet meiner Befürchtungen weiterhin mit Adam schlafen würde und meine altjüngferlichen Tiraden die ansonsten wunderschönen Stunden mit ihm nicht gerade bereicherten. Ich hörte auf, ihm zu erläutern, daß unsere Liebesakte mir mehr abverlangten, als es jemals bei Monty oder Lowell der Fall gewesen war, weil ich ständig gegen den Konflikt ankämpfen und eine Menge Mut aufbringen mußte.

Mein Stillschweigen vermochte aber nicht zu verhehlen, auf welch dünnem Eis ich mich bewegte. Manchmal wachte ich mitten in der Nacht auf und betrachtete die Gesichtszüge meines Liebhabers; ich stellte mir dann ein Leben ohne ihn vor. Was würde ich wohl mit meinem Leben anfangen ohne die Leidenschaft, die es zusammenhielt. Manchmal kroch ich dann aus dem Bett und stellte mich unter die Dusche, als könnte ich damit die Gedanken fortspülen. Ich hatte Angst davor, daß er mich verlassen könnte, zumal ich alles, einschließlich meiner Tugend, auf eine Karte gesetzt hatte.

Ihn zu verlieren, schien aber keine unmittelbare Gefahr, weshalb dieser Gedanke nur manchmal an mir nagte. Mehr Energie kostete da schon das Turbulente und Verwegene unseres Zusammenlebens, seit ich so gut wie ganz bei ihm eingezogen war. Ständig gab es etwas, worüber wir aus vollem Halse lachen mußten oder was wir völlig zwanglos neu entdeckten. Ich hatte mir nie vorgestellt, daß man mit solchem Vergnügen zusammensein konnte, schon gar nicht, daß ich es erleben würde. Doch trotz der Leidenschaftlichkeit war unsere Beziehung nur eine halbherzige, wie bei Verliebten, die aus irgendeinem Grund nicht aufs Ganze gehen wollen. Ich teilte Adams Leben und sein Büro, ließ die Liebe aber nie in mein nur ein paar Häuserblocks entfernt gelegenes Appartement. Meine Perserkatzen lebten dort allein, und die Wohnung versank mehr und mehr unter einem dicken Filz von Katzenhaaren.

Unsere engsten Freunde waren Leute wie wir, ehemalige Mormonen oder zürnende Mormonen oder solche, deren Eltern schon nicht sehr strenggläubig gewesen waren, weshalb den Kindern der Glaube noch weniger bedeutete. Fastaussteiger. Viele experimentierten wie ich herum. Es war völlig natürlich, wenn nicht zwangsläufig, daß wir miteinander in Kontakt kamen.

Nicht, daß die anderen Bekannten in Utah, die Stronggläubigen, mich direkt ausgestoßen hätten. Aber sobald ich mein liberaleres Denken preisgab, baute sich zwischen uns eine zunehmend stärkere, unausgesprochene Spannung und Distanz auf. Eine frühere Freundin hatte sich in den Jahren, in denen ich fort gewesen war, mehr und mehr dafür engagiert, daß Teenager keine Verhütungsmittel bekommen sollten. Sie protestierte deswegen sogar vor dem Kapitol und beschrieb mir dann voller Empörung während des Mittagessens, daß einige Vertreter des Gesetzgebers doch tatsächlich der Auffassung seien, ein mit einem Kondom ausgestatteter Sechzehnjähriger sei immerhin das kleinere Übel. Bei solchen Diskussionen fühlte ich mich verständlicherweise nicht sehr wohl in meiner Haut aus Angst davor, daß ihr strenges Urteil auch in meine Richtung strahlen könnte und daß meine eigenen, einem Wandel unterworfenen moralischen Maßstäbe dahingehend ausgelegt würden, daß Satan wieder in meiner Psyche tobte. Mir war, als winkte ich meiner Freundin vom anderen Ende der Welt zu.

Bei meinen neuen Freunden, mit denen ich mich auf Anhieb verstand, fühlte ich mich hingegen sehr wohl. Aber auch sie definierten sich in einer Gegend, in der die Kircheninteressen vom Handel bis zur Politik alles bestimmten, über ihre Beziehung zum Mormonentum, wenn auch mit umgekehrtem Vorzeichen. Immer wieder steckten sie ab, wie weit sie sich schon von der religiösen Mitte entfernt hatten.

Wir waren einmal so sehr vom Mormonentum bestimmt gewesen, daß diese Religion immer noch das Maß aller Dinge war. Das galt sogar für einige, die nie Mormonen gewesen waren, die aber mit Vorliebe darüber klagten, wie schwierig das Vorankommen doch sei, wenn man nicht Mitglied dieser alles bestimmenden Organisation sei. Sie berichteten dann davon, beim Vorstellungsgespräch ein Unterhemd zu tragen, das das mormonische Untergewand vortäuschen sollte.

»Gehst du immer noch zur Kirche?« fragten wir uns gegenseitig.

»Glaubst du an den Tempel … die Geschichte über Joseph Smith … daß der Verfassungszusatz zur Gleichstellung von Männern und Frauen verabschiedet werden sollte?«

»Achtet deine Familie noch mormonische Vorschriften?«

»Trägst du immer noch dein Untergewand?«

Die Antworten waren nicht so wichtig wie das eigentliche Frageritual, wodurch wir einander bestätigten, daß wir immer abtrünniger wurden. Mit solchen Geständnissen versuchten wir, uns einen eigenen Hafen zu bauen, damit niemand ins Bodenlose fallen mußte. Wir diskutierten nicht ausschließlich über Religion, aber ritualisierten den Gedankenaustausch über unseren zunehmenden Abstand vom Mormonentum, als schwörten wir uns in eine neue, wirkliche Gemeinschaft ein. Eine, die uns auffing, wenn wir alles andere verloren.

Einige unserer Entdeckungsreisen waren harmlos und banal und lustig, als brächten wir es zu nicht mehr als einer kleinen Verrücktheit, nachdem wir die institutionalisierte Gleichförmigkeit und Unbedarftheit hinter uns gelassen hatten. Eine Frau, die auch für das Magazin schrieb und die die Ehefrau eines Professors der BYU war, fing an, auf einem Motorrad durch die Stadt zu knattern, ihre matronenhafte Frisur unter einen neongelben Helm gestopft, und nahm Unterricht im Bauchtanz. Schon als junges Mädchen hatte sie in der Kirche die Orgel gespielt, eine eher passive Aufgabe. Eines Sonntagmorgens ließ sie beim Ankleiden jedoch trotzig das Untergewand weg und setzte sich, ihr süßes Geheimnis bewahrend, aufrecht vor ihr Instrument. Darüber schrieb sie danach einen Artikel mit dem Titel »Die Organistin trug keine Unterwäsche«.

Ein anderer Wanderer zwischen den Welten entwickelte plötzlich eine Leidenschaft für Umarmungen, von denen er behauptete, sie seien rein platonischer Natur. Näherte man sich ihm auf weniger als drei Meter, lief man Gefahr, in eine sehnsuchtsvolle Umarmung gezogen zu werden, die sehr wohl eine sexuelle Färbung barg und viel mehr von seiner verzweifelten Sehnsucht nach einer Bindung zeugte, als er zugeben wollte. Obwohl wir bereits das Jahr 1980 schrieben, hätte er gut ein früher Fan der Esalen-Bewegung sein können, jener Bewegung der Sechziger, die unter anderem auch durch Körperkontakt Selbstfindung und Selbstverwirklichung suchte. Unaufhörlich quasselte er davon, wie wichtig Körperkontakt sei, und schleppte dauernd irgendwelche Frauen am hellichten Tag ins Kino, um Händchen zu halten, selbst wenn die Frauen das nicht so gerne hatten. Meines Wissens ging er nie weiter; er betatschte keine der Frauen, fing nicht an zu trinken, bat keinen um einen Zug von seinem Joint. Mir drängte sich der Verdacht auf, daß er es nach Jahrzehnten seiner für die Ewigkeit geschlossenen Ehe schon als fast unerträgliche Befreiung ansah, einer von ihm bewunderten Frau die Hand zu halten oder ihr den Arm um die Schulter zu legen.

Manchmal waren die Experimente jedoch nicht so harmlos. Einmal traf ich einen Mann, dem jedwedes Maß abhanden gekommen war und der nicht einmal über die wirren, willkürlichen Maßstäbe meiner neuen Freunde verfügte. Er war Vorsitzender seiner Priestervereinigung gewesen und ermunterte auf einmal seine Frau dazu, vor seinen Augen mit einem anderen zu schlafen, wobei er dann in Tränen ausbrach. In der einen Minute strebte er mit der Gewalt einer abgefeuerten Rakete fort von der Kirche, in der nächsten stand er da wie ein verwirrter kleiner Junge, fassungslos ob seiner unüberlegten Ausbruchsversuche. Das war wohl die radikalste und traurigste Geschichte, von der ich erfuhr. Wenn wir an den Ufern sexueller Freiheit spielten, ohne wirklich in uns hineinzuhorchen, was die Sehnsucht uns über unser innerstes Verlangen nach einem freizügigeren Leben zuflüsterte, machten wir uns in den meisten Fällen im seichten Wasser kaum die Füße naß.

Ich probte meinen eigenen dilettantischen Aufstand, als wir in Adams Hinterhof in dem hölzernen Pool einer vermeintlichen Frivolität frönten, lange nachdem es in Kalifornien schon wieder aus der Mode gekommen war, mit lebenslustigen Gleichgesinnten nackt im Pool zu dümpeln. Im Grunde war das Ganze völlig harmlos. Ich kann mich nicht erinnern, jemals zufällig einen anderen Badenden berührt zu haben, und ganz sicher hat nie jemand irgend etwas über meinen Körper gesagt. Nur einmal machte jemand für Adam eine Bestandsaufnahme. (Dieser Jemand äußerte, ich hätte einen eleganten Whirlpoolkörper; ein solch zuvorkommendes Kompliment läßt sich wohl kaum als lüsterne Bemerkung hinstellen.) Einmal kam ein Ehepaar zum Baden, das die ganze Zeit bis zum Hals eingetaucht blieb. Der Mann quetschte im Wasser die Brüste seiner Frau so nachhaltig wie jemand, der entschlossen ist, noch den letzten Tropfen Saft aus einer Apfelsine herauszudrücken. Obwohl jeder sehen konnte, was er da unter Wasser trieb, behielten die meisten einen so nichtssagenden und unverbindlichen Gesichtsausdruck, als plauderten sie während einer Pause in der Oper miteinander. Adam und ich taten so, als kriegten wir überhaupt nichts mit. Dieses Sich-Verstellen war recht typisch für die Stimmung, in der wir uns alle befanden.

Das Neue machte mich aber nicht immer so beklommen, und in solch entspannten Momenten glaubte ich, eine Nische für mich gefunden zu haben. Einmal fuhren wir mit Freunden nach Südutah, wo wir über das Wochenende in St.

George Golf spielen wollten. St. George ist ein Städtchen in einer majestätischen, roten Wüstenlandschaft, wo die Tafelberge nach Sonnenuntergang durch ihre Schatten und Silhouetten eine atemberaubende Stimmung schaffen. Nachdem wir eingecheckt hatten, fuhren vier oder fünf von uns noch durch die gespenstische Nacht auf der Suche nach einer heißen Quelle, die wir dann auch fanden. Sie blubberte im Boden einer Höhle im roten Gestein des Berges, von wo man eine wunderbare Aussicht direkt auf den unter uns fließenden Fluß hatte. Dieser Flecken Erde war mit Ausnahme einer kleinen Bude, an der man uns ein Eintrittsgeld abverlangte, völlig unerschlossen. Es gab nur einen Pfad, Gebüsch und Mondschein.

In der Höhle war es so dunkel, daß wir uns beim Ausziehen ständig anstießen. Einer klimperte auf der Gitarre, während die anderen leise ins Wasser glitten. Eine wehmutsvolle Melodie klang durch die Höhle. Einmal stieß ein Körper gegen meinen und trieb dann wieder davon. Was immer in dem Wasser war, es hob die Dimensionen auf und machte die Empfindungen intensiver.

Gerade, als ich nahe daran war einzudämmern und hätte ertrinken können, hörte ich, wie jemand mit nassen Flossen über den Boden watschelte; dann sah ich die Silhouette Adams, wie er durch den Höhleneingang in das wogende Mondlicht trat. Ich folgte ihm, wobei ich mir die Füße an den scharfen Steinen aufschnitt, weil ich in der Dunkelheit meine Schuhe nicht fand.

Er verweilte am Rande des rostfarbenen Felsvorsprungs, der etwa fünf Meter über den Fluß ragte, stand da vom Mondlicht beschienen, das die Nacht plötzlich so hell erleuchtete, als wäre die Morgendämmerung angebrochen. Er starrte zum Himmel, und sein fester, nasser, runder Körper glänzte im Silberlicht. Als er zum Sprung bereit die Arme hob, hätte dies auch bedeuten können, daß er die Götter des

Flusses und der Nacht anbetete. Sein weißer Körper spannte sich zu einem Bogen und explodierte dann in einer Fontäne im tiefer unten fließenden Fluß.

Später am Abend faßte ich nach ihm, als er an unserem Bett vorbeiging. Die Tür, die unser Zimmer mit dem Zimmer unserer Freunde verband, schloß nicht richtig, aber auf einmal war das Verlangen größer als die Rücksicht auf eine offene Tür. Das zeitlose Empfinden der heißen Quelle durchströmte mich wie Äther, als wir uns leise mit solch einer Intensität liebten, daß ich glaubte zu verbrennen.

Danach gingen wir alle zum Abendessen, und unter dem Tisch ließ Adam seine Hand zwischen meine Knie gleiten. Nie zuvor war ich so erfüllt gewesen von dem Geruch der Erde, der Liebe, der Sinnlichkeit und dem guten Essen. Ich war glücklich. Und irgendwie dachte ich, daß ich dafür sicherlich würde zahlen müssen.

Im Herbst 1980, als Adam und ich ungefähr ein halbes Jahr zusammen waren, bekam ich Sehstörungen auf dem rechten Auge. Nach und nach kroch ein eisiges Taubheitsgefühl in meine rechte Fußsohle, und die Fingerspitzen meiner rechten Hand schienen abzusterben, bis ich nicht mehr zwischen Heiß und Kalt unterscheiden konnte. Aus Angst, daß ich an multipler Sklerose erkrankt sein könnte, punktierte mich ein silberhaariger Neurologe, um eine Rückenmarksanalyse vorzunehmen. Die Diagnose war beruhigend und beunruhigend zugleich: Ich litt nicht an multipler Sklerose, aber der Neurologe hatte keine Ahnung, was mir nun eigentlich fehlte. Außerdem heilte, wie das manchmal der Fall ist, die Punktierungsstelle nicht richtig ab und die Rückenmarksflüssigkeit hörte nicht auf auszutreten. Ergebnis war, daß ich, wann immer ich saß oder stand, rasende Kopfschmerzen bekam, wie ich sie nie wieder erleben möchte. Der Arzt meinte, Heilung sei nur dann möglich, wenn ich für lange Zeit still auf dem Bauch läge, bis die unsichtbare Wunde geheilt sei. Ich durfte nicht einmal ein Kopfkissen benutzen oder zur Toilette gehen. Ich ließ zu, daß Adam mich in sein großes Bett legte, und gab mir Mühe, mich mit dem Leben aus einer unveränderlichen Perspektive abzufinden.

Dies waren Tage fernab von dieser Welt, die sich allein über Geräusche und die Art und Weise definierten, wie andere mich berührten, während ich in meinem Bau dahinvegetierte. Adam hatte als Architekt viel zu tun. Nachdem ich das Prasseln seiner frühmorgendlichen Dusche vernommen hatte, drückte er zärtlich sein Gesicht gegen das meine, und dann verließ er oft noch bei Dunkelheit das Haus. Ich hörte, wie der Fiat aus der Einfahrt herausstotterte, bis sich das Geräusch verlor, und wußte, daß es wieder dunkel sein würde, ehe er zurückkam.

Später hörte ich dann, wie sich quietschend die Tür öffnete, wenn Hannie kam. Sie hatte einen Schlüssel und besuchte mich jeden Tag während meiner Krankheit, um mir Gesellschaft zu leisten, meine Bettpfanne auszuleeren und mich mit ihrer cremigen Eierspeise zu füttern. Sie brachte auch ihre beiden kleineren Kinder mit, die noch nicht zur Schule gingen. Das kleinste war ein Mädchen namens Carrie, das Hannie auf Adams Bettseite in eine Wippe legte, nahe meinem Kopf, und das die ganze Zeit vor sich hinbrabbelte, wenn es nicht schlief. Ihr feines Stimmchen verfolgte mich bis in mein Nickerchen und begrüßte mich, wenn ich wieder aufwachte. Der vierjährige Lukas rannte durch die Glastüren des Schlafzimmers hinaus auf Adams mit Holzdielen versehene Dachterrasse, so daß sein Getrappel fast den ganzen Tag zu hören war.

Ich hatte, noch ehe ich nach Utah zurückgekommen war, gewußt, daß Hannie sich in einer Weise verändert hatte, die unserer Freundschaft erlauben würde zu wachsen. Schon am

Telefon hatte ich mitbekommen, daß sie seit Jahren nicht mehr die verzweifelnde Braut war, mit der ich die dunkelsten Tage meiner ersten Ehe verbracht hatte, daß sie statt dessen eine Ehefrau geworden war, die sich durchaus verständlich machen konnte, und deren Geduld mit Dickies Eskapaden eindeutig zu Ende war. Kaum hatte ich mich in Salt Lake City wieder eingelebt, packte sie, kurz nach Carries Geburt, ihre vier Kinder in das Familienauto und fuhr die kaum fünf Kilometer zum Familienhaus der Universität zu Utah, eine offenstehende Garage sowie den offenstehenden Mund ihres Gatten hinter sich lassend. Dort blieben Hannie und ihre Kinder jahrelang, bis sie ihren Doktor in Psychologie gemacht hatte. Während der sich dahinschleppenden Zeit meiner Bettlägrigkeit, als ihr Kommen der Dreh- und Angelpunkt meiner Tage war, sah ich, daß sich unter der Hülle der veränderten Hannie das Neue mit dem Alten auf eine Weise verbunden hatte, daß sie aus beidem Kraft schöpfte.

Im Gegensatz zu mir ging sie immer noch zur Kirche und tat in der Gegenwart von Mormonen so, als wäre sie immer noch gläubig. Dies hat sie, soweit ich weiß, auch immer beibehalten. Vielleicht war es ihr möglich, den Schein zu wahren, weil sie sich nicht in einer zermürbenden Scheidung erschöpft hatte. Als sie Dickie verließ, war sie eine erwachsene Frau und mehrfache Mutter, so daß sie nicht wie ich von dem Bedürfnis zerrissen wurde, wieder ein jungfräuliches Mädchen zu werden wie ich. Ihre Reife erleichterte es ihr sicherlich, die nachehelichen Befragungen ihres Bischofs zu ertragen, die sich in ihrem Falle jedoch nicht auf ihr Sexualleben konzentrierten, sondern sie dazu bewegen sollten, zu Dickie zurückzukehren. Hannie war zwar an einem Punkt angelangt, an dem die Einmischung ihres Bischofs sie ärgerlich machte, sie fand die Fragen aber nicht demütigend.

Unsere voneinander abweichenden Reaktionen begründeten sich aber nicht nur auf unterschiedliche Reife und andersartige Umstände: Irgend etwas in Hannie hatte sich so weit verschoben, daß die Lehren ihrer Jugend ihr mehr tröstendes Ritual denn Druck waren. Sie hatte sich mit der Kirche versöhnt, erwartete nicht mehr, daß all die während ihrer Kindheit gemachten Versprechen eingelöst wurden, sah in ihr nur noch eine Facette, nicht mehr das Fundament ihres Lebens. In ihrer bitteren Resignation – der ihr eigenen Art der Desillusionierung – fochten die der mormonischen Scheidung folgenden Ungerechtigkeiten und Begebenheiten, die mich vor meinem Erwachen schier zerrissen hatten, sie nicht an. Sie vermochte mit dieser Ambivalenz zu leben, vielleicht, weil sie sich auf die Teile des mormonischen Glaubens konzentrierte, die sie immer noch liebte.

Wie sie die Traditionen pflegte, um Kraft und Halt zu finden! Sie beschrieb mir, wie sehr sie die Kirchenlieder mochte, die sie immer noch sonntags sang, wie sehr sie wochentags die kurzweilige Patchworknäherei in der Hilfsorganisation schätzte, wie sie sogar – wenn auch zunehmend anspruchsvoller werdend – das Geleier der austauschbaren Stimmen der Generalautoritäten anläßlich der weltweit ausgestrahlten Konferenzen liebte, die zweimal im Jahr über das Fernsehen in unser Wohnzimmer geflimmert kamen. Was aber keineswegs bedeutete, daß sie sich in alles fügte. In dem Maße, in dem sie aus ihrer Vergangenheit Trost schöpfte, liebte sie die Entdeckung der neuen Aspekte ihres Lebens.

Vor gar nicht langer Zeit war sie gebeten worden, in der Kirche zu sprechen, so wie alle Mormonen regelmäßig aufgefordert werden, eine Predigt zu halten. In den Augen ihres Bischofs disqualifizierte ihre Scheidung sie nicht, eines solchen Amtes zu walten, wenn ich auch meine Zweifel habe, ob er wußte, was er sich damit einhandelte. Hannie hatte

Gewalt in der Familie zu ihrem Thema gemacht, ein Problem, das von den Generalautoritäten nur höchst ungern im Zusammenhang mit mormonischen Familien zur Kenntnis genommen und im besten Falle so gut wie möglich übertüncht wurde. Im schlimmsten Falle stand die Kirche sogar ganz ungeniert auf der Seite der Schänder. (Noch im April 1992 riet einer der höchsten Kirchenführer, Elder Richard Scott, allen Opfern von Gewalt, gleichgültig, ob es sich um körperliche, seelische oder sexuelle Gewalt handelte, bei der Heilung auf Gottes Hilfe zu vertrauen und sich nicht auf eine »ungebührliche Therapie, die exzessiv nach den winzigsten Details in der Vergangenheit eines Menschen forscht, besonders nicht auf eine alles durchdringende Gruppentherapie« einzulassen. Eine solche Therapie könne »Gedanken auslösen, die mehr Einbildung und Phantasie als Wirklichkeit« seien und sogar zu falschen Anschuldigungen gegenüber den angeblichen Schändern führen. »Bedenkt, daß eine falsche Anschuldigung auch eine Sünde ist!«) Vom Podium aus startete Hannie ihre bewußtseinsverändernde Mission: Sie blickte die Ehemänner ihrer Gemeinde unablässig an, während sie beschrieb, wie es ist, mißhandelt zu werden.

»Ich habe nicht die Absicht, der Kirche fernzubleiben«, sagte sie mir. »Ich glaube, die anderen sollten von meinen Ansichten profitieren.«

Sie erzählte auch andere Geschichten, berichtete von neuen Verehrern, von der Sinnlichkeit, die sie sich allmählich erlaubte zu entdecken. Manchmal sprach sie mit einem Vergnügen, als müsse man es richtig genießen, die alten Werte über den Haufen zu werfen. »Jetzt, wo ich ein paar Affären hinter mir habe, werde ich fürs erste mit keinem mehr schlafen«, vertraute sie mir an. »Manche Männer verschwinden just in dem Moment von der Bildfläche, wo es anfängt, gut zu werden. Eine Zeitlang war ich mit jemandem zusammen, der jedesmal, wenn er zum Höhepunkt kam, meinen Namen ausrief, was mir Beweis höchster Vertrautheit war. Als er sich dann nicht mehr bei mir meldete, stellte ich fest, daß ich diese Erfahrung nicht mit noch mehr Leuten teilen will, die mich später nicht mehr kennen.«

Ihre Stärke bei all den Veränderungen erschütterte mich. Im Laufe der Zeit wurde mir bewußt, wie sorgsam sie sich nur der Teile unserer Kultur entledigt hatte, die sie nicht ertragen konnte, und wie sehr sie sich dadurch ihre Wurzeln bewahrt hatte.

Allmorgendlich segelte sie mit der Ausstrahlung eines ausgeglichenen Menschen in Adams Haus, eine Ausstrahlung, die sie ihr Leben lang behielt: Sie war schließlich Mutter, ging immer noch zur Kirche, wurde von ihrem Bischof angerufen, um Aufgaben zu übernehmen und nahm mindestens einmal im Jahr eine große Handarbeit in Angriff. Ich begriff, daß das überdrehte Hin und Her der Erkenntnisse bei mir und meinen neuen Freunden nicht die gesamte mormonische Welt, die ich verloren hatte, ersetzen konnte. Ich wußte nicht einmal, ob überhaupt irgend etwas diese Welt ersetzen konnte, und ob ich ohne diese Welt nicht immer wieder Augenblicke erleben würde, in denen ich nicht wußte, wer ich überhaupt war.

Auch erkannte ich, daß ich mir nicht Hannies Weg zu eigen machen konnte, ich konnte mich nicht in Teile meiner alten Welt zurückschleichen, um mir die Beruhigung und Sicherheit aus der Vertrautheit zu besorgen, wie sie auch alte Familienrezepte an sich haben. Hannie war in der Lage, den Konflikt zu ertragen, einen Teil von sich den Kirchenobersten unterwerfen zu müssen, die sie nicht achtete, weil ihr das dabei Gewonnene wichtiger war. Für mich war das keine Alternative, selbst wenn dabei auch ein wenig für mich herausgesprungen wäre. Zwar hatte ich mich Schritt für Schritt vom Mormonentum entfernt, ohne es wirklich zu wollen, ich hatte es aber nie ziellos hinter mir gelassen. Es stellte sich heraus, daß ich mich dem Glauben von Anfang an nicht deshalb verschrieben hatte, weil ich dazu erzogen worden war oder weil es ein Lebensstil gewesen wäre, sondern weil ich geglaubt hatte, der Glaube verbände mich mit Gott. Als dieser Glaube dann erstarb, ausgelöscht durch Handlungen und Vorstellungen, die ich immer mehr als Gott widersprechend empfand, erstickt durch die sich einstellende Erkenntnis, als ich John Lawton nachblickte, wie er unbekümmert nach Hause ging, hatte ich keinen Mut mehr, mich noch länger auf diesem Schlachtfeld zu tummeln. Das Maß war voll.

Aber auch Hannie hatte ihre Grenzen, was sie gegen Ende meiner Bettlägrigkeit erfuhr. Ihr Wunsch, mich von meiner Rastlosigkeit, meinen schmerzenden Gliedern und meinem Bewegungsdrang abzulcnken, mag dazu beigetragen haben, daß es sie plötzlich in den Tempel zog.

Anderntags erstattete sie sofort nach ihrem Eintreffen Bericht, nachdem sie die Kinder entsprechend versorgt hatte und sich einen Stuhl ans Bett gezogen hatte. »Heute früh bin ich mit meinem Neffen zum Frühgottesdienst in den Tempel gegangen«, verkündete sie. »Er war zum ersten Mal drin: Er geht jetzt auf Missionsdienst.«

»Wie bist du denn da reingekommen?« fragte ich sie, wissend, daß kein Bischof der Erde sie zu diesem Zeitpunkt ihres Lebens als »moralisch rein« betrachten würde.

»Ich habe die Tempelempfehlung meiner Schwester genommen«, sagte sie heiter. »Edie hat das nichts ausgemacht, sie vertraut mir vollkommen. Sie sagte, es wird schon richtig sein, wenn du meinst, du solltest hingehen.«

Sie beschrieb das mexikanische Hochzeitskleid, das sie getragen hatte, und Ausschnitte der schon fast vergessenen Zeremonie. Sie sagte, sie habe die Waschungen und Salbungen genossen. »Ich möchte mit meiner Familie die Rituale, die ihnen am allerwichtigsten sind, teilen können«, sagte sie wehmütig.

Dann fiel ein Schatten auf ihr Gesicht. »Ich glaubte die ganze Zeit, das Richtige zu tun, bis zu dem Moment, als mein Neffe durch den Schleier trat. Dann schaute ich mich nach meiner Familie um, die ihn beobachtete, und spürte die ungeheuerliche Kluft, die sich zwischen uns aufgetan hat. Sie ist zu breit geworden, um noch überbrückt werden zu können. Dieser Tempel ist ein so extremer Ort, daß ich ihn mit meiner jetzigen Lebensweise nicht mehr in Einklang bringen kann. Ich glaube, das war das letzte Mal, daß ich dorthin gegangen bin.«

Schon damals sah ich, wie wagemutig Hannie doch war; es war wohl beispiellos, sich mit der Tempelempfehlung einer anderen in den Tempel zu schmuggeln. Obwohl ich zweimal geschieden war, mein Untergewand verbrannt hatte, freitags abends einen drauf machte und in Sünde lebte, hätte ich so etwas niemals fertiggebracht. Als das Mormonentum mich im Stich ließ, hatte sich zwar meine Überzeugung, Mitglied der »einzig wahren Kirche« zu sein, in Wohlgefallen aufgelöst. Irgend etwas hielt mich jedoch immer noch davon ab, mich über die Tempelzeremonie lustig zu machen, die mich einstmals durch das Gelöbnis, mir eher die Kehle durchzuschneiden, als die Geheimnisse daraus preiszugeben, zutiefst beeindruckt hatte. Ich erfuhr keine Stütze mehr aus meinem einstigen Glauben, der mit dem Glauben verbundene Schrecken war jedoch noch nicht überwunden.

Nur Hannie war wirklich frei.

Ende jener Woche vergingen die Kopfschmerzen endlich, die anderen Symptome wie Sehstörungen und Taubheitsgefühl blieben noch lange. In den darauffolgenden Jahren sagte mir mancher Arzt, mein Körper werde erst dann wieder gesunden, wenn auch mein Geist geheilt sei. Einer ließ sogar einen wahren Regen psychologischer Tests auf mich niederprasseln, die den ganzen Tag in Anspruch nahmen, und kam daraufhin zu dem Urteil, daß meine Symptome einem »Mangel innerer Identität« entsprängen. Ich glaubte all diesen Ärzten nicht – zumal ich mit dem Begriff »Mangel an innerer Identität« ohnehin nicht viel anfangen konnte. Da ich aber langsam wieder zu mir kam, erholte sich auch mein Körper allmählich.

Im Anschluß an meine Bettlägerigkeit vergingen aber bis zur völligen Genesung noch viele stürmische Wochen und Monate – stürmisch, weil ich, kaum daß ich wieder auf den Beinen war, meine Liebesaffäre in feste Bahnen zwingen wollte. Als ich von jedweder ablenkenden Unterhaltung getrennt in dem abgedunkelten Schlafzimmer gelegen hatte, war ich in ein tiefes Loch von Zukunftsangst gefallen. Jetzt forderte ich, daß meine Beziehung mit Adam das Sicherheitsnetz unter meinem emotionalen Seiltanz werde, zumal ich an der Vorstellung litt, möglicherweise mit einer schweren Krankheit geschlagen zu sein, die die Ärzte noch nicht hatten diagnostizieren können. Ich suchte nach einem sicheren Hafen, nach Garantien. Außerdem liebte ich Adam, obgleich meine Vorstellung von Liebe in jenen Tagen sehr viel mit Seelenrettung zu tun hatte.

An dem Abend, als ich ihn bat, mich zu heiraten, hatten wir uns bereits unsere Bademäntel angezogen. Adams Unterlagen waren gleichmäßig über den gesamten Eßtisch verteilt, an den er sich immer wieder setzte, um daran zu arbeiten; auf dem Boden um das Sofa herum standen leere Gläser und Teller.

Die Stimmung war alles andere als romantisch, aber in meiner besorgten Unruhe schien mir dieser Raum die einzige mir zugängliche Oase zu sein. Und so fragte ich ihn dann, stolz, daß ich endlich in der Lage war, Initiative zu ergreifen.

»Mein Gott, ich bin mir nicht sicher«, erwiderte Adam. Ich interpretierte diese Antwort dahingehend, daß er mich nicht liebte, einen anderen Grund für seine Ablehnung konnte es ja gar nicht geben. Als wäre ich nicht schon das gebrannte Kind zweier sinnloser Ehen, glaubte ich immer noch, daß ein Mann, der eine Frau wirklich liebt, diese auch heiraten möchte – und wenn sie nicht gestorben sind, leben sie noch heute.

Er versuchte, sich zu erklären, aber das nützte nichts. Er wollte eine Heirat nicht überstürzen, war er sich doch nicht sicher, ob er meine Temperaturstürzen gleichenden Stimmungsumschwünge immer würde aushalten können. Er erklärte, noch Zeit zu brauchen. Seine Schlußfolgerungen waren, weil so logisch, zum Wahnsinnigwerden, sehr ernst und keineswegs eine Abfuhr, und doch wankte unsere Beziehung in eine völlig neue Richtung.

Meine schlimmsten Befürchtungen schienen sich bestätigt zu haben: Ich hatte alle meine Prinzipien über Bord geworfen und war zu Adam gezogen, jetzt stieß er mich von sich. Ich verlor den letzten Halt. Welche Stimmungsschwankungen er auch immer gemeint hatte, die ihn an einer dauerhaften Beziehung mit mir zweifeln ließen, ich bin sicher, sie waren nichts gegen das, was danach auf ihn herniederprasselte. Die nächsten Monate waren eine Aneinanderreihung von immer schlimmer werdenden Szenen, von Verwirrung und Distanz. Irgendwann zog ich wieder zurück in meine kleine Wohnung und ging vor die Hunde.

Meine engsten Freunde wußten, daß mir jedweder Bezugspunkt abhanden gekommen war. Anderen erschien ich wie ein Kreisel, der in neue Bahnen driftet, was aber nicht stimmte. In den Momenten, in denen ich einmal klar denken konnte, schmiedete ich verzweifelte Pläne, Utah zu verlassen. Flucht war die einzige mir vertraute Problembewältigungstechnik.

Wesentlich früher als es mir recht war, bekam ich von der Northwestern University, an der ich mich um einen Fortbildungskurs beworben hatte, ein Stipendium. Es war ein traumhaftes Angebot, aber im Grunde hätte ich alles angenommen. An jenem Morgen rief ich Adam an, um ihm von der mir zuteilgewordenen Ehre zu berichten. Seine Reaktion war eher reserviert, was ich dahingehend auslegte, daß er mich nicht verlieren wollte. Da er aber nichts Definitives sagte, war ich nicht mehr aufzuhalten. Zwischen Weinkrämpfen verkaufte ich praktisch mein gesamtes Hab und Gut und verschenkte meine Katzen an eine große Familie, die die Viecher in einem Katzenkorb zu ihrem Kombi trugen.

Bis zum Tag meiner Abreise nach Chicago versuchte ich so sehr, meinen Kummer in Schach zu halten, daß ich kaum noch funktionierte. Das Atmen fiel mir schwer, und ich konnte meine Gedanken nicht so weit zur Ordnung rufen, daß ich vernünftig meine Koffer hätte packen können. Statt dessen pfefferte ich meine Klamotten irgendwie in den Kofferraum meines kleinen Autos.

An diesem letzten Abend klingelte ich nach Mitternacht unangemeldet an Adams Haustür. Nach monatelangem Getrenntsein verbrachten wir sechs Stunden miteinander, gaukelten uns mit Alkohol und wegen seiner Verzweiflung erregendem Sex eine Versöhnung vor und daß dies keine endgültige Trennung sei. Welche Emotionen da mitschwangen! Liebe und Kummer und meinerseits auch Zorn. Danach schlief ich an ihn gekuschelt ein.

Meine Mutter war der festen Überzeugung, daß man sein Leben auch mutwillig ruinieren kann. Das galt grundsätzlich für jedermanns Leben, besonders aber für meines. Als ich fünfzehn war, schalt sie mich in Anbetracht des zweiten Stückes Kirschkuchens, das ich gerade verdrückte: »Wenn du dick wirst, ruinierst du dir das Leben«, lautete ihr Kommentar. Als ich sechzehn war, hing das Damoklesschwert eines ruinierten Lebens über mir, weil ich mit meinem ersten Freund, einem Jungen mit dem Esprit einer Schlaftablette, Schluß gemacht hatte, nachdem meine Mutter durch geschicktes Taktieren mit seiner Mutter die Begegnung herbeigeführt hatte. Als ich ihr gestand, daß der Knabe mich langweilte, erwiderte sie: »Wenn du nicht lernst, Jungen um ihrer selbst willen zu mögen, ruinierst du dir das ganze Leben.«

Sie glaubte, daß man mit einem einzigen Schritt alles bis dahin im Leben Erreichte wieder zerstören kann, was natürlich auf mich abgefärbt hat. Und doch, obwohl ich fast ein Jahrzehnt lang von einem Fehler zum nächsten gestolpert war, war ich immer noch nicht davon überzeugt, daß ich mein Leben bereits völlig ruiniert hatte. Eigentlich war es erst beim Aufwachen auf der Psychiatrischen Station in einem Krankenhaus von Washington D. C., daß mich die unerschütterliche Überzeugung packte: »Jetzt hast du dein Leben wirklich ruiniert.«

Während ich in einem schmalen Bett in einem freudlosen kleinen Zimmer lag, konnte ich durch die halb geöffnete Tür sehen, wie andere Patienten vorbeischlurften. Eine davon war eine Frau mittleren Alters in einem schmuddeligen Kleid und Hausschuhen, die hinten heruntergetreten waren, weil sie sich nicht die Mühe machte, sie richtig anzuziehen. Ihr Gesicht war so ausdruckslos, als wäre sie nach langem Schlaf erwacht und noch nicht wieder ganz zu sich gekommen. Ein andermal wurde eine junge Frau vorbeigeschoben, die man so fest an ihr Bett gebunden hatte, daß sie weder Arme noch Beine rühren konnte. Die Umrisse ihrer Waden zeichneten sich unter dem straffen Laken ab. Sie waren rund und hart wie Stein, als spanne sie die Muskeln gerade an, was möglicherweise sogar zutraf. Sie warf den Kopf heftig hin und her und schrie mit einer Stimme, die zu zwei Dritteln einer Wahnsinnigen, zu einem Drittel einem Tyrannen gehören konnte. »Ihr Hurensöhne! Laßt mich in Ruhe! Habt ihr mich verstanden, ihr gottverdammten Arschlöcher! Glaubt ihr vielleicht, das hilft! Das hilft nämlich nicht! Ihr seid ja alle Mörder!«

Der Ort wurde von uns nur »die Psychiatrische« genannt, wobei zuweilen eine gewisse Zärtlichkeit mitschwang. Es handelte sich um eine Privatklinik mit dem Ruf, fortschrittlich zu sein, die sich über mehrere Stockwerke eines Hochhauses in einer guten Gegend im Herzen der Hauptstadt erstreckte. Oft saß ich am Aussichtsfenster im vierten Stock und starrte auf das unter mir pulsierende Leben Washingtons, Männer und Frauen in leichten Schuhen oder niedrigen Pumps. Khaki war gerade in, also sah man Röcke, Kleider, Blusen, Hosen, Mäntel und Jacken in Khaki. Ich wünschte mir, mit ihnen in eines der vielen Cafés oder einen der zahlreichen Buchläden des Viertels gehen zu können. Diese Sehnsucht überwältigte mich, weil ich das Gefühl hatte, in dieser Klinik für immer vom Leben weggeschlossen zu sein. Daß mein Aufenthalt auf die Zeit meiner Genesung beschränkt sein könnte, sah ich nicht.

Meine Bewußtseinsstörungen hatten zu Beginn meines Studiums in Illinois begonnen. In Versinnbildlichung der Tatsache, daß ich keinen Ort mehr hatte, wo ich hingehörte, schaffte ich es nicht, von Evanston zum studentischen Nachrichtendienst in der Stadtmitte Chicagos zu gelangen. Jeden Tag hatte ich von neuem die »El.«-Station vergessen, an der ich aussteigen mußte; meistens hatte ich sogar vergessen, daß »El.« für die Elektrische stand, mit der Pendler in die Stadtmitte gelangten. Im Laufe des Semesters wurde das Problem immer gravierender: Ich hatte so große Schwierigkeiten, Neues aufzunehmen, daß ich vor meiner Abschlußprüfung in Medienrecht die ganze Nacht aufblieb, nicht um zu lernen, sondern aus Angst, daß der sorgfältig eingepaukte Stoff über Nacht aus meinem Gehirn herausrieseln könnte wie Zucker aus einem Zuckerstreuer.

Ich war bereits zwei Wochen in Washington und jeden Tag zu der von Studenten geführten Nachrichtenzentrale gefahren, die von der Northwestern University für die zweite praktische Phase des Journalistikstudiums eingerichtet worden war, als ich zusammenbrach. Eine Mischung aus abgrundtiefer Müdigkeit und grenzenloser Verwirrung hatte mich überwältigt. Ich habe kaum noch eine Erinnerung an diese letzten Tage. Über die Gelben Seiten fand ich einen Arzt, dem ich gestand, daß ich am Ende war. Er verschrieb mir ein Medikament, das ich fast instinktiv überdosierte, damit ich nicht schon wieder die S-Bahnhaltestelle suchen mußte. Als ich in meiner trotz der betäubenden Wirkung des Medikamentes unbeschreiblichen Einsamkeit einschlummerte, beschimpfte ich Adam in den letzten Schwaden meines Bewußtseins dafür, daß er mich im Stich gelassen und so weit getrieben hatte.

Eine verschreckte Kommilitonin, der mein Fehlen aufgefallen war, fand mich (was sie mir übrigens nie verzieh) und sorgte für meine Einlieferung in die Psychiatrische Abteilung, wo ich in den Händen eines vordergründig sanften Psychiaters namens Dr. Handle landete. Er war um die vierzig und schwarz, sein Englisch stockend und grammatisch nicht immer korrekt. Er war mein erster nichtmormonischer Psychiater. Seine Ausdrucksfähigkeit in der englischen Sprache war zwar alles andere als vollkommen, er besaß jedoch unglaubliche Antennen dafür, wenn sich jemand etwas vormachte. Mit einem gütigen Lächeln, einem Kopfnikken und ein paar verdrehten Worten rief er mich in zahllosen Therapiesitzungen zur Ordnung, wenn ich wieder versuchte, mir etwas vorzuspielen.

Beschwerte ich mich darüber, daß die anderen Patienten der Station wirklich verrückt waren, wo ich doch nur an Depressionen litt, fragte er: »Haben Sie in Wirklichkeit nicht Angst davor, noch kränker zu sein?«

Adam hatte sich geweigert, nach Washington zu kommen, als Dr. Handle meinte, gemeinsame Therapiesitzungen könnten mir weiterhelfen. Als ich daraufhin nur abwinkte, als hätte ich nichts anderes erwartet, sagte er: »Ich glaube, daß Sie das zutiefst verletzt.«

Und wann immer seine beißenden Wahrheiten auf meine achtlos hingeworfenen Selbstverleugnungen trafen und plötzlich Tränen der Bestürzung und Erleichterung auslösten – was war das nur für ein süßer, heilender Schmerz, der sich meiner bemächtigte? – lächelte er hinter seinen spiegelnden Brillengläsern und nickte mir zu, als sei ich die Einsichtige. »Jetzt fangen Sie an, sich wie eine Zwiebel zu häuten«, pflegte er dann zu sagen.

Nach mehr als acht Jahren Moralpredigten von Therapeuten, die glaubten, selbst Generalautoritäten zu sein, wurde ich erstmals mit der Vorstellung konfrontiert, daß es für meine Zukunft wichtiger sein könnte, mir die Wahrheit über meine eigenen Gefühle einzugestehen, als mir die immer selben Regeln wieder und wieder vorsetzen zu lassen.

Dr. Handle steckte mich innerhalb der Psychiatrischen Abteilung in die »Gemeinschaftsgruppe«, eine Gruppe von vierzig Patienten, die gezwungen waren, alles zu teilen: Gedanken, Klagen, Verantwortung, obwohl sie aufgrund ihrer alles verschlingenden Krankheiten überhaupt nicht dazu in der Lage waren, dies auf manierliche Art zu tun. Der Tag fing damit an, daß wir uns alle im Pausenraum trafen, und ich hörte erstaunt zu, wenn die Betreuer laut den Fortschritt oder die Verschlechterung im Zustand eines jeden Patienten beschrieben. »Elisabeth hatte gestern mit ihrer Mutter Krach und dann eine schlimme Nacht«, hieß es beispielsweise. Oder: »Josh wird ab heute nachmittag auf neue Medikamente eingestellt und wird euch dann alle brauchen.« Woraufhin wir uns alle umdrehten und Elisabeth und Josh völlig mitleidlos anstarrten. Wir hatten mit uns selbst genug zu tun.

Als ich medikamententrunken in die Psychiatrische Abteilung eingeliefert wurde, hatte ich darum gebeten, nein, hatte ich gefordert, in ein spezielles Zimmer oder gar in ein anderes Krankenhaus zu kommen, wo ich eine Einzeltherapie bekommen konnte. Das hatte Dr. Handle aber von Beginn an abgelehnt. Er hatte behauptet, meine Genesung hinge davon ab, daß ich die »Realität anderer Leben« erkenne. Mir war nicht klar, was er damit meinte, auf jeden Fall waren mir die damit verbundenen Aussichten zuwider. Wie sollte ich dadurch genesen, daß ich anderen Irren dabei zusah, wie sie auf der Station herumliefen, so wie man sich ein bebildertes Nachschlagewerk über monströse Anomalien betrachtet?

Aber ich hatte unrecht.

In jenem Sommer wurde ich Zeuge eines Geständnisses, das ein erwachsener Mann seiner Mutter ob seiner Homosexualität mit vor Angst vibrierender Stimme ablegte, und wie die Mutter mit jeder Falte ihres Gesichts darum kämpfte, dieses Geständnis zu akzeptieren.

Ich beobachtete die Einlieferung einer Frau, die kichernd erzählte, sie und ihr Mann liebten sich immer noch so sehr, daß sie die Geschlechtsteile des anderen mit Kosenamen belegten, bis sie endlich zugab, daß ihr Mann sie im Vorjahr verlassen hatte.

Ich hatte Freundschaft geschlossen mit dem hübschen, braunäugigen, fünfzehn Jahre alten Blake, dessen Vater, ein beinharter Militär, die Depressionen seines Sohnes derartig unerhört fand, daß er vor der gesamten Gemeinschaft vom

Leder zog, der Junge sei bloß von Selbstmitleid zerfressen. Eine Woche, nachdem der Vater Blake mit Gewalt aus dem Krankenhaus herausgeholt hatte, erfuhr ich im Kreise einiger Mitpatienten, daß mein kleiner Freund sich im Potomac ertränkt hatte.

Kurz gesagt, ich erkannte, daß die Welt voller Menschen ist, die sich mit Schwerwiegenderem auseinandersetzen müssen als mit mormonisch-mystischen, heiter lächelnden Familien. Ich sah, wie diese heimgesuchten Menschen höllisch darum kämpften, sich ein neues Leben fernab alter Vorstellungen aufzubauen. Das Bemühen darum und die Angst, nie wieder Verständnis zu finden, hatte sie krank gemacht. Ich war nicht die einzige, und ich war auch nicht beispiellos schwach, nur weil ich zusammengebrochen war, als ich ganz von vorne anfangen mußte.

Zumindest das lernte ich von den anderen Patienten, die wie ich einmal steckengeblieben waren, dann aber wieder in ein vergleichsweise normales Leben zurückfanden. Es gab aber noch eine andere Kategorie Patienten, Menschen wie Melody und Eugenie, die von einem Wahn waren, die mir aber am Ende doch die tiefgreifendsten Einsichten vermittelt haben.

Dies war möglich, weil ich in der Psychiatrischen Abteilung zum erstenmal in meinem Leben wirklich bereit war, mich zu ändern. Bis dahin hatte ich immer nur versucht, die Ereignisse in meinem Leben meinen vorgefaßten Vorstellungen entsprechend zurechtzubiegen. Dann war ich verzweifelt und völlig zusammengebrochen. Jetzt versuchte ich aufgrund meiner Erfahrungen mit anderen Patienten und unter der beharrlichen, schonungslosen Mitwirkung der Ärzte und Pfleger die Ereignisse meines Lebens neu zu bewerten.

Melody war eine gutmütige Schwarze um die dreißig, die als Sekretärin bei einem mehr oder weniger wichtigen Regierungsbeamten arbeitete. Sie war hübsch und gut gepolstert, nicht fett, aber sie besaß wunderbar runde Formen, so daß ihre Üppigkeit als erstes auffiel. Nomen est omen, und so besaß sie eine solch melodische Stimme, daß diese oft über dem Gebabbel auf der Station zu schweben schien.

Sie fiel am Anfang auf, weil sie nicht auffiel. Eine lächelnde, normale, anscheinend nicht unter Medikamenten stehende Erscheinung, so daß ich mich in den Wochen, ehe ich erkannte, daß die meisten Patienten der Psychiatrischen Abteilung keine Irren, sondern Kranke waren, fragte, warum Melody überhaupt bei uns war. Während der morgendlichen Treffen beobachtete ich sie, so wie man immer wieder ein Auge auf das einzig stille Kind in einer Gruppe außer Rand und Band geratener Kinder wirft. Dieser erste Eindruck war falsch.

Eines Abends saß ich vor meinem Zimmer, wiegte mich auf einem Stuhl im Flur hin und her und weinte. (Zu Beginn meiner Therapie weinte ich, weil ich glaubte, nie wieder raus zu kommen. Immer, wenn ich damit drohte, nach Hause zu gehen, drohte Dr. Handle mir sanft lächelnd, es zu unterbinden. Später weinte ich, weil mir allmählich aufging, was in meinem Leben nicht funktionierte, und ich weinte, um gesund zu werden.)

Ich hörte sofort mit dem Schniefen auf, als sich plötzlich Melody vor mir aufrichtete. Ich sage bewußt aufrichten, weil sie plötzlich auf ihrem Weg durch den Flur innehielt, den sie wie ein Pferd entlanggetänzelt kam, um mir einen langen Blick zuzuwerfen. Ich bediene mich hier keiner rhetorischen Figur: Melody trug damenhafte pinkfarbene Pantoffeln und einen Bademantel, aber sie glaubte, ein Pferd zu sein. Nach ein paar Augenblicken wandte sie gemächlich den Kopf um, als säße er auf einem langen Hals, und tänzelte weiter, die Füße dabei hoch anziehend. Wenige Schritte danach ließ sie ein lautes Wiehern vernehmen. Das Gewieher war sehr echt.

Schon in den vorangegangenen Tagen hatte ich einiges mitbekommen, aber Melody als Pferd zu erleben, war selbst in der Psychiatrischen Abteilung etwas Außergewöhnliches. Ich stellte meinen eigenen Kummer hintan und folgte ihr den Korridor entlang. Sie war ins Badezimmer gegangen, und vielleicht, weil sie ein Pferd war und Pferde keine Hände haben, hatte sie die Klotür nicht geschlossen. Ich beobachtete von der Badezimmertür her, wie sie sich auf alle Viere niederließ und den Kopf senkte, um aus der Toilette zu trinken. Das tat sie mit wunderbarer Vertrautheit, sie schnaubte und steckte ihren Kopf tief in die Kloschüssel. Einmal drehte sie den Kopf zu mir und schaute mich mit so einem flüchtigen, unergründlichen Blick an wie ein Tier, das man beim Fressen gestört hat. Dann kam einer der Pfleger und führte sie an mir vorbei in ihr Zimmer.

Am anderen Morgen erzählte uns Melody von ihrem Abenteuer. Anscheinend war ihre Pferdephase Beginn eines psychotischen Wahns gewesen, der fast die ganze Nacht angehalten hatte. Sie vertraute uns an, daß so etwas immer dann vorkam, wenn sie ihre Medikamentendosis herabsetzte, sobald es ihr besser ging. Sie war zum zigsten Male in der Klinik, aber zwischendurch hatte sie auch gute Zeiten. Während sie das alles erzählte, brach sie immer wieder in Gelächter aus, ein durchaus angemessenes, kein hysterisches Gelächter.

Ich beobachtete Melody danach noch genauer, erstaunt darüber, daß sie nie außer sich war über ihre Krankheit und ihre Visionen, weder wenn sie sie packten noch danach.

Auch schien die Ursache ihrer Krankheit nicht in einem um sie herum zusammenbrechenden Leben zu liegen. Viele Patienten machten ja eine aufwühlende Therapie mit, führten während der Familientherapiesitzungen dramatische Szenen mit Ehemännern und Müttern auf und mußten danach in das kleine weiße Zimmer neben dem Schwesternzimmer gesperrt werden, weil man das Auf und Ab der am meisten Selbstmordgefährdeten unter den Patienten schon kannte. Melody hingegen wurde lediglich von ihrer Schwester besucht, und die beiden saßen dann so einträchtig und unaufgeregt beieinander, als wären sie zwei alte Damen, die aus vielen schönen Erinnerungen schöpften und sich nichts mehr zu erzählen brauchten.

Ich habe oft gehört, daß die Schwachsinnigen seliger seien als die geistig Gesunden, meistens von Leuten, die nie eine Psychiatrie von innen gesehen haben. Jeder in der Psychiatrischen Abteilung, dessen Denken in irgendeiner Form besessen war, war in lichten Momenten darüber verzweifelt. Nur Melody nicht. Oder vielleicht war sie es doch und verleugnete ihre wahren Gefühle, was jedoch nicht erkennbar war. Sie schien Vergnügen, ja beinahe Zufriedenheit in ihrer grenzenlosen inneren Welt zu finden.

Wegen ihrer mangelnden Kummerfähigkeit erschien sie mir wie ein Wesen endloser, entfesselter Phantasien. Ich war mit der Vorstellung aufgewachsen, daß es innerhalb bestimmter Grenzen nur einige wenige Optionen für die Gestaltung eines Lebens gab, und war krank geworden, als ich spürte, daß meine eigenen jämmerlichen Optionen sowie deren rebellisches Gegenteil erschöpft waren: ich hatte als Mormonin versagt und als abtrünnige Mormonin, als Ehefrau und als heimliche Geliebte. Jetzt keimte der Gedanke in mir auf, daß mein Leben vielleicht doch noch nicht vorbei war.

Eines Tages saß ich zusammen mit Melody und einem fünfundzwanzigjährigen, manisch-depressiven Patienten namens Parley im Korridor, wo wir uns außerhalb der Gruppentherapie am häufigsten aufhielten. Wir lümmelten in den Korridoren, Eingangshallen und Pausenräumen herum und diskutierten über unsere Krankheit. Wir sprachen über unsere Vergangenheit, die uns ja in die Krankheit geführt hatte, und über die Zukunft und wie sie sich später auf unsere Krankheit auswirken würde.

Parley hatte mehr als die Hälfte seines Lebens in Anstalten verbracht auf der Suche nach der magischen Medikamentenrezeptur, die ihm ein normales Leben ermöglichen würde. Während einer manischen Phase hatte er einmal die ganze Nacht barfuß durchgetanzt, bis seine Fußsohlen blutig waren. Solche manischen Phasen erlebte er jedoch nicht so häufig, meistens war er fürchterlich deprimiert. Seit man ihn einer Lithiumtherapie unterzog, schienen sich seine Aussichten auf ein heiteres Leben enorm verbessert zu haben, aber auch darin lag nicht der Stein der Weisen: Die Wirkung einer Medikation ließ nach einer gewissen Zeit stets nach, als sei die Klinik sein Zuhause, nach dem er sich in Wahrheit sehnte.

An jenem Tag erzählte Melody, wic sie beinahe die ganze letzte Nacht damit verbracht hatte, sich immer und immer wieder umzuziehen, weil sie sich eingebildet hatte, eine Weiße zu sein. Parleys Reaktion auf ihre Geschichte zeugte von großer Furcht. »Hattest du keine Angst?« fragte er sie die ganze Zeit mit vor Mitleid rauher Stimme ob dieses Schicksals. »Hattest du keine Angst, den Rest deines Lebens weiß zu bleiben?«

»Nein«, erwiderte Melody, »ich gehöre nicht zu denen, die immer weiß sein wollten, andererseits fand ich es aber sehr interessant, einmal weiß zu sein.«

Das schwerste im Leben ist, hinter die Mauern seines eigenen Universums zu sehen oder sich sogar vorzustellen, daß andere das tun, doch in jenem Moment passierte genau das. Plötzlich weinte ich tiefe Schluchzer der Erleichterung, die mein Innerstes vom Schmerz läuterten. Ich weinte lange, das Problem erkennend; ich wollte meine Welt furchtlos als einen Planeten sich immer neu eröffnender Möglichkeiten wahrnehmen.

Eugenie mochte ich von allen in der Psychiatrischen Abteilung am liebsten. Eine Zeitlang teilte ich mit ihr das Zimmer, und nachdem ich sie näher kennengelernt hatte, erschien sie mir mit ihren dreißig Jahren gebildeter als jeder andere Mensch, dem ich bis dahin über den Weg gelaufen war. Ihr Vater, ein bekannter Maler, der in den Wochen ihrer Einweisung gerade eine Ausstellung in Europa vorbereitete, hatte sie seit ihrer Geburt mit den exquisitesten Lekkerbissen der Kultur gefüttert, und vielleicht hatte das Kennenlernen der vornehmsten Seiten des Lebens dazu geführt, daß sie ein so ernster Mensch geworden war. Nie zuvor war mir jemand begegnet, der jeden Moment als einen entscheidenden betrachtete.

Eugenie war ein nervliches Wrack. Sie war dick und anfangs sehr ungepflegt. Als sie ankam, wurde sie von ihrer Mutter begleitet, von der sie, glaube ich, immer begleitet wurde. Die Mutter war klein und dunkel und hatte einen angespannten Gesichtsausdruck. Als ich sie zum erstenmal sah, trug sie zweifarbige Pumps und ein langes, einfaches, schwarzes Kleid, das unbedingt gebügelt werden mußte. Sie flatterte hinter ihrer viel größeren Tochter her wie die Schneiderin eines preisgekrönten Models bei einer Modenschau, das selbst völlig heruntergekommen war.

»Ich habe dir deine Reinigungslotion und deinen Waschlappen von zu Hause mitgebracht«, sagte sie ernst. »Vernachlässige deinen Teint nicht, während du hier bist. Du weißt, was dir sonst blüht.«

Eugenies Mutter war diejenige, die die Toilettenartikel auf der Ablage in unserem kleinen Zimmer arrangierte, während Eugenie auf der Bettkante saß, vor sich hinstarrte und nichts zu hören und zu sehen schien. Mit den Füßen trampelte sie einen wütenden Rhythmus auf den Boden. Plötzlich brach es hysterisch und tremolierend aus ihr heraus: »Und was soll ich jetzt machen?«

Als hätte die Tochter nichts gesagt, sortierte Eugenies Mutter weiter Haarbürsten und Zahnbürsten. Schließlich packte sie Eugenie an ihrem fleischigen Oberarm und führte sie auf einen anderen Teil der Station.

Später sah ich sie, wie sie im Korridor dicht beieinander saßen. Mit ihrer Gestik schien Eugenies Mutter einen Vortrag unterstreichen zu wollen. »Und denk an deine Nahrungsmittelallergien«, hörte ich im Vorbeigehen.

Woran Eugenie nun wirklich litt, wurde mir nie so ganz klar. Das Personal gab nur selten Details einer Diagnose preis, und Eugenie gab anfänglich nur unverständliche Erklärungen ab. Als es ihr allmählich besserging, strahlte sie solch eine reservierte Würde aus, daß ich nicht in sie dringen wollte. (Einmal hörte ich jedoch, wie eine Schwester sagte: »Die Mutter ist ihr Problem.«) Als sich unsere Wege wieder trennten, wußte ich nur wenig mehr über sie als an unserem ersten gemeinsamen Abend, als viel von mir erwartet wurde.

Ich war gerade eingedöst, als Eugenie mit einem Male kerzengerade im Bett saß und den Klagelaut eines verwundeten Tieres ausstieß: »Und was soll ich *jetzt* tun?«, die Frage, die sie vorher schon ihrer Mutter gestellt hatte.

Zunächst stand ich auf und widmete mich ihrem Problem, als wäre es ein wirkliches. Was sie genau wissen wolle, ob sie sich nicht wohl fühle, ob sie nicht einschlafen könne, warum sie nicht einfach Schäfchen zähle?

Aber das funktionierte nicht. »Was soll ich tun?« wiederholte Eugenie immer wieder mit wachsender Panik. Enttäuscht, daß mein vernünftiger Ansatz nicht fruchtete, tappte ich zum Schwesternzimmer, um den Arzt der Nachtschicht holen zu lassen. Als er Eugenie in den Flur führte und ihr schrilles Flehen um Anweisungen allmählich abebbte, schlief ich dankbar ein.

Um erneut geweckt zu werden. Dieses Mal stand Eugenie

an meinem Bett, skandierte ihre Frage und schüttelte mich an den Schultern. Offensichtlich hatte man sie in ihr Bett zurückgehen lassen, nachdem sie sich beruhigt hatte. »Was soll ich *jetzt* tun?« heulte sie.

Ich beschloß, dem Arzt gegenüber deutlicher zu werden, ging zu ihm und empfahl ihm, dem Mädchen eine entschiedenere Behandlung angedeihen zu lassen. »Lassen Sie sich nicht an der Nase rumführen«, sagte ich ihm, »die hat keine Lust zu schlafen.«

Aber irgendwie drang ich nicht zu ihm durch. Schon bald klagte Eugenie wieder von ihrem Bett neben dem meinen: »Was soll ich *jetzt* tun?« Allmählich heulte sie ihre Ratlosigkeit mit so tiefer Qual heraus, daß sie mir wie die verzweifelte Frage nach dem Sinn des Lebens in den Ohren klang.

Allmählich war es wirklich spät und die Morgentreffen waren früh anberaumt. Ich wollte Ruhe haben. Also dachte ich nach, während Eugenie langsam hysterisch wurde.

Schließlich kam ich drauf: »Dreh dich um und schlaf. Schlaf bis morgen früh.«

Sofort herrschte Ruhe, als hätte Eugenie inmitten ihrer Agonie aufgegeben und wäre gestorben. Dann hörte ich ein Seufzen, als sie ihren schweren Körper zur Wand drehte, und schon bald darauf ertönte das leise Pfeifgeräusch ihres Schlafes. Sie brauchte bloß jemanden, der ihr sagte, was zu tun sei. Wenn ich gesagt hätte, senge dir die Augenbrauen ab, dann hätte sie die ganze Nacht damit verbracht, Streichhölzer aufzutreiben. Dieses Mädchen war einfach zu keiner Entscheidung fähig.

Genau das war, wenn auch in einem etwas geringeren Ausmaß, mein Problem. Eugenie war eine bemitleidenswerte, komische Karikatur meiner selbst. Auch ich hatte immer darauf gewartet, daß mir einer meine nächsten Schritte aufzeigte. Der einzige Unterschied zwischen Eugenie und mir in diesem kritischen Moment war, daß ich etwas ausprobiert hatte, *irgend etwas*. Ich war nicht davon ausgegangen, daß es eine perfekte Antwort gab, die nur jemand kennen konnte, der besser war als ich, ein Psychiater oder ein Bischof oder Dr. Handle oder Adam. Und ich war nicht davon ausgegangen, daß schon alles wieder in Ordnung käme, wenn ich mich einfach abwartend zurücklehnte.

Ich lag neben Eugenie, die mich dieses gelehrt hatte. Es war dunkel, ich fühlte, wie sich mir das Herz öffnete und die Zukunft mir in die Hände fiel. Zu was würde ich noch alles imstande sein?

Es brauchte lange, bis es mir wieder gutging, bis ich nicht nur begriff, sondern dieses Begreifen auch in die Praxis umsetzte, daß ich das Recht habe, mir mein Leben nach bestem Wissen zurechtzuwerkeln, auf eine Weise, die vielleicht nicht endgültig oder perfekt ist, die aber mir zusagt und mich schrittweise voranbringt. In meiner Zeit mit Adam und seinen Freunden hatte es nicht genügt zu wissen, daß das Abenteuer neuer Wege das einzige war, was mir geblieben war. Ich mußte lernen, daß ich ein Recht hatte, einen neuen Weg zu finden.

Und als ich lernte, meine eigene Wahl zu treffen, fing ich auch an, auf mich zugeschnittene Lösungen zu finden. Ich entdeckte, daß mir Augenblicke und Menschen etwas geben, die sich nicht so einfach erklären lassen – ich liebe das Vielschichtige, Eigenartige, Unkonventionelle. Solche Eigenschaften verleihen meiner Weltanschauung eine gewisse Spannung und bereiten mir Vergnügen. Oft wundere ich mich, wie ich es so lange in dem Glauben habe aushalten können, daß Gleichheit und Gehorsam die höchsten Tugenden seien, wie ich in einem Universum voller sonderbarer Mystik ohne wirkliche Eigenartigkeit existieren konnte, in dem ich einen Sonderling wie Parley, der mein Leben verändert hat, übersehen hätte.

Damals betrachtete ich es gar nicht als Wendepunkt, aber ich trat in den zweiten Teil meines Lebens ein, als ich gegen Ende meiner acht Wochen in der Psychiatrie eines Abends Parley das Tanzen beibrachte.

Daß Parley die meiste Zeit seines Lebens in Kliniken verbracht hatte, ließ sich zum Beispiel an seiner Kleidung erkennen. Aus dem meisten war er längst rausgewachsen, er konnte sich aber neue Kleidung entweder nicht leisten, oder sie war ihm unwichtig. Seine knochigen Handgelenke und großen Füße ragten aus Manschetten und Hosenbeinen hervor, und fast alles an ihm unterstrich sein linkisches Aussehen. Er war groß und schlacksig, sein Haar war schlecht geschnitten, und aus irgendeinem Grunde waren sein Hals und seine Ohren oft so rot und wund, als hätte eine ungeduldige Mutter ihn mit der Wurzelbürste saubergeschrubbt. Er sah zwar nicht sonderlich gut aus, trotzdem veranlaßte sein ausgeprägter Hormonspiegel ihn dazu, seine jeweilige Umgebung in eine Single-Bar nach seinem Gusto zu verwandeln. Parley ließ sich von seiner Suche nach der großen Liebe nicht dadurch abbringen, daß er nur auf krankhaft depressive Frauen stieß und schon durch die Art seiner Annäherungsversuche die Sache im Keim erstickte. Gegen Ende meiner Zeit im Krankenhaus machte er auch mir Avancen, indem er mir eröffnete, ich sei ja recht hübsch, aber er habe das vorher nie gesehen, weil ich ewig geheult habe.

Parleys Interesse an mir beeindruckte mich nicht, doch als ich ihm das sagte, tat ich es auf eine sanfte Weise, denn in mir war ein Beschützerinstinkt erwacht. Das war für mich wie so vieles ein völlig neues Gefühl in einem Verhältnis zu einem Mann. Ich hatte oft seinen federnden Gang im Flur beobachtet, wie er linkisch wie ein Grünschnabel dahertappte, und war dann plötzlich voller Hoffnung, daß er seinen Weg zurück in die reale Welt finden möge. Ich erkannte, daß ich äußerst selten Zärtlichkeit für einen Mann empfunden hatte, den ich nicht brauchte. Somit stand Parley mir in jener Nacht, als er seine Avancen machte, bereits sehr nahe, und als wir danach im Pausenraum zusammensaßen, ertappte ich mich bei dem Wunsch, mit ihm, bevor ich entlassen wurde, einmal nicht als Patient, sondern als Mensch zusammenzusein.

Daher schlug ich vor, ihm das Tanzen beizubringen. Wenn wir uns in der Psychiatrischen Abteilung die Zeit damit vertrieben hatten, Schallplatten zu hören, hatte er oft darüber geklagt, nicht tanzen zu können, was mir ja wahrhaftig im Blut liegt. Ich war nie auf seinen Wunsch eingegangen, denn das Pflegepersonal wollte nicht, daß wir uns in der Psychiatrischen Abteilung zu nahe kamen, zweifelsohne wegen solch drängender und gleichzeitig so verletzlicher Patienten wie Parley. »Wirst du damit klarkommen?« fragte ich ihn offen. »Kannst du mit mir tanzen, obwohl du weißt, daß ich nächste Woche hier raus bin und du mich nie wiedersiehst?« Er bejahte, und ich entschied, daß dies der richtige Moment für eine Regelübertretung war.

Tagelang schmiedeten wir flüsternd Pläne, dann endlich schlichen wir um zwei Uhr in der Frühe den Korridor entlang zum Pausenraum. Wir wurden nicht erwischt, weil um diese Zeit ohnehin nicht viele Pfleger anwesend waren und die wenigen obendrein nichts Ungewöhnliches erwarteten, weshalb sie sich hinter halbgeschlossener Tür in ihren heiligen Aufenthaltsraum zurückgezogen hatten.

Im Pausenraum wagten wir nicht, das Licht anzumachen oder die Stereoanlage laut zu stellen. Wir behalfen uns mit dem vom Flur hineinscheinenden Licht, das die Stühle und Tische neben der Tür in gespenstische Silhouetten verwandelte und schon gar nicht bis dahin reichte, wo wir noch die

Musik vom Plattenspieler hören konnten. Wir hatten die Musik so leise gestellt, daß die Stimme von Emmy Lou Harris nur noch ein blechernes Brummen war. Wir standen in vollkommener Dunkelheit da und legten schüchtern die Arme umeinander.

Sofort fing Parley an, so zu stampfen und zu schluffen, daß ich unsere Entdeckung befürchtete. »Das ist doch keine Polka!« zischte ich ihn an. »Verlagere dein Körpergewicht im Takt der Musik von einem Fuß auf den anderen.« Damit war mein Tanzpartner gezähmt und wir bewegten uns langsam auf der winzigen freigeräumten Tanzfläche.

Unter seinem Hemd konnte ich in meiner Handfläche seine knotigen Muskeln spüren, und diese Verspannungen ließen während des Tanzens auch nicht nach. Ob ihm wohl jemals irgend jemand den Rücken massiert hatte? Diesen Menschen hatte möglicherweise sein ganzes Leben lang niemand berührt. Warum sonst zitterte er leicht, als ob die Erfahrung, von einer Frau berührt zu werden, ihn unter Strom setzte? Warum sonst hielt er seine Hand so still und verkrampft in der meinen, als könnte die leiseste Bewegung mich seiner Gegenwart erinnern und dazu führen, daß ich ihn aufforderte, sie dort wegzunehmen?

Er atmete durch den Mund, vor Aufregung oder weil er schneller als ich außer Atem kam. Sein Atem roch sehr süß, als ob er Gras gekaut hätte. Er unternahm keinerlei Annäherungsversuche.

Eigentlich war es unvorstellbar, daß wir uns gemeinsam die Tanzfläche entlangbewegten. Wer hätte geahnt, daß ich eines Tages darauf bestehen würde, mit einem Außenseiter wie Parley heimlich zu tanzen. Wer hätte gedacht, daß ich vor diesem mit sich kämpfenden Mann Achtung empfinden würde, einem Mann, der seine gesamte Lebensenergie nicht der Vorbereitung auf das Gottsein widmete, sondern sich schon dadurch erschöpfte, morgens aufzustehen. Wenn ich nie etwas bewundert hatte, ihn bewunderte ich dafür, daß er es Morgen für Morgen wieder schaffte.

Ich hielt ihn fest, furchtlos, obwohl hier völlig Unkalkulierbares geschah. Ich genoß die unerwartete Ungewöhnlichkeit der Situation in vollen Zügen.

Epilog

Fast jedes Jahr kehre ich nach Salt Lake City zurück. Ich habe dort liebe Freunde und gute Kameraden aus den Zeiten mit Adam sowie Adam selbst. Er hat sich als ganz ungewöhnlicher Mensch herausgestellt, und ich werde die Freundschaft zu ihm immer pflegen, vielleicht, weil das Band zwischen zwei Menschen besonders stark ist, die sich zutiefst enttäuscht und dann herausgefunden haben, daß sie trotzdem noch etwas verbindet.

Auch stellt sich so ein Gefühl des Heimkommens ein, wenn ich nachts vom Flughafen stadteinwärts fahre und mich dem magisch erleuchteten Tempel nähere. Es dauerte aber Jahre, bis ich wieder zugeben konnte, daß ich die Größe und das Majestätische des Gotteshauses nach wie vor überwältigend fand. Nur allmählich genoß ich wieder manche der Symbole des Mormonentums, obwohl ich mich von seinen Inhalten abgewandt hatte.

Jetzt bewundere ich wieder die riesige Kathedrale, die die Innenstadt wie ein Spukschloß beherrscht. Die frühen Heiligen bauten vierzig Jahre lang an dem Tempel mit ihren bloßen Händen. Sie schleppten den wunderbarsten Granit aus den in der Nähe gelegenen Steinbrüchen für das Haus des Herrn herbei, während sie selber in Holzhütten lebten. Mir war beigebracht worden, daß das Leben eines Pioniers hart sei.

Ich sehe mein heutiges Leben als Ledige, Autorin und leitende Angestellte bei einer Zeitung sowie als geschätztes Mitglied eines enggeknüpften Freundeskreises als so etwas wie die Neunzigerjahreversion einer Pionierin an, obschon die Gestrengen aus vergangenen Zeiten meine jetzige Lebensführung als Strafe für meine Abtrünnigkeit betrachten mögen. Mir ist schon klar, daß sich viele, die mich einst für vielversprechend hielten, nicht vorstellen können, wie man als kinderlose, unverheiratete, beinahe vierzigjährige Frau glücklich sein kann. Für sie zählen die Dinge nicht, die ich als die großen Leistungen meines Lebens verbuche: die Freude an meinem Beruf, die intensiven Freundschaften oder meine mit Mühe zurückgewonnene geistige Gesundheit. (»Ich habe immer gewußt, daß du gut sein wirst, egal welcher Aufgabe du dich widmest. Ich habe halt erwartet, daß du dich anderen Dingen zuwenden würdest: Kirche und Familie«, sagte mir mein Bruder Len kürzlich, und der leise Vorwurf, daß ein Großteil meiner Zeit verschwendet sei, war nicht zu überhören.) Bei einer Familienfeier kann es mir inmitten meiner hübschen Nichten von Mitte zwanzig mit mehreren Kindern schon mal passieren, daß man mich einfach übersieht.

Aber dieses Gefühl hinterläßt jetzt keine Spuren mehr; es meldet sich mit einem kurzen Schmerz und verschwindet wieder, bezwungen von dem Wunsch, Unbekanntem in meinem Leben Raum zu geben. Ich möchte das erschließen, was mir fast dreißig Jahre lang verschlossen war, weil ich es entweder nicht kannte oder glaubte, nicht danach langen zu dürfen.

Ich möchte das Oberflächliche an den Menschen meiden. Ich bin nämlich der Auffassung, daß sich »traditionelles Leben«, mit Sicherheit das traditionelle Leben der Mormonen, im Grunde nur an der Oberfläche abspielt, wo Ängste und Zweifel noch ohne Schwierigkeiten bezwungen werden können. Ich möchte mich lieber mit den mir wichtigen Menschen sinnvoll und aufrichtig darüber austauschen, wie wir uns selbst und unsere Freundschaft wahrnehmen.

Ich möchte mir die Freiheit nehmen, Gott nicht bis ins letzte zu kennen und auch keine Definition für Ihn zu finden, ohne das Gefühl haben zu müssen, ungläubig zu sein.

Sicherlich werde ich mich nicht von allem Neuen korrumpieren lassen, nur weil es anders ist. Ich suche das nicht Vertraute und scheinbar Bedrohliche, weil es mir neue Horizonte eröffnen könnte.

Ich möchte für einen Mann sorgen können, ohne ihn zu brauchen oder ihn bewundern zu müssen. Schon gar nicht möchte ich glauben müssen, er besorge mir als Gegenleistung die Eintrittskarte zum Himmel. Ich suche die Liebe, welche aus der furchtlosen Zuneigung zum Unvollkommenen und zur Wirklichkeit erwächst und nicht irgendwelchen religiösen Illusionen.

Ich möchte Freude und Hoffnung und Verständnis, die auf breiterem und tieferem Fundament ruhen als in jener Zeit, als andere im Namen Gottes den Ton angaben und ich nur in eine Richtung denken durfte.

Ich möchte all die Dinge, die es im Mormonentum nicht gab. Ganz besonders möchte ich mit Überzeugung meine eigenen Fehler machen, anstatt durch Säumnis oder Verzweiflung zu versagen. Meine dritte Ehe war ein solcher Fehler, aus dem ich aber letztlich viel gelernt habe.

Ich bin vor fast zwölf Jahren aus der Psychiatrie entlassen worden und heiratete Lewis ein paar Jahre später, nachdem wir nicht lange, aber umso heftiger ineinander verliebt gewesen waren. Er war ein intelligenter, draufgängerischer, ungeheuer charmanter Rechtsanwalt mit mehr Ausstrahlung denn Besonnenheit und machte mir den Hof mit wunderbaren Briefen, Blumen, die mein Haus überfluteten, und beständigen Erklärungen, daß wir füreinander bestimmt seien – wobei der Name Gottes zu meiner Erleichterung jedoch nicht aufs Tapet gebracht wurde. Mir gefiel, wie er jeden Raum ausfüllte, ohne mich dabei an die Wand zu drücken, und er liebte meine Intelligenz und meine Karriere, so daß ich mich nicht in seinem Erfolg zu sonnen brauchte. Wir heirateten auf den Tag genau drei Monate, nachdem wir zum erstenmal miteinander ausgegangen waren. Wir hielten die Trauung auf einem Balkon im Mark Hopkins Hotel in San Franzisko ab, und ich glaubte, mich auf die romantischste Reise meines Lebens zu begeben. Diese Zeremonie kam von Herzen, wohingegen mir die anderen aufgezwungen worden waren. Hier wurde eine Verbindung zwischen zwei Menschen geschmiedet, die dieser vorbehaltlos und aus freien Stücken zustimmten.

Aber Begeisterung allein reicht nicht aus. Zwar war ich jetzt reif genug, die Entscheidung für eine Heirat ganz allein zu treffen, aber diese völlig weltliche Ehe erfüllte mich nicht, weshalb sie scheiterte. Wir wußten nicht, wie wir lernen sollten, die allmählich auftretenden Eigenheiten des anderen zu akzeptieren; ich glaube, Lewis sieht das genauso. Als wir dies letztlich zugaben und uns voller Trauer und Verwirrung trennten, kehrten wir beide in unser Single-Dasein zurück, ohne daß einer daran zerbrochen wäre. Aber während unseres Zusammenseins haben wir uns auch in den schlimmsten Zeiten ordentlich und mit Achtung behandelt. Hauptunterschied dieser weltlichen Ehe gegenüber der mormonischen war für mich, daß das Scheitern menschlich enttäuschend war, Himmel und Erde aber nicht auf dem Spiel standen, und wir auch nicht dazu verdammt waren, uns bis ans Lebensende zu zerfleischen.

So weit, so gut. Aber da war noch etwas, das zum Scheitern dieser Verbindung führte. Ohne den Zauber des ehrfurchtgebietenden Tempels, ohne die Verlockung, in den höchsten Himmel zu gelangen, sah ich keinen Sinn mehr in der Ehe. Ich hegte sie nicht mehr so unterwürfig wie in den Zeiten, als ich glaubte, mich eher selbst zerstören zu müssen, als sie aufgeben zu dürfen. Zwar glaubte ich nicht mehr daran, der Zweck einer Ehe sei, eine Familie für das Nachleben zu gründen, aber diese Einsicht hinterließ ein Vakuum. Was für eine Verpflichtung stellt die Ehe denn dar, fragte ich mich. Waren wir in guten und in schlechten Tagen miteinander verbunden, aber nicht in den saumiesen? Ohne die religiöse Verbindung hatte ich das Gefühl, überhaupt nicht gebunden zu sein.

Ich wußte noch nichts von den freiwilligen Verpflichtungen, die einer bloßen Freundschaft erwachsen, spürte aber einen Drang danach. Seit ich wieder allein lebe, habe ich mich nur solchen Verpflichtungen verschrieben; die Ehe an sich ist für mich kein Ziel mehr.

Statt dessen habe ich Freude und Sicherheit unter Freunden gefunden, ein paar Männern und Frauen, die mir die großen Begebenheiten und die kleineren Nichtigkeiten ihres Lebens mitteilen und auch den meinen zuhören. Mich hat überrascht, wie tief und vertraut eine Freundschaft werden kann, vorausgesetzt, man pflegt sie entsprechend. Wie wichtig mir das Lieben und Geliebtwerden ohne Verlustängste geworden ist! Das ist der gemeinsame Nenner meiner Freundschaften; ansonsten sind sie höchst unterschiedlich. Aufgrund meiner Arbeit bin ich wieder in Phoenix gelandet, und mein Haus liegt genau zwischen denen von zweien meiner engsten Freunde – einer lebt ein bißchen mehr nördlich, der andere ein bißchen mehr südlich –, und hier habe ich so etwas wie eine Familie gefunden.

Mit anderen verbindet mich die Liebe zur Literatur und zum Formulieren von Gedanken. Mit wieder anderen teile ich die Faszination für gesellschaftliche Fragen und das Bedürfnis, nach soziologischen Ursachen bestimmter Entwicklungen zu forschen, eine Leidenschaft, die mir die Tür zum Journalismus geöffnet hat. Auch bin ich andere Beziehungen eingegangen, manchmal für längere Zeit, in denen ich mich einem anderen Menschen aus reiner Zuneigung geöffnet habe. Dies waren sehr befriedigende Erlebnisse, und meine Reise durchs Leben geht weiter. Ich weiß wirklich nicht, was als nächstes kommt.

Die Formel ist im Grunde sehr einfach: Ich habe ständig liebe Freunde um mich und gehe in einer Arbeit auf, die mir Spaß macht. Sie füllt zwar nicht jede Leere in mir, aber gibt mir Stärke und erfüllt mich mit der Hoffnung, daß sich die Tür zum Leben noch weiter öffnet.

Es stimmt schon, daß ich heutzutage aus meiner Arbeit und dem familienähnlichen Freundeskreis mehr Freude und Unterstützung schöpfe als aus meiner natürlichen Familie. Das heißt aber nicht, daß meine Eltern und Brüder mir aus dem Weg gehen, seit wir uns in religiöser Hinsicht auseinander entwickelt haben. Besonders meine Eltern haben sich bemüht, die Veränderungen in meinem Leben zu akzeptieren, ohne sie entsprechend ihren Maßstäben zu bewerten. Kaum jemals hat es einen Augenblick gegeben, in dem ich mich daheim nicht willkommen gefühlt hätte. Sie sind keine »liberalen« Mormonen. Sie stehen in fast jeder Hinsicht hinter den Kirchenführern, und wenn sie sich immer noch um mich bemühen, so weiß ich, daß dies keine bloßen Gesten sind. Mit meinen Brüdern habe ich Frieden geschlossen. Ernest hat mir sogar zugesichert, sich keine Sorgen mehr um mich zu machen, seit er erkannt hat, daß ich nicht orientierungslos dahintreibe, daß ich mich immer noch von ethischen Grundsätzen leiten lasse, die auch sein Leben bestimmen.

Dennoch hat sich eine große, stets bestehende Distanz zwischen uns breitgemacht, wenngleich sie keiner beim Namen nennt; ein breiter Fluß tiefer Trauer, die Überzeugung, daß ich meine Stelle in der ewigen Familie meiner Eltern verwirkt habe und nach dem Tode nicht mehr zu ihnen gehören werde. Zwischen uns allen liegt die dornige Erkenntnis, daß wir die Werte des anderen höchstens mit der Höflichkeit des Andersdenkenden betrachten. In ihren Augen habe ich nicht bloß eine andere Richtung eingeschlagen, sondern bin völlig vom Glauben abgefallen, habe alles, was ihnen wichtig ist, verraten. Für mich sind meine Eltern keine gläubigen Mitglieder einer großen Kirche, der ich nicht angehören möchte, meiner Meinung nach haben sie sich mit Haut und Haaren einer unterdrückenden, sozialen Bewegung verschrieben, die sie davon abhält, sich ihre eigenen Gedanken zu machen. Darüber diskutieren wir aber nicht, denn daran würden wir zerbrechen. Statt dessen schenken wir uns das, was wir uns geben können: guten Willen, aber im Grunde wenig tiefes Verständnis.

In dem Maße, wie die Beziehung zu meiner Familie abflachen mußte, hat sich meine Beziehung zu Gott vertieft. Ich sehe Ihn überall und bin zufrieden mit dem, was Er wirklich ist, ein Mysterium. Da ich erkannt habe, daß mein eigenes Sein gar nicht so eng ist, wie ich glaubte, habe ich allmählich begriffen, daß man Seine Weite ohnehin nicht erfassen kann. Warum nur wird so viel Energie auf dieses unnötige, unmögliche Unterfangen verschwendet? Ist er ein geistiges oder menschliches Wesen, Vater oder Freund? Wacht er über mich? Umgibt er sich mit einer Kavalkade geistiger Botschafter? Bedient er sich der Denkkategorie ›Sünde‹?

Ich beobachte andere, wie sie mit diesen Fragen kämpfen, und bin bestürzt. Welche großartige Macht auch immer unsere vielschichtige Welt erschaffen hat, es geschah bestimmt nicht, weil irgendwer sein Ego pflegen mußte. Ob wir unser Leben erfolgreich meistern, ist sicherlich nicht davon abhängig, daß man Ihn richtig definiert und anbetet. Aber ich bin dankbar, Seine Stärke zu spüren, wann immer ich die meine fühle. Ich habe begriffen, daß dieser ruhige und klarsichtige Teil in mir mit dem Göttlichen in Verbindung steht.

Während ich mich verändert habe, ist auch die mormonische Kirche nicht auf der Stelle stehengeblieben, wobei ihre philosophischen Neudefinitionen nicht annähernd so umwälzend waren wie meine. So wurden 1990 beispielsweise die Regeln für die ewige Ehe geändert, möglicherweise als Versuch, den Forderungen der Frauen des zwanzigsten Jahrhunderts gerecht zu werden. Da eine völlige Gleichberechtigung jedoch nicht möglich ist, stiften die neuen Ansätze der Generalautoritäten hauptsächlich Verwirrung. Eine Frau kann jetzt auch mehr als nur einem Mann im Tempel »angesiegelt« werden, aber eben nur unter ganz besonderen Umständen. Wenn sie ihren ersten, »angesiegelten« Mann durch Tod oder Scheidung verloren hat und eine neue Zivilehe eingegangen ist, dürfen ihre Verwandten nach ihrem Tode eine stellvertretende Tempelsiegelung erwirken, die sie in ihrem jenseitigen Leben auch mit ihrem zweiten Mann verbindet. Männer müssen sich mit diesem Hokuspokus aber nicht herumschlagen. Sie können noch zu Lebzeiten mehreren Frauen angesiegelt sein, die ihnen dann ins Jenseits folgen.

Der Beauftragte für Öffentlichkeitsarbeit der Kirche, der mir dies kürzlich erklärte, ein sehr höflicher Mann namens Joe Walker, schien darüber so bestürzt wie ich. Warum immer noch dieser Unterschied zwischen Mann und Frau? Wie werden Männer und Frauen wirklich im Himmel leben? Diese und ähnliche Fragen stellte ich ihm.

»So ist es nun einmal«, antwortete er ein wenig kläglich, vielleicht, weil er um eine bessere Antwort verlegen war. »Das haben wir doch nicht willkürlich festgelegt, das haben wir in Offenbarungen empfangen. Vieles, was mit der Siegelung zu tun hat, verstehen wir einfach nicht so richtig.«

Es gibt noch andere Veränderungen in der Kirche, die leichter zu fassen sind. Geschiedenen wird nicht mehr automatisch der Zugang zum Tempel verwehrt, die Tempelzeremonie wurde auf dem Hintergrund modernen und feministischen Einflusses 1990 radikal geändert. Die grauenhaften »Strafen« des Kehleaufschneidens und Herzherausreißens, die mich als Braut so schockiert haben, gehören der Vergangenheit an. Außerdem legen Frauen ihre Gelübde jetzt direkt vor Gott, nicht mehr vor ihrem Ehemann ab.

Im Grunde beweisen diese Reformen aber auch, daß die Generalautoritäten ihre Position gegenüber ihren Millionen von Anhängern deutlich gemacht haben und daß verschleierte Mystik immer noch das Geschehen im Tempel bestimmt. Die Veränderungen schlugen dennoch hohe Wellen.

Die Würdenträger der Kirche verweigerten Gespräche mit den Medien über die gelockerten Regeln mit dem Hinweis, daß heilige Zeremonien ohnehin nicht in der Öffentlichkeit diskutiert würden. Als die Presse dennoch davon Wind bekam, veröffentlichte ein Magazin in Salt Lake City namens *Sunstone* eine Zusammenfassung dieser Neuerungen. Die Reaktion der Kirchenobersten war die Widerrufung der Tempelempfehlung sowohl des Redakteurs als auch des Verlegers des *Sunstone*.

Ross Peterson, ein prominentes Kirchenmitglied und Geschichtsprofessor an der Staatsuniversität von Utah, hat dann doch ein Gespräch mit einem Reporter geführt. Auch in seinem Falle wurde die Tempelempfehlung widerrufen, zusätzlich wurde er mit Exkommunikation bedroht. Obwohl Peterson gegenüber *Associated Press* nur den neuen Liberalismus der Kirche gepriesen hatte, wurde er zu den hohen Tieren der Kirche zitiert und erhielt einen Verweis: Er habe sich schon in all den Jahren als aufmüpfig gegenüber der Kirchenautorität gezeigt – und dies könne mit Exkommunikation geahndet werden. Als Beweis für diese Anschuldigung wedelten sie mit einem Dossier herum, das seine Mitarbeit in der Demokratischen Partei seit den sechziger Jahren beschrieb und Zitate aus seinem beruflichen Leben auflistete. Ein Brief an einen Verleger in seiner Heimatstadt sollte sogar belegen, daß Peterson angeblich anzweifelte, die Kirchenführer seien göttlich inspiriert. Peterson ließ sich als ehemaliger Bischof aber nicht einschüchtern und erreichte die Wiedererlangung seiner Tempelempfehlung und daß die Exkommunikationsandrohung zurückgenommen wurde.

Dieser Zwischenfall gibt eine umfassende Antwort auf die Frage, die ich mir vor langer Zeit stellte, als ich erstmalig gewarnt wurde, mit niemandem über die Vorgänge im Tempel zu sprechen. Die Frage nämlich: »Was werden sie mir im Falle der Zuwiderhandlung antun?« Dieser Fall ist ein Beispiel von vielen, wie die gestrengen Kirchenführer diejenigen disziplinieren, die sie als Abtrünnige betrachten, besonders Kirchenintellektuelle, die das Mormonentum in der Presse oder in anderen Veröffentlichungen kritisieren. Sie schleichen sich mehr und mehr in alle Lebensbereiche der Kirchenmitglieder ein, wobei sie versuchen, ihre wahren Beweggründe zu verschleiern. Wie die alten Sowjetdiktatoren verbrämen sie ihre Tyrannei, indem sie ihre Untergebenen »Genossen« nennen und die Denunziation von Brüdern und Schwestern in der Gemeinde als Tätigkeit des »Ausschusses zur Stärkung der Kirchenmitglieder« verkaufen. Als sich dieser Ausschuß vor dem Hintergrund der Geschehnisse um Ross Peterson und andere im Sommer 1992 der Kritik durch »liberale«, Reformen suchende Mormonen stellen mußte, machte die Antwort der Kirche Schlagzeilen: Die Führer behaupteten, die heiligen Schriften verpflichteten sie zu solchem Tun, und zitierten eine lange Passage aus dem heiligen Buch »Lehre und Bündnisse«, einer Sammlung der Offenbarungen Joseph Smiths, die den Mormonen ebenso wichtig sind wie das eigentliche Buch Mormon.

»Überzeugen Sie sich von der Unantastbarkeit aller Heiligen, indem Sie die Fakten zusammentragen, die beweisen, wie sehr diese gelitten haben und sich von den Menschen dieses Bundesstaates beschimpfen lassen mußten«, schrieb Smith 1839. »Und daß Sie sich auch die Namen all derer merken, die sich an dieser Unterdrückung beteiligt haben, sofern sie sich noch herausfinden lassen. Dann muß ein Ausschuß gegründet werden, der diese Dinge erforscht und eidesstattliche Erklärungen aufnimmt, um die rufmörderischen Veröffentlichungen zu revidieren, die allenthalben in Magazinen und Nachschlagewerken herumschwirren. Daß endlich einmal Licht in die Verleumdungen kommt, die nichts weiter als eine Aneinanderreihung teuflischer Schurkereien und schändlicher, mörderischer Behauptungen sind, die den Menschen aufgedrängt werden, und daß deren Urheber zur Rechenschaft gezogen werden.«

Allerdings vergaßen die Generalautoritäten zu erwähnen, daß Smiths Anweisungen an seine Kirchenmitglieder zu einem Zeitpunkt erfolgten, als die gewalttätigen Verfolgungen der ersten Mormonen ihren Höhepunkt erreicht hatten, als sie von Bundesstaat zu Bundesstaat getrieben, geteert und gefedert wurden, als ihre Tempel niedergebrannt wurden und Smith, so wie einige seiner Gesinnungsgenossen, ermordet wurde, bis sie sich endlich in den unbesiedelten Westen aufmachten und in dem unbarmherzig harten Leben nach der Umsiedlung noch einen Hoffnungsschimmer sahen.

Als Smith diese »Offenbarung« empfing, war er gerade Gefangener in Liberty, Missouri. Die zitierten Anweisungen schrieb er aus seiner Gefängniszelle heraus an die Schäfchen seiner Herde, damit sie ein Auge auf jene Außenseiter behielten, die ihrer aller Leben bedrohten. In seiner Doktrin »Erkenne Deinen Feind« ging es um Selbsterhaltung. Sie hat mit der McCarthy-Taktik von heute nichts mehr zu tun, bei der sich Kirchenmitglieder gegenseitig bespitzeln, wenn sie die Meinung des anderen ablehnen, bloß weil sie nicht ganz linientreu ist.

Wie die die modernen Autoritäten in Frage stellenden Mormonen auch heutzutage noch zum Verstummen gebracht oder kaltgestellt werden, erscheint mir die logische Fortschreibung des Gebarens jener Priester, die mich für nichts und wieder nichts straften, die sich selbstgefällig oder herablassend verhielten, mich piesackten oder mir einfach nicht zuhörten.

Im Laufe der Jahre habe ich beobachtet, wie sich diese institutionalisierte Selbstgefälligkeit nicht nur gegen Intellektuelle und Dissidenten richtete, sondern auch gegen Frauen, die im Gegensatz zu mir die Kirchenautorität ohne Umschweife in Frage gestellt haben. Das berüchtigtste Beispiel war wohl die Exkommunikation der mormonischen Hausfrau Sonia Johnson, die 1979 verbannt wurde, weil sie die Verfassungsänderung zur Gleichstellung von Männern und Frauen unterstützt und eifrig publik gemacht hatte, daß die Kirche insgeheim landesweit mobil machte, um den Gesetzesentwurf zu Fall zu bringen.

Die Johnson-Affäre erwies sich zwar als Fiasko für die Kirche, diese Bloßstellung vermochte die Entschlossenheit der Kirchenführer jedoch nicht zu schmälern, die Frauen der Kirche gefügig zu halten und sie ans Haus zu binden. Noch 1987 verkündete Ezra Taft Benson, daß »entgegen weitverbreiteter Meinung die Berufung der Frau in ihrer Arbeit im Haushalt, nicht im Geschäftsleben« liege. Im Frühjahr 1992 hielt die Generalautorität Dallin Oaks, Rektor der BYU während meiner Zeit an dieser Universität und später einer der eingefleischtesten Dogmatiker, anläßlich des einhundertfünfzigsten Jahrestages des Frauenhilfswerkes eine Ansprache, die von Anfang bis Ende darauf ausgerichtet war, die mormonischen Feministinnen, die den Status eines Priesters anstrebten, zurechtzuweisen. Er unterstrich, daß das Hilfswerk der Frauen keine autonome Organisation sei, sondern direkt den männlichen Priestern unterstünde.

Die überwiegende Mehrheit der Mormonen teilt solche Auffassungen, die anderen müssen für ihr Abweichen zahlen. So erhielt ein bekannter Rechtsprofessor und Mormone in Salt Lake City, der die Sache der Frauen in bezug auf die Priesterschaft für Frauen unterstützt hatte, kürzlich Morddrohungen, nachdem er öffentlich erklärt hatte: »Ich wünsche mir die Zeiten herbei, da vier Schwarze, davon drei Frauen, die Positionen der Generalautoritäten besetzen.« Oder der Fall von Karen Case, einer der Gründerinnen des Mormonischen Frauenforums, einer Gruppe von »Liberalen«, die dafür kämpfen, daß Frauen ordiniert werden können. Sie wurde aus der Gemeinschaft ausgeschlossen, eine Strafe, die nicht ganz so hart ist wie Exkommunikation, Karen Case jedoch das Recht nahm, an den mormonischen Sakramenten teilzuhaben.

Trotz solcher Konsequenzen sind die Mormonen, die ihre Kirche lieben, aber gewisse Änderungen durchsetzen wollen, nicht zum Stillschweigen zu bringen. Wenn ich jetzt nach Utah fahre, treffe ich häufig »liberale« Mormonen, eine kleine Minderheit von Männern und Frauen, die die Kirchenführer offen angreifen oder aber die übernatürlichen Ursprünge der Kirche nicht mehr hinzunehmen bereit sind und sich für eine Überarbeitung der Lehre und für Reformen aussprechen.

Vielleicht lerne ich aber auch deswegen stets Abtrünnige kennen, weil mir ein Gespräch mit ihnen viel leichter fällt als mit den glühenden Mormonen, mit denen ich praktisch nichts mehr gemeinsam habe, nicht einmal Alltägliches. Meine letzte streng mormonische Freundin, die sich gegen die Abgabe von Verhütungsmitteln an Teenager ausgesprochen hatte, schien sich nicht wohl in ihrer Haut zu fühlen, als ich sie wieder einmal in dem großzügigen, makellos geführten Haus in den Bergen nahe Salt Lake City besuchte, wo einmal mein zweites Zuhause gewesen war. Sie war zwar höflich, aber ihr Gesicht versteinerte sich, als ich davon erzählte, einen Vertrag für ein Buch über meine Erfahrungen mit dem Mormonentum zu haben. Selbst als wir weniger explosive Themen diskutierten, beispielsweise die kürzliche Rückkehr ihrer Tochter von der Mission, die Hochzeit einer anderen Tochter, frühere gemeinsame Nachbarn, die Gewinnmargen der Firma, bei der ich arbeitete, keimte zwischen uns kein wirkliches Verständnis mehr auf. Ich fuhr traurig von ihr fort in dem Wissen, wir würden uns nicht wiedersehen.

Diskutiert man mit den »Liberalen«, stellt sich zumeist ein Gefühl des Unbehagens ein. Alle scheinen die Ansicht zu vertreten, daß ihre Kirche vom rechten Weg abgekommen sei, sich von Joseph Smiths ursprünglichen Lehren zu weit entfernt habe, die ja nicht sozial konservativ, sondern in höchstem Maße experimentell waren. Diese »Liberalen« meinen oft, die Generalautoritäten seien ohnehin zu alt, zu abgehoben von den wirklichen Problemen, zu machthungrig und einzig darauf aus, durch Missionsprogramme die Mitgliederzahlen aufzustocken, als daß sie sich noch um die Sorgen und Nöte ihrer Schäfchen kümmern könnten. Mit den ihnen zur Verfügung stehenden Mitteln versuchen diese »Liberalen«, einen Wandel herbeizuzwingen. So gibt es eine Gruppe, die anläßlich eines jährlich mit großem Tamtam veranstalteten Symposiums kontroverse Vorträge über Kirchenlehre und mormonisches Brauchtum hält. Das Mormonische Frauenforum, auf deren Verteilerliste eintausenddreihundert Namen stehen, trifft sich regelmäßig, um dafür zu kämpfen, daß Frauen auch ordiniert werden können. Einige Mitglieder dieses Forums mißachten bereits ein wichtiges mormonisches Gebot. Sie »segnen« nämlich ihre Babies daheim selbst (diese Zeremonie ist der christlichen Taufe angelehnt), anstatt sie während des ordentlichen Gottesdienstes segnen zu lassen, wo es der Mutter und allen anderen

Frauen verwehrt wird, sich in den Kreis der betenden Männer um das geehrte Kind zu stellen.

Diese »liberalen« Mormonen machen geltend, daß sie ihren Idealen einer »wahren« Kirche auf ihre eigene Weise unerschütterlich treu bleiben, und obschon sie sich untereinander durchaus kritisieren, stehen sie Nichtgläubigen gegenüber wie eine geschlossene Front. Gelegentlich habe ich selbst zu ihren fortschrittlichsten Vertretern keinen Zugang. Als ich mich im Sommer in Vorbereitung auf mein Buch mit vielen Mormonen in Salt Lake City unterhielt, hatte ich auch eine Verabredung mit einem bekannten »liberalen« Kolumnisten einer Stadtzeitung, der sich am Telefon sehr herzlich gegeben hatte, als er hörte, ich sammele »mormonische Geschichten«. In der Tat suchte ich lediglich nach Geschichten, nicht nach kontroversen Aspekten. Er warf mich postwendend aus seinem Büro, als er erfuhr, daß ich keine »aktive« Mormonin mehr bin. »Ich glaube nicht, daß mir heute irgendwelche Geschichten einfallen«, ließ er mich kalt abblitzen.

Einige unkonventionelle, aber eigenartig beherzte Mormonen leiden fürchterlich an der Starrheit der Kirche. Im Zuge meiner Gespräche traf ich mich beispielsweise mit meinem alten Freund Jakob, der als Student an der BYU beim lauten Beten während eines Priestertreffens auf einmal Gottes Stimme vernommen hatte, woraufhin ihn die Jungenschar, die er beaufsichtigte, beinahe anbetete. Wenn er etwas zu sagen hat, tut er es auch. So nahm er wiederholt seinen Bischöfen und anderen Kirchenführern gegenüber kein Blatt vor den Mund, wenn er die Kirchenlehre falsch ausgelegt sah. Da er für viele Gedanken offen war, hatte er auch Freunde, die später zu Extremisten wurden. Er ist die Art suchender, Fragen stellender Mormone, den seine Mitgläubigen als streitsüchtig, sogar gefährlich ansehen.

1980 hörten sich seine Frau Elisabeth und er von Freunden den Bericht einer äußerst beunruhigenden persönlichen Offenbarung an: Jakob sei auserwählt, die Gruppe in die Wildnis zu führen, wo sie alle als Polygamisten leben würden. Dies schockierte Jakob, aber eine Offenbarung konnte er auch nicht so einfach vom Tisch wischen. Also organisierte er zu Hause einen »Gebetskreis« exakt nach dem heiligen Vorbild aus der Tempelzeremonie, um herauszufinden, ob die Offenbarung seiner Freunde auch wirklich von Gott stamme. Eine konsequent durchgeführte, unorthodoxe Idee; die Mitbetenden trugen sogar ihren heiligen Tempelstaat, was außerhalb der Tempelwände strengstens verboten ist. Als die Kirchenobersten von der verbotenen Zeremonie Wind bekamen, reagierten sie mit allergrößter Strenge. Die Tempelempfehlungen von Jakob und Elisabeth wurden augenblicklich widerrufen, Jakob wurde beschuldigt, kultischem Handeln Vorschub zu leisten, und die beiden wurden jahrelang verhört, um jeden Winkel ihres Glaubens auszuforschen.

Einerseits ist diese Disziplinierungsmaßnahme ja verständlich. Welche Kirche würde sich schon ihre höchsten Befugnisse durch gewöhnliche Gemeindemitglieder einfach aus der Hand nehmen lassen? Andererseits hatte Jakob nun wirklich nichts Böses im Schilde geführt. Er hatte seine Freunde keineswegs in die Apostasie führen wollen. Statt dessen hat er sich von dem ganzen Vorfall distanziert und ein paar andere davon überzeugt, es ihm gleichzutun. (Einige Anstifter sind allerdings fortgegangen, um andernorts in Polygamie zu leben, und wurden daraufhin exkommuniziert. Polygamie auf Erden wird von den heutigen Kirchenautoritäten nicht toleriert, um das Image der Mormonen makellos zu halten, wonach mormonische Familien perfekt sind und sich alten Traditionen verschrieben haben. Deshalb werden Polygamisten davongejagt, wohingegen der Polygamie im Leben nach dem Tode nichts entgegenzusetzen ist.)

Diese Maßregelung brach Jakob das Herz, er brach aber nicht mit der Kirche. »Die Kirche ist doch unsere Familie«, sagte er zu mir. »Und deine Familie verläßt du nun mal nicht.«

Statt dessen warf er sich Hals über Kopf in den liberalen Aktivismus. An dem Tag, als wir uns trafen, las er mir aus einem sehr langen, leidenschaftlichen Symposiumsvortrag vor, den er verfaßt hatte, um die Generalautoritäten zur Reue aufzurufen wegen ihrer Härte und Kompromißlosigkeit, wann immer sie mit abweichenden Auffassungen konfrontiert wurden.

Während er auf diese blinden, alten Männer schimpfte, schwoll seine Stimme zur Wehklage eines bis ins Mark verletzten und zornigen Menschen an, so daß die eigentlichen Worte verlorengingen. Hinter den dicken Brillengläsern sah ich die gekränkten Augen eines Kindes.

Das Leiden solcher Aktivisten rührt mich an und fordert mir Ehrfurcht vor ihnen ab, ich bin aber genauso weit entfernt von ihnen wie zu den Zeiten, als ich die Kirche noch nicht in Frage gestellt hatte. Wenn jemand solche Mühe auf sich nimmt, etwas Eingefahrenes verbessern zu wollen, muß er es schon sehr lieben. Ich hingegen verspüre nicht den geringsten Wunsch, der Kirche noch anzugehören. Meine wichtigsten persönlichen Freiheiten werden mir dort verwehrt, sie werden niemandem gewährt.

Was nicht heißen soll, daß ich meine Jahre als Mormonin als verschwendet ansehe. Ich schöpfe fast täglich aus meiner ersten Lebensphase. Die bittere Erfahrung fügt meinem heutigen Erleben den süßen Schmerz hinzu, der jedwedes Empfinden erst so tief macht.

Zwar schmerzt die Erinnerung an das Leid, das ich erfuhr, als ich noch zu jung war, damit umzugehen, immer noch ein wenig, bedrückende Sorgen werfen mich jedoch nicht mehr wie manch andere aus der Bahn. Sicherlich tut es mir weh, wie tief ich fallen mußte, aber ich habe daraus gelernt, daß auch große Trauer einmal aufhören kann.

Manchmal finde ich es schade, daß bestimmte gesellschaftliche Erscheinungen in Amerika so unbemerkt an mir vorbeigegangen sind, beispielsweise die spannenden sechziger und siebziger Jahre. Aber das Gefühl, etwas versäumt zu haben, geht heute einher mit dem nachhaltigen Staunen ob meiner ständigen Neuentdeckungen auf dieser Welt. Und wäre ich heute so wunderbar mit mir im Einklang, wenn ich vorher nicht so lange Zeit innerlich völlig zerrissen gewesen wäre?

Am wichtigsten erscheint mir jedoch, daß ich jetzt ein Ohr (und mehr) für den hohlen Klang halsstarriger Dogmen entwickelt habe, gleichgültig, aus welcher Ecke sie schallen – und sie schallen aus vielen Ecken. Wenn ich mit dem Rücken zur Wand stehe und jemand versucht, mir weiszumachen, es gäbe nur einen Ausweg, dann weiß ich instinktiv, daß das nicht stimmt. Mein Herz, mein Gefühl, mein Inneres drängen mich zu einer umfassenderen Perspektive.

Ich vermag Lügen zu erkennen.

Band 61272

Michel Benoît

Gefangener Gottes

Michel ist 21 Jahre alt und hat gerade sein Diplom in Biologie gemacht, als er sich entschließt, der Welt zu entsagen und Mönch zu werden. Sein Leben als Bruder Irénée dauert zwanzig Jahre.

In diesem Buch läßt er den Leser am streng reglementierten Leben hinter Klostermauern teilnehmen. Er beschreibt den Alltag der Mönche, wie sie in der Stille des Schweigegelübdes leben, ihre Einsamkeit, ihren Umgang mit der Sexualität. Als Michel versucht, Reformbeschlüsse in seinem Orden durchzusetzen, muß er erkennen, daß dessen mittelalterliche Strukturen undurchdringlich sind. Schließlich wird er der Kirche zu unbequem …

BASTEI LÜBBE